マーク・フィッシャー

最終講義

ポスト資本主義の欲望

大橋完太郎 訳・解説　マット・コフーン 編

Mark Fisher

POSTCAPITALIST DESIRE: THE FINAL LECTURES

Translated by Kantaro Ohashi

Edited by Matt Colquhoun

左右社

目次

Postcapitalist Desire

This edition published in the UK and USA in 2021 by Repeater Books,
an imprint of Watkins Media Limited
www.repeaterbooks.com

テキストについての注記

この後から始まる5回の講義は、ナース・ザブリルによって録音されシェアされたものから作成された。

読者はここに新しいフィッシャーを見つけるかもしれない。ほとんどの人が知らなかったフィッシャーだ。ここにいるのは実験的なフィッシャーであり、彼はリアルタイムで議論を展開し、学生の意識を高め、別の世界が可能だという確信を彼らに与えるために働いている。これはノーカット版のフィッシャーだ。フィッシャーは彼の得意とした領域にいる。幅広い領域のトピックを熱く語り、学生たちを難解な概念になんとかひきつけようとしている。これもまた、マークによる［未完の著作］『アシッド・コミュニズム』のための共鳴板であるといっても納得がいく。暗黙の前提だが、『資本主義リアリズム』は、2000年代半ばに彼が教えていた継続教育カレッジのAレベル(訳注1)学生のために書かれた。フィッシャーはそこで、学生たちを、権利が剥奪されたことに麻痺した状態から目覚めさせることができるかもしれないという希望をもっていた。それとまったく同様に、この講義では、マークは新しい世代、あるいは10年後に今の自分と同世代になるであろう者たちに向けて道具セットを手渡そうとしていたのだ。若者たちは、個人主義を命ぜられ、タッチスクリーンに魅了され、際限のない骨折り仕事に完全に従事し、さらにそのなかで深く傷つけられようとしていた。

現代の大学で記録された講義であるにもかかわらず、オリジナルの録音はさまざまな行為によって台無しにされている。数々の中断の過程はそのまま保持され、マークの思考がとっ散らかり、参考資料のあいだを行き来し、議論の筋を見失った後で我に返る、フィッシャーの講義のあり方を報告している。とはいえ、それでも編集は折々になされており、読解に関わる場合は、中断や脱線の影響が少なくなるようにしている。その点を除けば、この録音を起こしたものは、語られた調子や語句の言い回しがどれだけ独特の性質のものであろうと、それに忠実でいようと試みている。これは可能な限りマークの声をそのまま保持するためになされたことであり、さらに重要なことだが、学生たちにかくも愛された明晰でダイナミックで即興的な講義スタイルをそのまま残すためになされたのである。

この手の他のプロジェクトでは、普通そういった矛盾や中断などは記録から除去することになっている。だが、一連の講義が、マークが開講時に述べていたように、それ自体ワーク・イン・プログレス的な性質をもつ「オープンな思考実験」だったことを考慮するならば、月曜朝早くのこうした雰囲気を保持するよう試みることだけが唯一正しいことかもしれない。講義は独特で、話題は散らばり、とりとめがない。けれどもけっして惨めなものではない。

学生たちの身元は、匿名の権利を守るために消去してある。

講義で言及される引用とページ数はすべて、週ごとの課題として設定されていたテキストのエディションに従っている。ただし別のエディションが述べられた場合はのぞく。テキストの完全なリストは、講義シラバスで確認できる。これは付録1として本書に収められている。より詳細な典拠は注に記してある。

注は、追加資料を示すか、補助的な情報を提供している。追加資料としては、ついでに言及されたテキストについてのより正確な指示や、議論の概略、あるいは講義のスライドにある重要な点（とりわけ第1週の講義）を掲載している。教室での直接の文脈から離れた、前提を共有していない議論だと思われるいくつかのコメントには補助的な情報を付している。

（訳注1）継続教育カレッジ Further Education College（FEカレッジとも言われる）はイギリスおよびアイルランド共和国における教育機関。義務教育後の青少年や成人に対して、全日制や昼・夜間のパートタイム制などにより、主に職業教育を中心とする課程を提供する。Aレベル修了者は中等教育修了一般資格を与えられる。

ポスト資本主義の欲望

第1講
ポスト資本主義とは何か？

2016年11月7日

マーク・フィッシャー（以下MF）　今この時代に起こっていることを一緒に検証していきたいと思います。あなたたちの貢献で、さらに問題がはっきりするかもしれない。今から始まるこの講義、これはまさしくオープンな思考実験です。

では、はじめましょうか。最初に、この講義を着想するにいたった、あるネガティヴな事柄について話そうと思って、3つの映像を流すつもりでした。でもなぜか音声が出ません。解説しないといけませんね。

（フィッシャーはアップルが1984年にスーパーボウルで放映したCMを流す。カラフルなスポーツウェアを着たひとりの女性が、戦闘服を着た警備部隊に追われている。女性は手にしたハンマーを巨大なスクリーンに向かって投げつける。スクリーンの前には表情のない灰色の群衆が着席していて、ジョージ・オーウェルの『１９８４』に出てくるビッグ・ブラザーの演説シーンを思わせる。「1月24日、アップル・コンピュータはマッキントッシュを世に出す。なぜ１９８４年が『１９８４』にならないのか、その理由がわかるだろう」というメッセージでこのＣＭは終わる[1]）

これがひとつめの映像です。知っている人はいますか？　見たことある人は？（クラス全体がざわつく）そう、スティーブ・ジョブズの伝記映画のなかでも、非常に特徴的に使われていました。あの映画より前にこの映像を見たという人はいますか？　どこでそれを見ましたか？

学生1　見ました、でもジョブズの映画は見ていません……。

MF　おや、ジョブズの映画を見ていない……。

学生1　誰かがFacebookに投稿していたような。このＣＭの背景は知らないのですが、アップルのスーパーボウル用のＣＭでしたよね。

MF　そうです、後で絶対に音声付きで見てください。さっきも言いましたが、なぜか音声が出ないのです……。ただ、映像だけでもストーリーはわかりますね。論争になるかもしれませんが、「これはここ35年でもっとも影響力をもった映像」なんです。これを製作したのは……監督が誰か、知ってる人はいますか？

学生2　リドリー・スコット。

MF　そうです。リドリー・スコットが監督しました。彼が最近撮った映画と非常に良く似たスタイルだから、わかるのではないでしょうか。リドリー・スコットは、79年の『エイリアン』と82年の『ブレードランナー』で、ハリウッド映画におけるSFのメインストリームを刷新しました。このCMはさらに2年後のものだと思いますが、これこそが、彼が製作したなかで最高の映像作品ではないかと。ひょっとしたら、彼が作ったもののなかで重要なのはこれだけかもしれない。

いまやわたしたちが当たりまえに思い浮かべてしまう考えの多くが、このCMで比喩的に表されています。「トップダウン」という考え方、あるいは、「官僚的な管理システムとネットワーク化された個々人の思考のダイナミズムとが対をなす」という考え方などです。

そして、独創的な、あるいは確実に重要だと思えるのは次の点です。あらゆる広告は、「夢の作業《ドリームワーク》」の形式だといえます。この広告もやはり夢の作業であって、フロイトが言っていたように、それは合成物、つまりさまざまな観念が一緒くたに圧縮され濃縮されたものです。この広告を見てわかるのは、これが「冷戦」のイメージを圧縮したものだということです。冷戦といっても、あなたたちは、歴史的なものとしては思い出せても、実際にどうであったかを記憶しているような年齢ではないと思います。ですが、とりわけこの広告は、ソビエト連邦と結びついた冷戦イメージを圧縮したものなのです。官僚的なものに服従する個々人という憂鬱なイメージです。映像を見ればわかりますが、灰色の人たちは、ひとりの話し手から発せられる究極的なまでにトップダウンの命令に従って、とぼとぼと歩いています。明らかにオーウェルの『１９８４』を参照しています（オーウェルの遺産管理者たちは広告を快く思わなかったのですが、それは別の話になります。とりあえず深入りしないでおくことにしましょう）[2]。しかし、この広告は、長いあいだソビエト連邦に付随していたイメージと、当時コンピュータの世界を支配していたＩＢＭのような巨大企業にまつわるイメージとを結合させています。

アップルは、自らを新興の存在、すなわち、グレーで陰鬱で官僚的な世界に介入する色鮮やかな存在として位置づけています。アップルは新しい。興味深いことに、アップルは女性です。頑固な官僚制という灰色の世界に入り込んでくる色彩です。広告という夢の作業を通して、この世界ではＩＢＭがソビエト連邦と等しいものになります。アップルとは、つまり、新しい世界であり、単調で憂鬱で灰色で退屈な管理システムから脱出しようとしている。そしてそれが本当に起こったのです！　この映像は予言的だったともいえるでしょう。いや、「予言的」どころではありません。成就が約束された予言[3]［＝超存（hyperstition）］、と言ってもいいでしょう。この広告は、まさにそれ自身が描写していたものをもたらすことになったのです。

わたしから見てこの広告で興味深いのは、欲望の問題が資本との関係で存在していることを示す、そのやり方です。冷戦イメージに関係しています。この広告は、いかなる現実の欲望も存在しないことを示している……、いやむしろ、資本主義への欲望だけが存在していることを示しています。ＩＢＭのような共産主義世界、つまり支配的な企業による資本主義世界は退屈で憂鬱なものだけど、そうじゃないんだ！と、このＣＭは反論しているのです。新しい資本主義の世界はそんなふうにならない。新しい資本主義世界での欲望は、共産主義世界のそれとは異なるものとなっていくだろう、と。

以上が、この広告でわたしが関心をもった部分です。パワーポイントのファイルをＶＬＥシステム[4]にアップロードしておきますので、後で音声付きのものを見てください。それにしても、わたしたちはここで、この広告が大前提にしていることに対して、きっぱりと反証できますね。アップルもマイクロソフトも、動作は快適でフリーズすることなどないということが前提でしたね。授業開始5分で、それがまちがいだとわかりました（笑い声）。なぜ音声が再生されないのか、わたしには理由はわからないけれど、とにかく音が出ない……。

まあいいでしょう。次にお見せしたいのは、おそらく同じ時期につくられたＣＭです。見たことある人はいますか？（マークは「リーバイス、1984年、ロシア」[5]を再生する。映像を流しながら、マークはこのＣＭの鍵となる要素をコメントする。ひとりの男が落ち着かない感じでロシア国境の検問を通過しようとする。ソ連の警備員は男のスーツケースを漁って、西側の雑誌を見つける。途中で上官が到着したことに遮られて、警備員たちは男の通行を許可し、男は深い安堵のため息をついてソビエトに入国する。男は自分のアパートの部屋に戻ると、隠してあったリーバイスのブルージーンズをスーツケースから取り出す）

　男のスーツケースにあったのは、『ザ・フェイス』です。これは当時のロンドンスタイルの聖書とでもいうべきもので、ロンドンのファッションや文化を先導する雑誌です。男は憂鬱なソビエトの世界にいます。全面的に白黒の世界です。ご覧ください、彼が帰る粗末なアパートを。ああ、でも見てください！（笑い声）彼の人生は報われます、なぜなら、ソ連にリーバイスを密輸することに成功したのですから。

　これは商業的目的のためだけに制作されたわけではありません。リーバイスはソ連で熱狂的な人気を博していました。それをふまえてもう一度問いますが、この映像が表しているものは何でしょう？　それは、旧ソ連圏が抑圧的だった、それも政治的に抑圧的だったということだけでなく、欲望を禁止して、欲望を遮断してもいた、ということも示されているのです。

　振り返ってみると、ここに冷戦の終わりを見ることができます。この２つのＣＭが現れたのはそうした時代です。当時、つまり１９８０年代の半ばでは、冷戦が終わりに向かっている感じはありませんでした。ソビエト連邦およびソ連体制の崩壊は、80年代終わりに一気に進行したので、80年代半ばにそれを予見できた人はいませんでした。当時は、冷戦体制は完全なまま数十年続くような感じでした。
　これらのCMはこうした時期につくられたものです。さらに今から見せる3つめの映像は、音声なしだと見せたことになるのかどうか……。

学生3　ちょっと質問いいでしょうか？　リーバイスの広告はどこで放映されたのですか？

MF　イギリスで放映されました。イギリスのために作られたイギリスの広告ですね。

（マークはルイーズ・メンシュが2010年のお気楽トーク番組「Have I Got News for You」に出演したときの映像を流す[6]）

　この人は元保守派の下院議員で、いわゆる「チック・リット」小説の著者であるルイーズ・メンシュです。彼女が「メンシュ」と呼ばれているのが信じられないですね。（訳注1）マーティン・エイミスの小説に出てくるマヌケな登場人物みたいじゃないですか？「Have I Got News for You」という、なかなかにくだらない、BBCの風刺的な政治トークショーで、「ロンドンを占拠せよ《オキュパイ・ロンドン》」を話題にした回にルイーズ・メンシュが出演したときの映像です。
　広く知られている彼女の主張は、「占拠《オキュパイ》」を主導する抗議者たちには、信憑性ないしは妥当性が欠けている、というものです。彼らはスターバックスに行くし、iPhoneももっているだろう、と。他にもそんなことを言っていた人がいたと思います。iPhoneをもっているような連中が本当に反資本主義者になることはできない、と。

こう考えてみると、最初の2つのCMとルイーズ・メンシュの立場は血縁関係にあるのではないでしょうか。背後にひとつの物語《ナラティヴ》が存在しています。それは欲望に関する物語です。抗議者たちは先進的な資本主義のもとでつくられた製品をもっています。これはどういうことなのか……それは、彼らが単なる偽善者である、ということだけではありません。彼らは自分たちが欲しいと言っているものを本当には欲していない、ということでもあります。抗議者たちは資本主義を超えたところにある富を本当は欲していないのです。彼らが欲しているものは、すべて資本主義の成果物です。そして究極的には、そこに資本主義が勝利する理由があります。抗議者たちは、倫理的には、自分たちは異なる世界に生きたいと主張するかもしれません。けれどもリビドー的には、すなわち欲望のレベルにおいては、彼らは現代の資本主義世界の内側で生きることに縛られています。

今まで上げた3つの映像に示された事柄は、この講義におけるわたしの問いにノーと答えているかのようです。わたしの問いは「資本主義を超えた何かに対する欲望は、実際のところ存在するのか?」というものなのですから。この問いは、加速主義についての近年の議論によって共有されている部分もあります。そして、おそらく加速主義は実際、この講義に、もっとも大きな影響を与えています。わたしが加速主義に接した時期は2度ありますが、最初は90年代でした。当時のわたしはニック・ランドの著作からかなり強い影響を受けました。ランドは、後で取り上げますが、きわめて論争を呼ぶ人物であり、右翼的だとわたしは言いたくはないのですが、一種の資本主義的な加速主義を展開した人物です。彼の考えによれば、資本とは今まで地球上に存在したもののなかでもっとも強力なものです。また、地球の全歴史は、資本という、事実上この惑星全体を覆っている人工知能システムの出現につながっているので、このシステムは、あらゆる歴史を資本主義システムの登場に向かって遡及的に導くものとみなすことができます。映画『ターミネーター』の「スカイネット」のようなものです。

ランドの著作は、このような強力な詩的イメージによって資本の力を表しています。興味深いのは、この著作が90年代に現れたことです。80年代の終わりにソ連が崩壊した後、資本が大勝利を収めた時代です。ランドの思考は、実際は、当初は左派に属する思想、とりわけドゥルーズ&ガタリとリオタールの思想のリミックスで、かつそれを発展させたものでした。ドゥルーズ&ガタリやリオタールは、まさしく一種のポスト資本主義を想像しようとしていました。しかも、単に資本主義的近代から撤退するのではなく、資本主義を徹底することによってそうしようとしていました。

加速主義における左派的な考えが出てきたのはここ数年のことです。「加速主義」という語それ自体は、ベンジャミン・ノイズが著作『否定的なものの持続（*The Persistence of the Negative*）』で最初に提唱したもので、この本では否定性をおびた用語として使われていました。その単語の方向性を変えて用いたのがアレックス・ウィリアムズとニック・スルネックです。（マークは「スルネック（Srnicek）」の発音を「スル・ネック」と強調する。）〝スルネック〟が正しい発音だと本人から直接聞きました。ニックの先祖がカナダに引っ越してきたときに、カナダ人たちに正しく発音させることを諦めたからそうなったのではないでしょうか。（笑い声）とにかく、彼らは加速主義という考えを左派的な視座から再設定して、ポスト資本主義的なものにしようとしました。実は、4年か5年前、ここゴールドスミス・カレッジでも、ニックとアレックスだったと思いますが、彼らはこれらの概念を立ち上げようとシンポジウムを開催したことがありました。

　ですから、基本的な問い、つまり加速主義をめぐる数々の議論の背後にある問いとは、「ポスト資本主義は想像可能か？」というものです。資本のリビドー的で、技術的なインフラストラクチャーを保持しつつ、資本を超えて行くことは可能だろうか？　ここ数年にわたってこうした問いを考えるなかで、わたしは自分の思考を構築することになりました。ひょっとしたらわたしの考えを作ったもっとも重要な議論であり、つまりはこの講義の骨子でもあります。

　これから15週にわたる講義の概要について、簡単に説明します。今週はポスト資本主義についての3つの異なる考察を取り上げます。ポスト資本主義とは何なのか？　今日の講義が終わっても、すぐにはわからないと思います。ですが、ともかくニックとアレックス、ギブソンーグラハム、そしてポール・メイソンという3つの考えを説明します。ポール・メイソンの考えはいわば折衷的なもので、複数の異なる考えに基づいていますが、今週読むものも、わたしがこの講義で読みたいと思っているものがミックスされた典型的なテキストです。ある程度理論的で、ある程度ジャーナリスティックであり、文化史や政治史の要素も入っています。難しい理論を講義しようとは思っていません。少なくとも、いわゆる「理論」を毎週扱うわけではありません。

　ですから今週は概説的なイントロダクションにします。その後は、ざっくり時系列に沿って進めていきます。わたしが確認したいのは、加速主義の議論の背後にあるけれど、まだ明らかにされていないトピックの数々です。これはポスト資本主義の問題の感性や芸術《アート》に関わる側面と関係しています。リオタール、およびドゥルーズ＆ガタリらの70年代の思想のなかに、この側面を見ることができると思います。60年代のカウンターカルチャーのプレッシャーから出現したものが70年代に流れ込みます。カウンターカルチャーと左派との潜在的な混合が出現しました。こうしたことの多くが、68年5月以降あったという話はよく耳にします。ですがわたしはこの講義で、68年5月の位置付けを変えてみたいと思っています。[7] わたしは、多くの点で、70年代の方に、それもアメリカの70年代のみならずイタリアの70年代に、より強い興味を抱いていますし、カウンターカルチャーと左翼政治の混合がより成功していたなら、いったい何が起こっていたのだろうかと考えています。とにかく、68年5月に由来するあらゆることが、かつては根強く残っていました。それらが束の間ではありますが花開いた、そんないくつかの瞬間もありましたが、その例は後で見ることにしましょう。でも、それは長続きしませんでした。そして実際、わたしたちが目の当たりにしているのは、新自由主義が勝利している時代なのです。

そこで、わたしは来週、この問題に対して2つのアプローチを試みたいと思っています。ひとつはマルクーゼのテキストで、実のところ彼はカウンターカルチャーを予示していた人物だとわたしは思っています。彼の『エロス的文明』は信じられない著作です！　週末ずっと考えていて、わたしはこのテキストの偉大さに気づきました。ドゥルーズ&ガタリについては、すでに何度も言及していますが、リーディングリストには載っていません。ドゥルーズ&ガタリは、わたしたちが考えている多くのことの背後に存在する幽霊です。二人のところから離れなければならないというのは、ほとんど倒錯です。彼らはある仕方で、すでにここに存在しているのですから。同時にわたしはまた、マルクーゼをドゥルーズ&ガタリの一種の先駆者として、フロイトと欲望の問題を引き受け、欲望の問題を扱った先駆者として捉えるのは面白いと思っています。マルクーゼの驚嘆すべき著作『エロス的文明』は現在絶版で、興味深いことに、彼の他の著作の多くも絶版です。『一次元的人間』がマルクーゼの主著とみなされ、相当数が刷られて販売され、現在もまだ刊行されていますが、今さっき言ったように、その他の多くの著作は絶版です。マルクーゼの著作は数多くのカウンターカルチャー的要素を予見していたので、その領域で広く読まれていたのではないかと思います。

　そして来週は、エレン・ウィリスの考えと対決したいと思っています。ウィリスはジャーナリストであると同時に文化批評家でもあり、カウンターカルチャーを経験したのみならず、その限界も見ています。わたしは今回取り上げるウィリスの著作が好きなのですが、なぜかというと、わたしたちが後で扱う問題を取り上げるそのやり方が、とてもいいからなのです。ヘレン・ヘスターだと「ドメスティック・リアリズム」と名付けているこの問題は、わたしがかつて「資本主義リアリズム」と呼んだものとも類似しています。ドメスティックな構造、すなわち、わたしたちが我が家で生を営むやり方は、固定された不変のものだという考え方です。わたしたちはそれと違うものを想像することはできない、と。60年代、カウンターカルチャーにおいては、人々は別のやり方で、すなわち、より集合的で共同体的な仕方で生きようと試みていました。それはうまくいかなかった。それは失速しました。失敗しました。間違った方向に行ってしまった。興味深いことに、ウィリスは、我慢の足りなさがこの問題の一因だったとしています。人々はドメスティックな構造をきわめて迅速に克服できたと思っていました。いや実際は、人々の粘り強さは相当のもので、絶え間なく解体され続けることがなければ、共同体的な構造を復権させていたかもしれません。

　というわけで、カウンターカルチャーと左派とのあいだになにか接点を定めるとしたら、それはマルクーゼが望んでいた一種の民主社会主義、あるいはリバタリアン的コミュニズムになるのではないかと思います。マルクーゼは現実のソビエトの体制を手厳しく批判していました。

　この講義、いや、講義を含めた単位のための勉強時間、と言うべきなのかもしれませんが、そこでわたしがもうひとつ考えたいと思っているのは、「意識」についての問題です。この問題は近年注目されなくなってきているようです。この講義では、かつてわたしが「資本主義リアリズム」と呼んでいたものがほとんど語られないとみなさんは思うかもしれません。この講義の題は「ポスト資本主義の欲望」なのですから。けれども、この講義もまた、資本主義リアリズムとその勃興に関することを扱います。資本主義リアリズムが頭をもたげてくるにつれて、つまり「資本主義のオルタナティヴなどないという考え」が、政治的な憶測として浸透するにつれて、それが実情であると認めるために、意識は弱まることを余儀なくされます。ここでの意識とは、主としてルカーチによって理論化された「階級意識」を指します。しかし、もっと言えば、ナンシー・ハートソックによる、社会主義的フェミニストの立場から書かれた比類なき価値をもつ著作によって、単なる階級意識だけでなく、従属的な人たちによる「集団意識」とでも呼べるものと関係した意味をもつことになり、結果としてその重要性も拡大していきました。

マルクーゼは、わたしがこの講義の第2週のために配布したテキストの一節で、「自由になりえたかもしれない社会」という亡霊について語っています。この一節はほとんど、彼の著作のなかの加速主義を先取りした箇所と言ってもいいでしょう。マルクーゼは、欠乏という問題が解決されさえすればそれでよいと言っています。実際、欠乏は後期資本主義の問題です。みなに与える十分な食料がないことが問題なのではなく、食料の分配が問題なのです。資本主義にとって、欠乏は問題ではありません。重要なのは、欠乏を維持することです。豊かな富を隠すために人工的な欠乏をつくり出すこと、とでもいえるでしょうか。その欠乏は、実際の物品やサービスの欠乏でもあれば、時間の欠乏でもあります。マルクーゼは言います、ひとたび欠乏が克服されたとしても、資本主義はまた再び極度に激しく作動し、人々が自分自身の人生を決定し、より自律的な仕方で行動する可能性を避けようとするだろう、と。わたしがかつて述べようとしたことですが、これこそが、ある意味で、資本主義リアリズムの発生を駆動するものであり――新自由主義はその一部でしかありません――それによって、ポスト資本主義が出現するポテンシャルがつねに阻害されざるを得なくなっています。この作用が、人々が資本主義の命令を超えたところで生きる可能性を妨げているのです。後で参照するギブソン‐グラハムの議論によれば、実際のところ、わたしたちはすでにほとんどの時間、ポスト資本主義の発生を妨げているのです。

いいでしょうか。ですから、ポスト資本主義の発生を妨げることは、ある意味で、意識の発生を禁じるという問題と同じことです。第3週でルカーチとハートソックを読めばこのことがわかると思います。両者を読解すると、それ以降の週で問題となることの多くが見えてくるでしょう。

第4週は労働の歴史を扱います。70年代初頭に決定的な瞬間がありました。当時のアメリカでは、労働環境についての一連の新しい要求が起こり、それによって数々の潮流が押し寄せました。市民権、フェミニズム、そして階級闘争が同時に押し寄せたのです。今日「インターセクショナリティ」という語は、Twitter上でのおぞましい言い争いを、つまり人々がたがいに喧嘩しているだけの、あるいはそんな感じのどうしようもないことを意味するだけになりました。これは物事が適切に「交差《インターセクト》」していないことを示しています。すなわち、集団意識の統合が強まるというよりも、各集団間でのアイデンティティ闘争があるだけなのです。反対の立場も正しいものだったらどうなるのでしょう？　あらゆる従属の形を純粋に交差させてひとつの政治的闘争の形で展開し、従属を克服することは、不可能だったのでしょうか？　70年代初頭のアメリカには、こうした問いについてのヒントが複数存在しています。

ジェファーソン・カウィーの著作『ステイン・アライブ――１９７０年代と労働者階級最後の日々』は素晴らしい著作です。文化理論についてのすぐれた本に見えますが、実際は理論ではなく、近年の文化的・政治的な歴史について書かれています。前半と後半の2部から構成されていて、前半では自由主義的なコミュニズムや実存主義的な左派などといった人たちが爆発的に増加したポジティヴな状況が描かれています。後半は旧左翼のみならず新左翼も抱くことになった敗北感について書かれています。旧左翼はだまされ、新左翼は妨害されたのです。

これに続けて、リオタールの悪名高き『リビドー経済』から、「マルクスという名の欲望」を取り上げます。あなたたちはこれを読んだら「悪書」だと言いたくなるかもしれませんね。この書物は、資本主義から撤退することは不可能だということを述べたひとつの表明、きわめて強いひとつの表明です。そこから逃れて帰り着くことができるような手付かずの外部など存在しない、わたしたちは資本主義でとことんまで行かねばならない、そう述べています。リオタールのこの主張は非常に表面的なものではありますが。

つぎにイタリアに目を向けましょう。［シルヴィア・］フェデリーチとニコラス・ソバーンによる労働の拒否についての論考です。彼らの考えのいくつかが、どのように現場で実行されたか、とりわけ70年代のイタリアでどう展開したかについて、知ることになるでしょう。

そこから後の数週は、反革命そのものについて考えることにします。そこではポスト資本主義的欲望のネガティヴな姿を、それが投げかけた影を通して見ることができると思います。この40年か50年を「自由になりえたかもしれない世界」という亡霊によって形成されたものにすぎないと語ることができるとしましょう。でもそれもしょせん、資本が、意識や自律性、あるいは労働の拒否が生まれてくることを妨げるような仕方で君臨した上で、わたしたちは自由な世界という亡霊を見ることができているだけなのです。このことを真っ先に示した恐ろしい実験場がチリです。民主社会主義の計画は、アメリカ寄りのもので、ソビエト的な思想や体制からはかけ離れていました。チリは技術も発達していて「サイバーシン（CyberSyn）」という名の社会主義的インターネットももっていましたが、これは直ちに破壊されました。「ああ、うまくいかなかった、チリで何が起こったのか？」とは言えません。うまくいかなかった理由は、ＣＩＡを後ろ盾にしてチリの計画を破壊しようとする力が存在していたからです。チリのアジェンダ政権は軍事行動によって打倒されましたが、この件は、軍事行動による破壊の後になにが起こるのかについての、ひとつのプロトタイプを示しています。イギリスなどでは、これほど直接的な暴力にはなりませんでした。鉱山労働者のストライキなどの暴力はありましたが、それは資本主義リアリズムに加担する者たちの一種の実験室で、資本による新しい形の服従が実験されていたのです。

第8週目は、わたしが「中流の発明」と言っていた事柄を見ます。この考えは、カール・フリードマンの著作『ニクソンの時代』と、ペニー・ルイスの著作『ヘルメット、ヒッピーとアメリカ』に基づいています。ここで扱うのは、ある意味では、意識の抑圧について、とりわけ階級意識の抑圧についてです。

フリードマンの本を読むと、ニクソンの役割は、マルクスが「小《プチ》ブルジョワ心理」として特徴づけたものを一般化したことにあったのではないかと思います。この心理は、あらゆる階級の外側に自らを位置づけるような階級的位置にいるという心理を示しています。「階級システムは存在するが、あなたは実際のところそれに属していない」と。これこそ、ニクソンが、人々、つまりいわゆる「アメリカの中流」に対しておこなったアピールであり、それによって人々も、自分たちが小ブルジョワであり、その視点からものを見ていることを知ったのです。当時のこの視点を、階級意識を抑圧するひとつの形式として一般化できるかもしれません。かくして、労働者たちは小ブルジョワという観点で自らを見つめ、ニクソンも、自らの生い立ちを理由に、このことをもっともらしく肯定できたのです。たとえば、ケネディとは違って、ニクソンの生い立ちは特権階級のものではありません。ニクソンは苦労して出世しました。そしてこのことが小ブルジョワ心理の鍵となります。つまり、「大いに努力すれば、社会的なポジションを確立できる」という小ブルジョワ心理が生み出されるのです。

ニクソンは最終的な面目を失い失敗しましたが、それにもかかわらず彼の示した枠組みがなぜ今日まで続くものとなったのか、その経緯については、後で見ることにしましょう。サッチャー元首相も、似たような生い立ち、似たような価値観をもち、一般的な小ブルジョワ心理に対して似たような弁護を行ったなど多くの点でニクソンと非常に似通っていました。この枠組みがどのように機能したのかについては、建設現場の労働者vs.ヒッピーというイメージを描くと理解できるのではないでしょうか。１９７０年だったと思いますが、建設業の労働者たちがベトナム戦争に反対する人たちを攻撃した有名な事件があり、それによって反動的な労働者階級vs.軟弱な学生というイメージが作られ、それが実のところ今日まで続いている、というのがわたしの考えです。労働者たちはそれゆえ「中流」の側、「アメリカの中流」などというサイレント・マジョリティの側にいることになります。しかしそうなると、この「中流」の誕生が、矛盾した空間を生み出します。どうすれば、あらゆる人が中流に属せるのでしょうか？　そんなことは不可能です。労働党の政治家ジョン・プレスコットは、「いまやわれわれはみな中流階級である」と言いました。でも、今日誰もが中流階級にいるのだとすれば、その人たちは何の真ん中に位置することになるのでしょうか？　とはいえ、こうした物言いは、階級意識を直接隠蔽する形式として意味があります。

続いて取り上げるのは「ポスト・フォーディズムと〈新時代〉」です。スチュアート・ホールは「新時代」をある観点から理論化し、「パオロ・」ヴィルノやイタリアのポスト・マルクス主義者（アウトノミスト）たちは別の観点からそれを理論化しました。ポスト・フォーディズムは、資本主義のインフラストラクチャーの一大転換点です。今日わたしたちが不安定、流動性、流動化、非正規化などといっているものに向かう方向転換であり、ここから情報工学が中心となっていきました。これについては第9週に考えます。

第10週のテーマは、「テクノ・フェミニズム」「サイバー・フェミニズム」です。これは加速主義の系譜の一部を占めます。サイバー・フェミニズムやテクノ・フェミニズムはシュラミス・ファイアストーンの概念であり、彼女はジェンダーに関する多くの問題は物質的かつ技術的に解決可能であると真剣に考えていました。たとえば、人工子宮で子どもをもつことが可能になれば、ジェンダー関係に明らかにラディカルな変化が起こるだろうとも言います。ファイアストーンを90年代のセイディー・プラントと比べてみましょう。プラントはある意味で、サイバー・フェミニズムのネオリベラル版とみなせるかもしれません。セイディー・プラントは90年代にニック・ランドと密接に関連した仕事をしていました。もっとも有名なサイバー・フェミニストのダナ・ハラウェイについては述べませんでしたが、おそらくすでにみなさんは彼女についてご存じでしょう。彼女の著作のなかにあるファイアストーンとプラントの両方の側面を後で見ることにしましょう。彼女についてはご自身で補ってください。補足を加えておきますと、ハラウェイはドゥルーズ&ガタリのようなものです。

第11週に進みます。加速主義です。ニックとアレックスのことは今回確認しますし、講座全体に関わってきますから、取り上げることはしません。フレドリック・ジェイムソンの「複製品としてのユートピア」を取り上げます。ジェイムソンはそこで有名な主張、ウォルマートを一種のユートピアとするという（一部の人たちのあいだでは）有名な主張を展開します。いや、それほど有名ではないかもしれませんが。彼の思考は弁証法的な思考ですね。実に古典的な加速主義的思考で、言うなれば、ウォルマートのインフラストラクチャーがまったく異なる用途のために再設定されたらどうなるか、というものです。うーん、うまい言い方ではないですね。完全に異なる目的のために再設定されたらどうなるか、ということです。ニック・ランドに「機械的欲望（Machinic Desire）」という概念があって、これは彼の加速主義を典型的に宣言しています。左派加速主義と右派加速主義が近傍で出合ってしまうのです。

つまり、加速主義的な議論の多くは、２００８年以来の反資本主義運動の行き詰まり、ないしは失敗から生まれてきました。そうした議論のなかには水平主義にまつわるものもあります。水平主義とは、ヒエラルキー的な構造に対する批判です。政治組織のヒエラルキー的構造は問題を含んでいます。具体例を考えるだけでも、抑圧的で耐え難いものがあります。ですから、ポスト資本主義世界を示したければ、水平主義者である必要があります。ヒエラルキーが生じるあらゆる場合において、つねにヒエラルキーを消去すべく努めなければなりません。多くの左派加速主義的な主張が、ヒエラルキーに対する不満から生まれています。

そうなると、こうした思考のなかに、ネットワーク理論とアナーキー的潮流との一種の融合が生じます。一例として、ピア・ツー・ピア政治を挙げておきます。これが第13週の題材ですが、ミシェル・バウヴェンスがおそらくもっとも顕著な例でしょう。ネットワークについてのもっとも著名な思想家も第12週に取り上げます。それはハートとネグリです。彼らは未公開の理論のなかで、ヒエラルキー的ではない仕方でネットワークを進める方法は何か？ ということを問いますが、オキュパイ運動などの背後にはこうした「霊感《インスピレーション》」があります。

もちろん、ハートとネグリは、イタリアの１９７０年代におけるアウトノミアおよびそれに関する闘争に関係してきました。[8] わたしたちが先ほど話したことと直接的なつながりがあります。それに続けて、ジョディ・ディーンによる批判も見ることにします。ネットワークについて2週を費やす予定です。最初に、彼らの『コモンウェルス』から長い一節を取り上げます。わたしはこれがハートとネグリの一番よい著作だと思っています。ついでピア・ツー・ピアについて見た後で、これらすべてに対するジョディ・ディーンの批判を取り上げます。

第14週は暗たんたる話題に戻ります。わたしが「タッチスクリーン・キャプチャー」と呼んできたものです。それについてはボードリヤールを参照します。ボードリヤールは彼が「接触の力（tactile power）」と呼ぶものについて、驚くほどに予見的な説明を与えています。[9]「彼らが触りにくる」とボードリヤールは述べています。70年代の彼の文章を読むと、彼が現在にタイムトラベルしてきて、Twitterや［iPhoneなどの］タッチスクリーンのインターフェースについて語っているようです。

次いで、フランコ・ベラルディによる、情報労働と不安定性についての現代的な状況に関する有名な批評を扱います。ベラルディはボードリヤールを真剣に取り上げている数少ない同時代の思想家のひとりです。

最後の週は、もう少しポジティヴな調子で終わらせましょう。「プロメテウス再生」です。ひょっとしたら複雑すぎるやり方になるかもしれませんが。こうした潮流のうちのいくつかは、２０１５年、つまりほんの昨年に出た『他者のフェミニズム宣言（Xenofeminist Manifesto）』や、ヘレン・ヘスターの論考「プロメテウス的労働とドメスティック・リアリズム」のなかで、刺激的な仕方で合流してきているように思えます。ヘスターの論考は、現在の局面においてもポスト資本主義的な政治が可能であることを刺激的なかたちで提示していて、明るい気持ちで読み終わることができると思います。

以上が、講義全体の背景にある考えです。なにか質問はありますか？　いつでも質問してください。週が進むごとに、わたしの解説する時間が減ればいいなと思っていますが、まずはウォームアップした方がいいですよね。それでいいですかね？　みなさんの期待していた通りでしょうか？　それとも、立ち直れないほど失望したという人もいますか？（笑い声）

15週の内容のなかには入っていないのですが、取り扱った方がいいトピックもあります。感性、美学、芸術作品、文化について、これらすべてがどういう役割を果たしたのかという問いです。あなたたちも指摘しようと思っていたのではないでしょうか。この問いは鍵になるものだと思います。でも旧左翼と言われる人たちは、この問いの重要性を低く見積もってきました。

それでは本日の話に進みましょう。そうしないと、何事も成し遂げられませんから。鍵となるいくつかの主張については、基本事項としてすでに要約してあります。そうですね、ここまで来るのにちょっと話を詰め込みすぎたようですが、気にしないで。少なすぎるよりも多すぎる方がよいでしょう。

はい。それでは、ポスト資本主義という概念の利点はなんでしょうか？[10]　これは最初に考えるべき問題です。なぜ、「共産主義《コミュニズム》」「社会主義《ソーシャリズム》」などと言わずに、「ポスト資本主義」という単語を用いるのでしょうか？　そうですね。第一に、この単語には、重苦しい過去の失敗した計画《プロジェクト》を連想させるものがありません。「ポスト資本主義」という用語には、「共産主義」「社会主義」にはない一種の中立性があります。世代によるのかもしれませんが、「コミュニズム」

という単語を聞くと、わたしと同じ世代、あるいはわたしより年長の世代は、否定的なことを次々に連想してしまいます。

「ポスト資本主義」には勝利が含意されている。これもうひとつの利点ではないでしょうか？　あなたがポスト資本主義について語るとき、そこでは資本主義を超えた何かが存在していることが含意されています。それはまた、方向性を暗示しています。それがポスト資本主義である以上、それは勝利である、すなわち資本主義を経由して現れるであろう勝利なのです。それは単に資本主義に対立するものではありません。それは資本主義が終了したときに起こるであろう何かです。それは今わたしたちがいる場所から始まります。どこか完全に離れた場所ではありません。そのことも含意されている、そうですよね？　ポスト資本主義の概念は、資本主義の中から外に出ることで発達するものです。それは資本主義から発展して、資本主義を超えて動いていきます。したがって、わたしたちは完全な他なるもの、純粋な外部を想像する必要はありません。これはポスト資本主義を考えるうえで強調しておきたいことのひとつです。わたしたちは、資本主義からの抑圧を起点にして、それを研究対象にすることもできますが、それだけではなく、資本主義による喜びをも起点にして、対象とすることができるのです。ですから、わたしたちは、ルイーズ・メンシュの言うような世界に囚われているわけではありません。iPhoneをもっているからといって、ポスト資本主義を望んではならない、というわけではないのです。ポスト資本主義の世界でiPhoneが欲しくなるとは思えないですが……。
とにかく……、はい？　どうしました？

学生4　ポスト資本主義とは、政治システムというよりはもうすこし理論に近いような印象をもったのですが？

MF　理論のように思えますか？　それはあり得る問題ですね。実際、ポスト資本主義についてはいくつかの問題がすでにあります。[11]（スライドに表示されているいくつかの項目を指しながら）わたしが言っているのは、この2番目の点に関してです。あなたは少し違うところを指摘しているようですね。

学生4　なぜなら、社会主義と共産主義は実際の……。

MF　そうです。それらは現実にある実際の計画です。他方でポスト資本主義は理論的すぎるかもしれません。そのうえ資本主義と結びついています。これもまた問題です。潜在的には。ギブソン＝グラハムは「資本中心主義（capitalocentrism）」について話しています。ポスト資本主義について話しているとしましょう。そのとき、ポスト資本主義の観点からわたしたちの政治的、文化的、社会的な成果を考案したとしても、それでもなお、それらの成果は資本主義との関係で定義されます。ですからポスト資本主義やその成果は現実のプロジェクトとは関係をもちません。

（スライドを読み上げる）「それ［＝ポスト資本主義］は「ポスト（post-）」という接頭辞の時間性のうちにとどまっている。「ポストモダン」のようなものだ。「ポスト資本主義」は、それ自身が実際にどうであるかというよりも、それに先立つものによって規定される。必ずしも進歩的なものではないのである」。Verso社からの新刊『四つの未来——資本主義のその後の生（Four Futures: Life After Capitalism）』からの引用です。部分的にはオンラインで公開されていますが、この本が述べているのは、あるものがポスト資本主義的であるからといって、それが望ましいものであることを意味しない、ということです。[12]「絶滅」は、この本のなかで唱えられているポスト資本主義にとってのひとつの定型句であり、ひとつのモデルです。別のモデルとして、高賃金型の超資本主義があります。これもある意味ではもはや推定不可能です。

　2つのモデルの他に何か付け足すことができるかもしれません。みなさんもなにかアイデアがあるのではないでしょうか。

　なんでしょうか？　どうぞ……。

学生5　はい、あと2つ質問が……。

MF　あと2つ？　2つも問題がありますか？　どうぞ。

学生5　はい、ポスト資本主義は実際の［＝ポジティヴな］計画を指しているわけではないとして、ネガティヴな計画を指しているわけでもないのではないでしょうか。たとえば、資本主義のネガティヴな側面については、わたしたちはそれを拒絶したいと思っています。具体的には、わたしの内心には、アウトノミストたちを拒否したいという戦略があります。また、「ポスト」という接頭辞の内部では、いとも簡単に途方に暮れてしまいます。ポストモダン的な語りのいくつかは、そういうものですね。なにも定義しようとはしない。いつか突如現れるかもしれないポスト資本主義について語っているだけです。

MF　そう、今言ってくれたことはすべて、この講義で生じうる問題です。

それらについては、考えを発展させながら考察を続けることができます。回を重ねるにつれて、付け加えて考えるものが、さらに増えていくことでしょう。「一般的に言って、ポスト資本主義という概念は「善いもの」なのか？　それにこだわるだけの価値はあるのか？」と考えたくなる人も、なかにはいるかもしれません。

わたしの考えにも変遷がありました。数年前には、わたしは「コミュニズム」と関係するいかなる用語も使用するまいと固く誓っていました。その用語はほかの何よりも汚染されていると思っていたのです。しかし、わたしは、それはまさに逆ではないか、と考えました。「コミュニズム」という用語の潜在的な力は、まさにこの単語のもつ異質性によって与えられているのではないかと思ったのです。

学生4　なぜポスト資本主義がコミュニズムと同じような単語になるのでしょう？　古い用語

では……。

MF　そうですね。「コミュニズム」という単語が新しい単語と組み合わされると、この単語は面白くなります。「贅沢《ラグジュアリー》コミュニズム」みたいな定型句も現れて、これなんかは直ちに……。おそらく「贅沢コミュニズム」については、この講義でのちほど話題にすることになると思います。[13] こうした組み合わせの力は、この組み合わされた単語が、物事についての最近の流行りの考え方や標準的なステレオタイプから逸れた意味をもちうる、ないしはそうしたものを無害化することにあります。無害化するのではなく、その反対に、爆発的な効果をもたせることもあります。まさしく、先ほど見たような、ソビエト的な共産主義の仕組みと結びついた、陰鬱で灰色のイメージとともに思い描いていたステレオタイプが、無害化する、あるいは爆発するのです。どのようにすればそれが「贅沢な」ものになるのか？「贅沢コミュニズム」のようなものは、一種の認知的ショックを与える爆弾なのです。

　わたしはまた、「アシッド・コミュニズム」という概念についても考察を試みてきました。これはドゥルーズ&ガタリが論じていて、またジェファーソン・カウィーの著作のなかにも見られます。70年代初期の、階級意識とサイケデリックな意識の足し算。これこそ、60年代後半や70年代初期に資本が恐れていたものです。「労働者階級がヒッピーになったらどうなるのか？」という恐れです。なぜなら、カウンターカルチャーの鍵となり、その欠点でもあるものは——実際多くの欠点があったにせよ——、それは反労働の倫理だったのです。それは反労働の倫理を主流に組み入れることでもありました。ビートルズはこのことを実行しました。「ベッドにいて、上流に向かい浮かぶ（Stay in bed Float up stream）」という歌詞は反労働的です。そしてまた、この反労働および反多忙——これらは同じ実存の別の様態なのですが——について問うことはまた、共同社会的な生活を問うことでもあるのです。

　ですから、わたしは最近、「コミュニズム」という語を既存の連想から解放する修飾語とともに用いるという立場をとります。すでに述べたように、多くの若い人たちは、コミュニズムという語から特に思い浮かぶこともないでしょうけど、その単語が幸福なものだと感じられないのではないでしょうか……。

学生4　そうですね、感じられません。幸福なことを連想するのはかなり難しいと思います。社会主義体制というものが存在していましたし……。先生がドイツやオーストリア、あるいはどこであれそれに近いところにいるなら、かつてのそれがどのようなものだったのか、ご存じではないでしょうか。そして、それらの用語を使って生きていくことは、今でもきわめて困難です。

MF　それは戦略の問題だと思うけど、違いますかね？　どのような文脈でどのようなときにそれらの用語を使うかという問題では……。

学生4　ええ、ええ、もちろんです……。

MF　そして、そういった用語がどのような力を行使するのか、という問題でもありますね。それらの用語には普遍的な効力がない可能性もある。

たしかに、今の話は大きな問題です。でも、いったん特定の問題へと戻りましょうか。ああ、なんてことだ**（技術的な問題がさらに発生して、笑い声）**。

まあいいか。インターネットからとってきます**（マークは2つの図［Fig.1］を出す。ポスト資本主義にまつわる現代の観念と、複数の観念が広い範囲で交差していることが示されていて、それらの影響と関連するプロジェクトも図示されている）**。ポスト資本主義の異なる形が図示されています。わたしが話していたものはこのなかにひとつもないですね（笑い声）。後でもう少し詳細を見るべきでしょう[14]。

はい、それでは本日読む資料を見てみましょう。

ギブソン－グラハムですね。彼らが強調すべき重要な点としてあげているのは、「資本主義からの逃げ道を理論化し想像する試みに直面した左派はどうなるか」、という問題です。おそらく、想像という単語の方が、理論という単語よりもふさわしいですね。つまり、まず最初に、この疑い深く、パラノイド的で、強力な左派理論が存在しています。彼らはそれをイヴ・セジウィックから援用します。

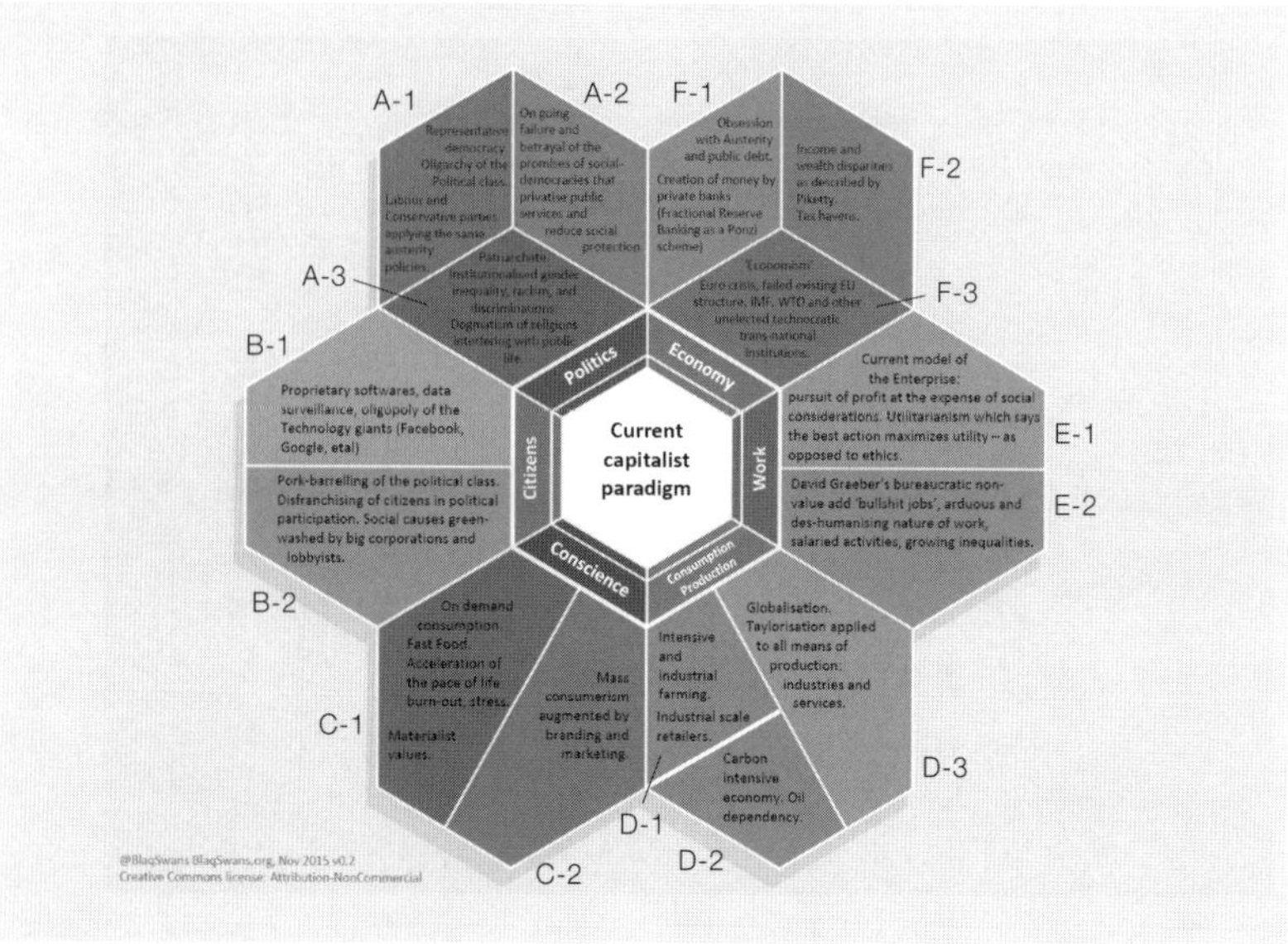

Politics 政治
A-1：議会制民主主義。政治階級による少数支配。労働党と保守党は同様の緊縮政策をとる。
A-2：公的サービスを民営化し、社会保障費を削減するという社会民主主義の契約の破綻と、それに対する背信行為を続けている。
A-3：家父長制。制度化されたジェンダー不平等、レイシズム、差別。一般生活に介入する宗教の教条主義。

Citizens 市民
B-1：ソフトウェア、データサーベイランスの独占、巨大テクノロジー企業（Facebook、Google など）による寡占。
B-2：政治階級による利益誘導、市民の政治参加権の剥奪。大企業やロビー活動家による社会課題のグリーンウォッシュ。

Conscience 意識
C-1：オンデマンド消費。ファストフード。生活速度の加速化がバーンアウトやストレスを引き起こす。実利主義の価値。
C-2：大規模な消費主義ブランディングとマーケティングによって増大する大量消費主義。

Consumption/Production 消費・生産
D-1：工業化された集約農業。工業規模の小売業者。
D-2：化石燃料集中型の経済。石油への依存。
D-3：グローバリゼーション。テイラーシステムをすべての生産（工業とサービス）に適応する。

Work 労働
E-1：企業の現代的モデル。社会的配慮を犠牲にした利益追求。倫理に反してでも、功利を最大化することが最も重要だとする功利主義。
E-2：デヴィッド・グレーバーが提唱した官僚的で価値のない「ブルシット・ジョブ」、労働のつらく非人間的な性質、有給の活動、格差の拡大。

Economy 経済
F-1：緊縮財政と公債への執着。プライベートバンクによる貨幣の造幣。（ポンジ・スキームのような部分準備銀行制度。）
F-2：ピケティが記述した、所得と富の不平等。タックス・ヘイヴン。
F-3：「経済主義」ユーロ危機、既存の EU 体制の機能不全、IMF、WTO など選挙によらない、多国籍の技術主義者による機関。

Fig.1-1 「現在の資本主義のパラダイム」

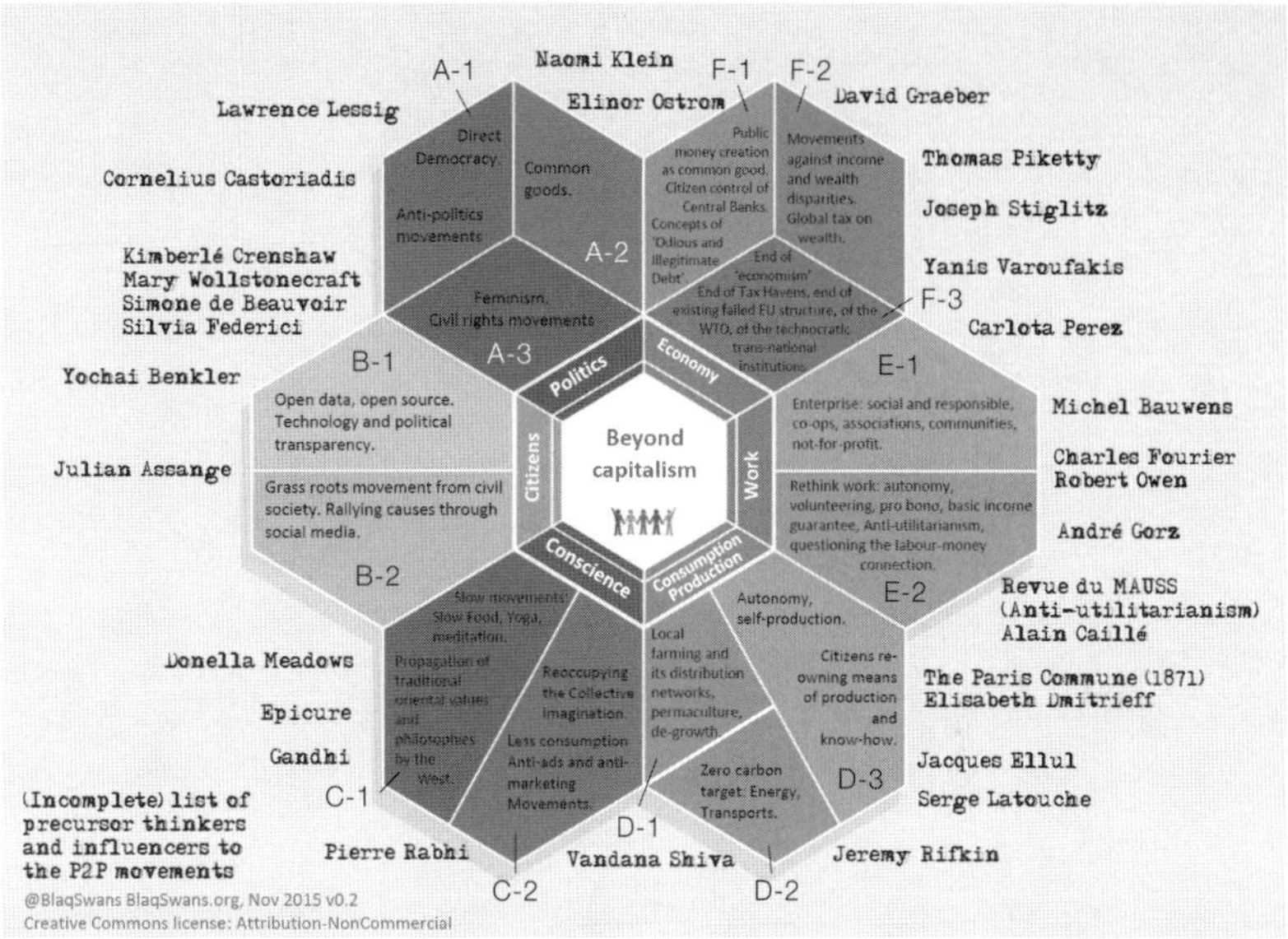

Politics 政治
A-1：直接民主主義。反政治運動。
A-2：共有財。
A-3：フェミニズム。市民権運動。

Citizens 市民
B-1：オープンデータ、オープンソース。技術的・政治的透明性。
B-2：市民社会から起こる草の根運動。ソーシャル・メディアを通じて結集する主張。

Conscience 意識
C-1：スロームーブメント（スローフード、ヨガ、瞑想）。東洋の伝統的な価値観や哲学が西洋によって普及される。
C-2：共同体による想像性が再び覇権をもつ。消費の縮小。反広告、反マーケティング運動。

Consumption/Production 消費・生産
D-1：地方の農業とその供給網、パーマカルチャー、非成長。
D-2：ゼロ化石燃料。ターゲット:エネルギー、輸送機関。
D-3：自律、自己生産。生産とノウハウを市民が再所持する方法。

Work 労働
E-1：事業形態：社会事業を行い、責任を果たすもの。生活協同組合、組合、コミュニティ、非営利。
E-2：労働の再考。自律性、ボランティア、無料、ベーシック・インカム、保証、反功利主義、労働者と賃金の関係性に疑問を呈する。

Economy 経済
F-1：共有財としての公共的貨幣の創出。中央銀行を市民がコントロールする。「憎むべき不法な負債」という概念。
F-2：所得と富の不平等に反対する運動。富に対してグローバルな課税を行う。
F-3：「経済主義」の終焉。タックス・ヘイヴンの終焉、機能不全の EU 体制や WTO などテクノクラート的国際機関の終焉。

Fig.1-2 「資本主義を越えて」
新たなポスト資本主義のパラダイムと、その主な思想家の関係図

それ［＝左派の思考］は承認の快、攻略の快、最後のひとつを知的に制圧する快を与えはするが、安堵させてくれないし、資本主義の向こう側に行く出口を示してはくれない。もしわたしたちがポスト資本主義政治のための新しい思考の習慣を育てたいのならば、不確実性とともに生きることができないだとか、希望がなければ動くことができないといった感情を、その構造的な側面から弱めるために、するべきことがあるように思う。[15]

ギブソン＝グラハムは、この想像力の衰えは左派自体の病だと言っています。これは左派のメランコリーと結びついています。もしウェンディ・ブラウンによる左派メランコリーについての論考をまだ読んでいないのであれば、これは本当に読むに値するものです。ギブソン＝グラハムはこの論考を参照し、長めに引用しています。次のような箇所です。

そこ［＝左翼メランコリー］においては、過去の政治分析やアイデンティティに対する愛着の方が、動員や連携、あるいは体制を変えるために考えうる現在の可能性に対する関心よりも強いのである。確かに、左派は記念碑的な敗北を経験したし、おそらく最終的には自信を失ったのだ。国家社会主義の可能性、社会民主主義の復活、マルクス主義の信頼性、連帯の盛り上がりと効力に対する自信を。激しく嘆き悲しみ、なすがままに任せるよりも、メランコリーに囚われた主体は失われた数々の理想と同一化し、その不在を悲しさと落胆の感情として経験する。[…]「わたしたちがおそらく変えようとしている現実世界よりも、わたしたちの左翼的な情熱と理性、左翼的な分析と確信の方を愛するようになってしまっている。[16]」

左翼主義者による政治についての記述を読んだ誰もが、こうした病理の数々をそこに認めるのではないでしょうか？ 思うに、わたしたちの過去への執着は、現在における偶然性や不確実性を扱う能力がわたしたちにないことに起因する、というセジウィックの言う問題と関係しています。そしてこの執着は、「実際は何も起こるはずがない」というパラノイア的な全体理論と明確に関係しています。これこそが、わたしが「厳格なレーニン主義超自我」と呼んでいるもので、これがこの問題に関係していると思います。厳格なレーニン主義超自我は、ギリシャで急進左派連合Syrizaが現れたときには、力をふるいました。厳格なレーニン主義超自我は言います。「こんなものがうまくいくはずがない！」と。ええ、うまくいきませんでした、けれども、試みられなかったよりも、試みられた方がマシです、そうですよね。厳格なレーニン主義超自我は、労働党のジェレミー・コービンにも力をふるいます。「ああ、これがうまくいくはずがない、こうした類の物事はうまくいかないんだ」。そうですか、では何がうまくいくのでしょう？　すべてのものの完全な変革でしょうか。でもそれは正直想像しがたいです。つまり、例によってここで起こっているのは、政治的変革にはモデルが、つまりはボルシェヴィキ的なモデルがあるのだ、ということです。それが確固たる実践なのです。それだけが物事を実際に変えるための唯一の方法であり、それに満たないものはなんであれ、失敗したとみなされてしまいます。もちろん、ボルシェヴィキ革命も最終的に失敗したし、何人かの人は、それは直ちに失敗した、とさえ言うと思いますが、そうした事実は、まったく考慮されることはないのでしょう……。

わたしは左派がそこで見ているものに、大いに同情します。この、左派メランコリーというものに。

今ではそれは道徳じみた説教みたいなものだと思いますが、じゃあどうなるか……。左派が参照するウェンディ・ブラウンのもうひとつの重要な論考は「傷ついた愛着（Wounded Attachment）」です。[17]「傷ついた愛着」は、今日の左翼の世界の諸側面を高いレベルで予言しています。ブラウンは「傷ついた愛着」内でニーチェを引用し、傷との関係でアイデンティティを定義するような仕方によって、ある種の左翼的欲望が動員されたと言い、その行程を示しています。左派が言うには、道徳主義は、

> 弱者の反動的な態度の支えとなるような感情を与える。弱者とは、「強者との対立において自らを定義する者たち」のことを指す。社会主義者による社会建設という前向きな計画が近年消滅するのにともない、左派的説教は、損傷や失敗、被害者であることへの投資額を増やすことによって、その活力を獲得してきた。権力が容赦なく支配的なものとなったとき、権力は左派がそこから遠ざからねばならないようなものとなる。そうしなければ、吸収されるか、あるいは妥協することになる。[18]

つまり、ここで述べられているのは、権力それ自体が病理である、という考えです。権力の保持は圧制と切り離せない、したがって、傷つけられた惨めな状態になる方がマシだ、というわけです。なぜなら、実際に権力をもっているわけではないし、権力とは圧制するものだからです。多くの点で不可能な欲望に対して「傷」という名がつけられたのです。これは誰に向けられたアピールなのでしょうか？　どういう仕方であろうとも権力を獲得せず、あるいは権力を打ち立てることを目指さないような政治的プロジェクトとは何なのでしょうか？　こうした欲望の形式が、近年多くの左翼的な政治を形成してきたのは明白だと思います。ブラウンの論考には実に深い意味があります。「傷ついた愛着」を抱えている人々に対しても、また左派メランコリーに陥っている人たちにとっても。この論考については、左翼のメランコリーについてのヴァルター・ベンヤミンの論考が元となっているのですが。[19]
そういうわけで、わたしたちは、実際の政治的なプロジェクトの代わりに、非難をベースにした道徳主義プロジェクトを採用するのです。わたしたちは権力者を非難します。

権力者に巻き込まれるのを恐れて、わたしたちは、日々の政治のなかでうろつき回ってバカなまねをするよりも、自らの純粋さを守り、証明することの方を好む。こうした作業に従事する人たちは、自身が純粋主義者たちの価値観に背き、敵とともに惰眠を貪り、悪魔と取引をしたというかどで、つまりあらゆる種類の違反と裏切りのかどで非難されていると思うかもしれない。[20]

興味深いのは、非難はいわば両面から来るという点です。一方は傷ついた者たちからで、そうした者たちはあなたたちに、現存する権力とけっして取引などするべきでない、と言います。もう一方の非難は、レーニン主義者のような、究極の権力をもっていたであろう立場から来ます。彼らも同様の批判をすることでしょう。現在実際に存在している政治体制や権力構造に関わるいかなる試みに対しても心を惹かれないようにせよ、なぜなら譲歩することになるのだから、と。

そしてギブソン-グラハムは……、そうそう、彼らの分析もいいのですが、そこで取り上げられている映画もすごいですよね？（笑い声）イギリス人じゃない人で『ブラス！（Brassed Off）』を見た人がいるかどうかは怪しいけど、『フル・モンティ』は見た人がいるんじゃないですか？ 見ました？ どうです？ 見た！ あの映画に非常に興奮した、と本気で言っている人がいるなんて、信じられないのですが。この2つの映画どちらも好きだなんてわたしは言えません。（笑い声）この映画を好きだと言うためには、自分の美的嗜好に逆らわなければならない、そう思うのです。（笑い声）まあ、でも分析ですから。ギブソン-グラハムが書いているのは『ブラス！』と似たような状況です。みなさんは『ブラス！』を見たことはないかもしれませんが、それがどういう映画なのかはなんとなく知っているんじゃないでしょうか。ご存じの通り、ブラスバンドと炭鉱、それがすべてです。そういった類の左翼メランコリーです。男性の肉体労働という前時代的な形式に対する政治的なノスタルジアが距離感をもって描かれています。この映画が何にこだわっているか、ご存じですか。ずばり、抵抗活動に対するこだわりがそのひとつです。それは一種の反発モデルです。資本がことを起こし、わたしたちはそれに抵抗する。ギブソン-グラハムはこの、彼らが言うところの「近代主義者の階級政治」の行き詰まりを、『ブラス！』のような作品のなかで正しく特定していると思います。[21] この映画は、彼らの批判の数々を具体的に示しています。

彼らによれば、それは、「脱臼」させることです……。[22] 資本中心主義を超えて動くことです。

> 経済に関する支配的な資本中心的言説においては、資本主義的な経済活動があらゆる経済活動のモデルとみなされるが、そうした言説を破壊することによって、わたしたちは経済的アイデンティティを「ぐらつかせる」ことができる。経済的展望を攪乱して、経済的多様性をもった新しい言語を構築することを通じて、わたしたちはネオリベ的なグローバル資本主義の経済言説による、統一とヘゲモニーを脱臼させることができるのだ。[23]

ギブソン-グラハムにとって鍵となるのは、「ただひとつの経済」は存在しない、ということだと思います。経済、それも定冠詞のついた「経済」は偽の存在です。それは一種の虚構です。この虚構は作動中であり、それが資本主義のヘゲモニーを保っています。経験的なレベルで考えると、多数の経済活動が存在しています。けれども、ヘゲモニー的な語りのレベルでは、それらすべてが資本主義と関わるものになってしまいます。資本がおこなうことがあまりに資本中心主義なので、ギブソン-グラハムは左翼の理論と実践という見地からそれを再生産できないかと悩んでいるように思えます。

そこでギブソン-グラハムはこの氷山モデルを手にしたのです[24] [Fig.2]。世界で進行途上のことを見れば、「資本主義的な会社で、市場のために賃金労働によって生産すること」[25]なんて、ごくちっぽけなことだ、と彼らは言うでしょう。今日続いているその他のあらゆる仕事、すなわち学校で、路上で、地域で、家族内で、無給の、友人同士の時間等々におこなわれていることを見れば、一目瞭然ですよね。

このモデルを採用すれば、ひとつの経済が存在しているのではなく、生産と関わるさまざまな形が数多くあることになります。つまり、すでに非資本主義的な複数の経済が存在しているはずなのです。彼らの議論によると、わたしが厳格なレーニン主義超自我と呼んでいるもの、ないしはそうしたレーニン主義的モデルから脱出することもそのひとつです。[26]彼らの考えでは、わたしたちに必要なものは、フェミニズム的実験に触発されたオルタナティヴな組織化の形態です。それは「組織化における水平主義［…］直接的で公平な参加、発言や情報の非独占、折々の業務や責任のローテーション化、職務の非専門化、権利の委嘱の禁止」と説明されています。[27]

つまり、要点は、あなたたちは大規模な変化を起こせる、ということです。長い2つめの引用はこのことを訴えようとしています。しかも、レーニン主義者たちが考えるような指導的集団を必要としません。ここでの「レーニン主義」という言葉は、単に、革命は政党の少数のエリートによって主導されるであろう、という意味です。党が従属する階級を組織し、導く、ということです。ギブソン゠グラハムはより水平主義的なモデルについて論じているのであり、

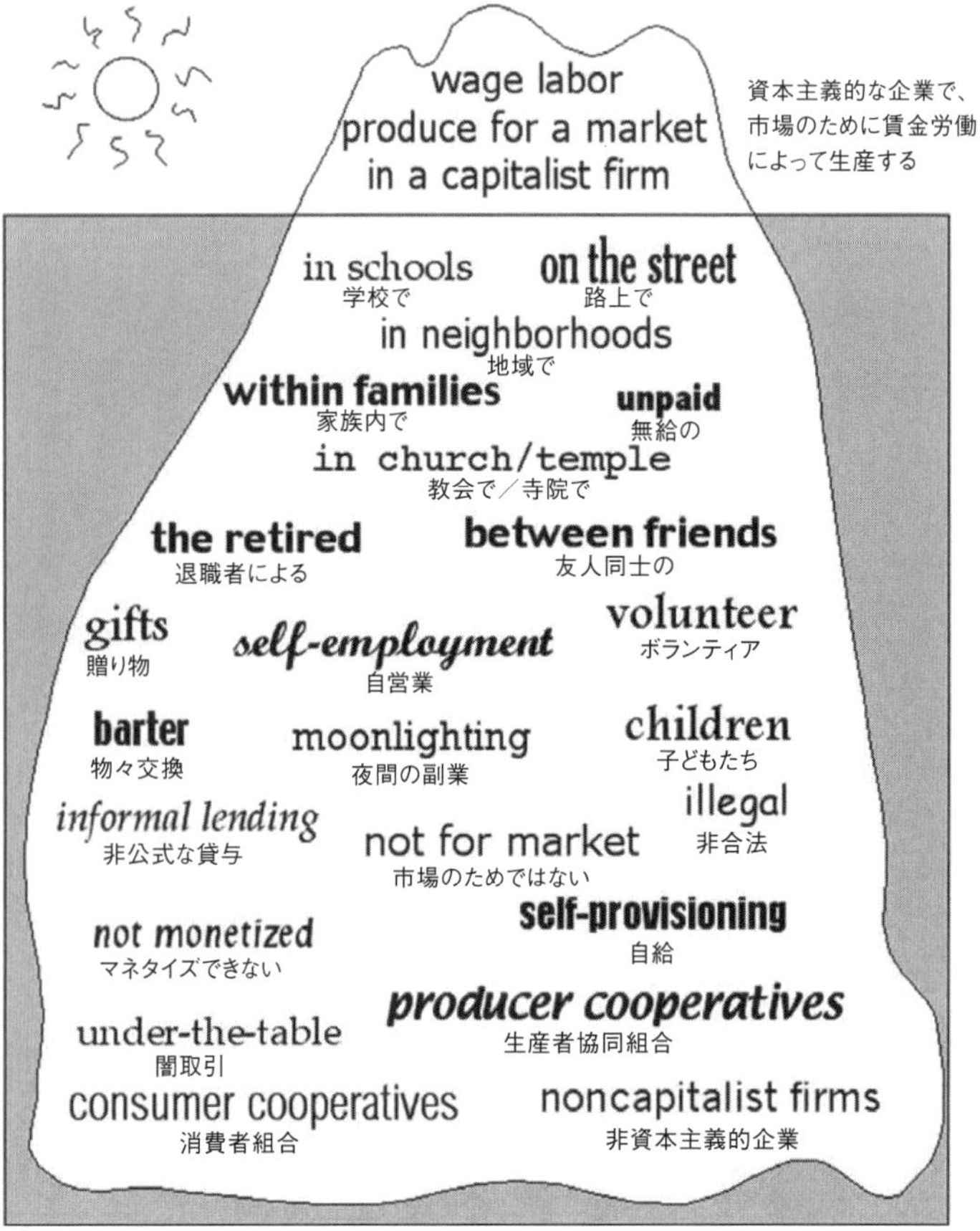

Fig.2　さまざまな経済構造を氷山型に図示したもの

そしてこれはフェミニズムに由来しています。つまり、「肉体をもった諸実践、自己涵養《かんよう》、地に足のついた行動」などがそれにあたります。[28] そして一連の新しい情動もあります。[29]「共同体になること［と結びついたこの情動］は、伝統的に左派政治に結びつけられているものとは異なっている」[30]。つまり、ここでの情動は憤怒や激怒ではなく、シニシズムでもなければ高潔な正しさでもありません。驚きや喜びでもないのです。「こうしたユートピア的な雰囲気のなかで、不信や誤認不足や裁定は中断され、連帯が発展する。この連帯は同一性に基づくものではなく、他者こそが自らを可能にするものだという認識の深まりに基づいている」[31]。

　絶望的な気分で『フル・モンティ』の話題に移ります。びっくりしますよ。

『フル・モンティ』で何が起こるか、ご存じですか？　シェフィールドでの話ですよね？　違いましたっけ？　ともかく、イングランド北部の町の話です。失業という大問題が起きて、男たちは惨めな有り様です。彼らはどうするのでしょう？　要するに、彼らが始めるのはストリップ・ショーです。ギブソン＝グラハムにとって、この話は新しい情動を解放するものです。古い男性性からの解放、何と素晴らしい！　しかし、ギブソン＝グラハムが言及しているジジェクの批評と同じことを、わたしも考えてしまいます。つまり、これも単なる起業家精神の一形態でしかないのではないか？　それは一種の鞭打ちにすぎないのではないか？「工場が閉鎖された、わたしたち自身のビジネスを始めよう」ということではないか、と。ギブソン＝グラハムは、この映画を取り上げつつ、ここで描かれていることとは異なる何かを主張しています。わたしが思うに、この映画から得られる重要なことは、こうした別の情動の形が重要だということです。

この学期を通じてくりかえし提示したい問いのひとつは、「何がルサンチマンの替わりとなるのか？」というものです。いや、これが相当な部分を占めるかもしれません。これについては、カール・フリードマンによるニクソンについての論考を扱うときにお話ししましょう。新自由主義のプログラムは、自由に重きを置いているにもかかわらず、多くのことがルサンチマンに関係しています[32]。何がルサンチマンの替わりになるでしょうか？　連帯は、その答えとなるひとつの単語です。けれども、わたしにとってこの単語は、レーニン主義との関係に染まりきっています。個人的な考えですが、「フェローシップ」という単語ではどうでしょうか？　この単語をどう展開できるでしょうか？　それを展開するための場や条件として、どんなことが考えられるでしょうか？　ひとつには、こうしたことを、あなたたちにこの講義から学んでほしいと思っています。

さて、ギブソン-グラハムは、メインストリームの、ないしは資本主義的な経済に対抗する共同体《コミュニティ》経済について語っています[33]。（少しスピードを上げて、この本の残りを最後まで読みます。）彼らが語っているのは次のような原則です。ともにうまく平等に生き残る。社会および環境の健全な活力を増すために剰余を分配すること。他者の幸福をわたしたちの幸福と同じくらいサポートできるような仕方で他者と出会う。サステナブルな消費をおこなう。わたしたちの自然および文化的共有財に配慮し——維持し、補い、育てる。わたしたちの富を未来の世代のために投資し、未来の世代も同じくらいよく生きられるようにする……。

これらの倫理的《エシカル》な考慮に基づいた経済が、わたしたちは共同体経済と呼ぶものである——それはわたしたちが自分たちが他の人々や他の種、そして環境と相互依存にあるということを認識し、相互依存の仕方をうまく取り決めるための、意思決定の空間である。認識と取り決めの過程を通じて、わたしたちは共同体《コミュニティ》となるのだ。[34]

これがギブソン‐グラハムによるポスト資本主義のモデルです。このうちのいくつかは、メインストリームによる議論の余地がないレトリックに聞こえることに気づいてください。銀行の広告も、このモデルを取り入れることができるのではないでしょうか。サステナビリティーですから。もちろん、ギブソン‐グラハムがこれを本当に実行するつもりであるとは言えません。けれども、彼らの言説がメインストリームになんらかのプレッシャーを与えていることは明らかです。

それでは、これは単なる「素朴政治［＝フォーク・ポリティクス（folk politics）］」なのでしょうか？　それが問題だと思うのです。

そんなわけで、ギブソン＝グラハムが提示するのは、「ただ唯一の経済」と共同体経済の対立という図式です[35]［Fig.3］。経済は特定の場所をもたないグローバルなものですが、共同体は特定の場所に密着している。経済は専門的なものだが、共同体は多様なものである。経済は中心的なものだが、共同体経済は中心をもたず、さらにはそこから遠ざかる。私的所有と共同所有との対立がある、等々です。要点はわかりましたかね。

しかし、これは単なる素朴政治なのでしょうか？　素朴政治という概念は、アレックス・ウィリアムズとニック・スルネックによって展開されたもので、そのひとつの原因に、２００８年から２００９年にかけての反資本主義運動の失敗があります。運動を起こした団体は、ある程度のレベルの成功を収めましたが、それは限られたものであり、ニックとアレックスは、そうなってしまったひとつの理由は、素朴政治の効果によるものだったと言います。彼らは次のように論じます。

> 今日の左派において、もっとも重大な分断は次のものだ。地域主義と直接行動、厳しい水平主義を伴う素朴政治に忠実な人たちと、抽象性、複雑性、グローバル性やテクノロジーと

ECONOMY 「経済」	*COMMUNITY* ECONOMY 共同体経済
a-spatial/global 特定の場所をもたない / グローバル	place-attached 場所に密着した
specialized 専門的な	diversified 多様な
singular 単数の	multiple 多数の
large scale 大規模な	small scale 小規模な
competitive 競争的な	cooperative 共同的な
centered 中心的な	decentered 非中心的な
a-cultural 非文化的な	culturally distinctive 文化的に特色のある
socially disembedded 社会に包括されない	socially embedded 社会に包括された
nonlocal ownership 非局所的な所有権	local ownership 局所的な所有権
agglomerative 凝縮型	dispersed 分散型
integrated 統合体を構成する	autonomous 独立自治の
export-oriented 輸出指向	oriented to local market 局所的な市場指向
privileges short-term return 短期的な利益を特別視	values long-term investment 長期的な投資に価値を置く
growth oriented 成長指向	vitality oriented 活力指向
outflow of extracted value 抽出された価値の流出	recirculates value locally 局所で価値を再循環させる
privately owned 個人所有の	community owned コミュニティ所有の
management led 管理主導の	community led コミュニティ主導の
controlled by private board 民間の委員会によるコントロール	community controlled コミュニティによるコントロール
private appropriation and distribution of surplus 余剰の個人利用と分配	communal appropriation and distribution of surplus 余剰の共同的な利用と分配
environmentally unsustainable 環境的に持続不可能な	environmentally sustainable 環境的に持続可能な
fragmented 断片的な	whole 全体の
amoral モラルがない	ethical 倫理的な［エシカルな］
crisis-ridden 危機に悩まされ続ける	harmonious 調和的な
participates in a spatial division of labor 労働を空間に振り分ける仕組みに与かる	locally self-reliant 局所的だが独立している
MAINSTREAM ECONOMY メインストリームの経済	*ALTERNATIVE* ECONOMY オルタナティヴな経済

Fig.3 「経済」と「共同体経済」についてのキーワード

いった近代的なものに甘んじることによって、加速主義的政治と呼ばれるほかないものを概括する人たちとの分断である。前者は非資本主義的な社会関係に基づいた、小さく一時的な場所を作ることで満足してしまい、抽象的で場所を限定せずに起こる、わたしたちの生活基盤に深く根を張っている敵と直面することによって生じる現実的な問題から逃避している。こうした政治の失敗は、その最初期から組み込まれている。対照的に、加速主義的政治は後期資本主義の利益を守ることを追求し、その価値体系や統治の構造、大衆の病理が許容するであろうものを超えたはるか先にまで進むのだ[36]。

ギブソン‐グラハムの素朴政治も、このような意味をもっているのでしょうか？

学生6　すみません、もう一度説明してもらえますか？

MF　はい、ちょっと曖昧な言い方だったかも知れません。ギブソン‐グラハムは、ニックとアレックスが言う、こうした意味での素朴政治を提唱しているのだろうか？ということなのです。

素朴政治という語を取り上げてみましょう。この用語は日常心理学（folk psychology）に対する批判に由来するものでした。この批判は神経科学を対象とする哲学者たちによって提起されました。神経科学の哲学者たちは、日常心理学、つまりわたしたちが毎日の生活においてもつ概念は、各種の感情のようなものをそこに含めたとしても、無駄なものであると言います。わたしたちの脳内で何が進行しているのかを描くやり方は、脳内で実際に何が進行しているのかということに対しては使えないものであり、それは、本当のところ、脳が何をしているのかについての研究を妨害するものだ、という批判です。おなじように、ニックとアレックスは、政治的なプロセスに対してこのアナロジーを取り上げ、適用しています。わたしたちが日々の生活において、政治システム、すなわち単純な意味での政治経済のシステムを理解するために抱いている自然発生的な概念は、金融資本といった資本のようなものの現実性に対して効力をもたないと述べます。ニックとアレックス、ギブソン-グラハム、このあいだには一種のミスマッチがあります。表面上は、ギブソン-グラハムは素朴政治に陥っているように思えます。ですが、わたしは完全にそうだとは思いません。ヘゲモニーを獲得するためのモデルというものが存在するのです。ニックとアレックスも、あなたたちがローカルな場所で働けばいいだけだとは考えていません。ヘゲモニーをめぐる闘争が必要なのです。そうなると、すでに明らかですが、ニックとアレックスが『加速主義政治のためのマニフェスト』で提唱したアプローチと、ギブソン-グラハムのアプローチのあいだには緊張関係があります。とはいえ、ニックとアレックスも、何人かはすでにもっているでしょうが、『未来を発明する（Inventing the Future)』という本のなかで議論を展開していて、その本では『マニフェスト』にあった主張よりは幾分ソフトになっています。
どうすればヘゲモニー闘争にたどり着けるのでしょうか？　わたしたちは要求を必要とします。たしかに要求をもたない政治ということも言われてきました。要求なき政治です[37]。「要求はきわめて重要だ！」とニックとアレックスは言います。「要求なき政治は、単に目的をもたない身体の寄せ集めでしかない[38]」と。挑発的な主張ですね。そしてこれらの要求は、「非改革的改革」という形をとるべきだとされます[39]。この改革は、ユートピア的で矛盾を帯びた要素から構成されてはいるが、「今日の世界において作動している現実の傾向」に基づいています。つまりこれは「実践主義的介入」なのです[40]。

それでは彼らの要求が実際どのようなものか、駆け足で見ていきましょう。

ひとつめは、完全な自動化（オートメーション）です。「完全な自動化が成し遂げられないならば、ポスト資本主義の未来は、やむを得ず自由を犠牲にすることでしか豊かさを選べないだろう（ソビエト・ロシアの労働中心性が影響している）。あるいは、原始主義者のユートピアに代表されるように、豊かさを犠牲にして自由を選ばねばならなくなる[41]」。とはいえ、豊かさなくして、いったいどれほどの自由を手に入れることができるのでしょうか？

ですから、完全自動化を求める議論は次のようなものになります。完全自動化は、富の総体を増加させつつ、人間を退屈な仕事から解放する社会へと導く。それはすでに始まっている

（今日の仕事の47～80％が自動化可能である）。自動化は、家庭の領域を劇的に変化させ、それによって、特定の種類のケア・ワークの価値を変える、あるいはそれを失くしさえする[42]……。

2つめは、労働時間削減週間を要求すること。[43] 現在興味深いのはこの話題ではないでしょうか。どのようにしてこの要求が霧散したのか。労働時間を少なくしようというプレッシャーはかつて存在していました。ですから週末というものが導入されたのです。今日では、とりわけポスト・フォーディズムの労働者を配慮して、週40時間を超えてはいけないとされています。これは自動化が進んだことによるポジティヴな反応です。

わたしたちはまさしく今、資本主義的なディストピアにいるのですが、この世界では、自動化が進めば進むほど、物事はいっそう悲惨になっていきます。違いますかね？ なぜなら自動化は労働の削減を生み出すものですが、それによって雇用がますます失われるからです。これは労働における労働者の力が弱体化することを意味します。

3つめは、労働時間の削減とその数々の利点です。通勤することが減ります。出勤に関係する消費も減ります。このことで労働者の力は増すでしょう。なぜなら、自動化によるディストピアのモデルが労働者の力を減らすものであるとしても、労働時間の削減や通勤の軽減が労働者の力を増大させるからです。

4つめは、ユニバーサル・ベーシック・インカム（ＵＢＩ）です。ベーシック・インカムは、生計を立てるに足るものでなければならないので、十分な額面、かつ全員に行き渡るものでなくてはなりません。それは現在の福祉制度に置き換わるものではなく、その制度で足りないところを補うものでなければなりません。なぜなら、そうでなければ、右翼が提唱するＵＢＩになってしまうでしょうから。[44]

ＵＢＩのためには4つの重要な点があります。ひとつめは、政治の変化。プロレタリアートは、自分たちの階級の純粋な力を増大させる仕事とともに生き残ることができるでしょう。労働者の状況をあらわす用語であった「不安定性」は「柔軟性《フレキシビリティ》」に変わりました。そして、ニックとアレックスが指摘するように、ポスト・フォーディズムの多くは、労働者たちの望みに悪い仕方で答える資本主義の妖精だったのです。「わかります、もう工場で退屈な仕事をずっと続けるなんてしたくないのですね。40年間も工場でうんざりしたくない、わかりました、それでは臨時で不定期な仕事をどうぞ」、というわけです。つまり、ＵＢＩは労働の価値を変えます。ＵＢＩが導入されたなら、くりかえしばかりの退屈な仕事に支払われる給与を高くする必要があるでしょう。ＵＢＩを得たならば、誰も退屈な仕事をしようとはしないでしょうから。

学生7　とはいえ、退屈な仕事とは何か、誰が決めるのでしょうか？　なんらかのしかたで、工場でのそれを楽しんでいる人もいると思うのですが（笑）。

MF　たしかにありえますね！　重要なのは、労働者が、自分たち自身で、自分たちが何をしたいか、したくないかを決めるということではないでしょうか。今、何が退屈な労働なのかを決めているのは、ある意味市場なのですから。

学生8　すでに英国の状況をみればわかると思うのですが、それは、どうにも、楽観論にすぎませんか……。

学生7　そうですね、現状では厳しい、自分もそう理解しているのですが。

MF　そうですね、やはり退屈な仕事は労働者によって決定されるものではないということです。市場のメカニズムがそれを決定するのでしょう、なぜなら、ひょっとしたら人によっては退屈と思うかもしれないことでも、誰かがそれをするように仕向ける必要があるのですから。でも、ＵＢＩはそうした仕事をする人たちにとっても素晴らしいことではないですか？　彼らにとっては今よりもっとよいことにさえなるでしょう。もし、つまらない仕事、つまり多くの人がつまらないと感じる仕事を面白いと感じる人がいれば、この世界で今よりもずっとよい生活が送れることになるのですから、そうですよね？

学生9　ＵＢＩに関連するインフレについて質問していいですか？

MF　なんと。

学生9　わたしはフィンランドから来ています。フィンランドではまさにＵＢＩが開始されましたが、それはあるものを壊すためでして。

MF　福祉国家を、ですね。

学生9　そうです。ですが、わたしが高校で教わったことですが、一度賃金が上昇すると、インフレも加速する、だからＵＢＩが始まると、よい給料をもらうのが難しくなると教わりました。

MF　ああ、わたしは経済のことは何もわからないのです、本当に（笑い声）。このことはスキップすることにします！（笑い声）

学生10　ひょっとしたら、わたしたちは資本主義的枠組みのなかで考え続けているのかもしれません。あるいはケインズ主義的な枠のなかで。ＵＢＩを推奨する枠組みでの物の見方は、それとは別の経済的な枠組みを必要としています。ニックとアレックスが考えている世界ではインフレは問題にならないかもしれないですね？　なぜなら、それは別の経済に属するものですから。どうでしょう？

MF　そうですね、自動的にインフレになるとは限りません。それが、ＵＢＩが十分でなければならない理由です。ＵＢＩは、それで生活する人たちにとって十分なものでなければならないのです。

学生9　だけど、みなが月１０００ユーロをもらっているフィンランドでも、その額は十分でないかもしれません。わたしはロンドンとかどこかに移りたいからもっとお金を稼ぎたいと思うかもしれないし、イギリスで仕事を見つけてもっともっと稼ぎたいと思うかもしれません。みんなも給料の高い仕事がもっとあればなあ、と思っているだろうし、Uberアプリをデザインするような人を求めているかもしれないし、それはひょっとしたらわたしになるかもしれない。わからないけど、でももしそうなら、わたしはもっとお金をもらって然るべきだと思う。なぜなら、Uberアプリをつくることができるのは、世界でわたしひとりだけなんだから。そうなると、自分の給料は２０００ポンドでいいというわけにもいかなくなって、もっと給料があっていいと思う、なぜならみながそのアプリを……。

MF　確かに。でもなぜそれが問題なのですか？

学生9　まさしく給料が上昇することです。なぜなら、全員の給料が上がっているのなら、ＵＢＩで生計を立てている人は、わたしが買えるものを買うことができない、そうした事態が起こることを意味するからです。

MF　それは別の問題のように思えます。誰だって、突然に不平等を解消することはできない。それはインフレとは別の問題じゃないでしょうか……？

学生9　そうなると、わたしたちは福祉国家を脱しているとは言えないですね。いまだにＵＢＩは権利として与えられるだけで……。

ＭＦ　そうですね。でも、思うに、ＵＢＩは、それが十分なものであり続けるために調整されなくてはなりません。

いえ、すいません、少し脱線しました。別のことを考えてしまいましたね。

とはいえ、これはまた、学生10さんの言ったことでもあります。ニックとアレックスがＵＢＩを提唱した理由は、それによってわたしたちが、この偽りなく新自由主義的な資本主義モデルから、別の場所へ移行し始めることができるからなのです。その場所を想像するのが現在困難であるとしても。本当に十分なＵＢＩが存在したら、どんなふうになるでしょうか？　わたしたちの精神もひっくり返り始めるのですから。現在流布している状況が……「そうだ、がんばろう。ＵＢＩを手に入れれば、クソみたいな仕事をしなくて済むし、退屈な仕事もしなくて済むのだから。うん、がんばろう、まだ、自動化できていないのかな？　自動化が、代わりに退屈な仕事を引き受けてくれるんだよな？」　このようにすべてがひっくり返ります。今現在、何が問題なのかというと、自動化がよいものになる、ということです。もちろん、これではあなたたちの問いに直接答えられているわけではありませんが、とはいえ、これが、ＵＢＩに革命的な新しさがある理由です。生活、労働、社会などの基本的な位置付けとモデルとを変えるきっかけとなるものなのです。

学生11　でも、ある産業が軽視されて、別の産業が急速に発展するということが起こっても納得できますか？　たとえば、公平に考えて、クリエイティヴな職業は今より裕福ではなくなりますね。そうなっても面白いけど。この想定では、クリエイティヴな職業も同様に軽んじられることになりませんか？　それでもインセンティヴはあるのでしょうか？

学生9　わたしはデザイナーですが、給料がいいという理由でデザインをやっているわけではありません。デザインが好きだから、デザインをやっています。もしＵＢＩがあれば、金のための仕事をしないで、本当に価値のあるプロジェクトに取り組むことができると思います。

学生12　でも、ただ仕事を楽しめばいいと考えるとすれば、価値のあることが何なのかわからなくなるのではないか、という疑問があります。楽しみを強調するのがいいことなのでしょうか？

MF　それは潜在的に起こることのひとつでしかないと思います。それだけが必然的に起こる唯一のことではないでしょう。なぜなら、それは報酬ではない部分を強調することにもなるのですから。そうじゃないですか？　ギブソン＝グラハムにとって鍵となるのは経済の多様性であり、ニックとアレックスにとってはポスト労働ということでした。ですよね？　あなたたちはすでに、労働と報酬というモデルから離れつつあります。人々が必ずしも高額の報酬を与えられることなくともクリエイティヴな仕事に従事していたという事実がありますよね。そうしたポスト資本主義的世界に足を踏み入れ始めるなら、報酬はそれほど大事なものになるでしょうか？

学生12　そうなったら、それ以上のことになりますね。労働者たちは現在のシステムにおいて搾取され続けているという考えを乗り越えることになるでしょうか。

MF　そうですね、可能性はあります。わたしが重要だと思うひとつに、慎ましいモデル「の変革」というものがあるのではないかと思います。考え方のモデルも現在の傾向とともに動いていきますが、その動きは非常に迅速で、わたしたちがそのとき実際にいるところをはるかに越えた場所へとわたしたちを誘います。たとえそれがなんとなく実現可能なものでも、計算上実現可能なものでも、たとえそれがそれほど大きな一歩ではないとしても「わたしたちを動かしていきます」。それがこのやり方の巧みなところです。

そこで、フェミニスト的提案です。ギブソン-グラハムも、家族構造についての実験を認めると言っています。

これは苦しみと報酬とのつながりを転倒させます。[45] これが鍵だとわたしは思います。彼らが話していることのほとんど宗教的な次元です。プロテスタント的な労働倫理、それは苦しみに宗教的な価値を与えるものです。苦しみにはそれ自体で本質的な価値があるのだというのです。

すでに存在している労働嫌悪を利用できる反ヘゲモニー的なアプローチもあります。覚えている人もいるかもしれませんが、これは数年前の、非常に論争を呼んだ「ベネフィッツ・ストリート（給付金通り）」というテレビ番組からの写真です。イギリスのチャンネル５（訳注２）に典型的に見られる番組で、主に基本的に給付金で生活している人々を取り上げ、彼らへの反感をかき立てています。[46] しかもどういうわけか、彼らの暮らしの方がましだという考えが起こりました。たしかに彼らは補助金で暮らしている、でもきつい労働をする中産階級に属し、冬場には車のフロントガラスの氷を砕いてから仕事に出かけるような自分たちよりも、彼らの方がマシなのだと。ここで明らかになったのは、中産階級の人たちが自分の仕事は本当にクソだと思っているということです！（笑い声）人々は自分たちの仕事を憎んでいます。だから、働くよりも給付金暮らしの方がマシだと考えるのです。

それでは、急いでポール・メイソンに移りましょう。[47] すいません、本当に時間がなくなりそうで。なんとか今日中に話をまとめます。

さて、ポール・メイソンの話はコンドラチェフの波の理論に基づいています。資本主義は、長期的な発展の波にしたがって刷新されるというものです。メイソンはこの理論をアウトノミアのものといくらか融合させ、資本主義は、労働者階級の反対によっても発展しうる、としました。つまり、労働者階級が資本に抵抗し、それに対して闘争を起こすことさえ、資本主義が新たに展開する原因になるといいます。ですから、目下の問題の一端は、現在の資本主義は、労働者階級を抑圧することに成功しているがゆえに、停止状態にとどまっている、という点にあります。これによって、現在の没落状態がなぜ起こっているかが説明できます。成長率の低迷と、それに類する物事の原因が。経済的な事柄ですね（笑い声）。

自分が経済の専門家だとは思っていません。まったくの素人です。わたしがそれなりに把握しているのは、こうした事態の文化的側面です。

ポール・メイソンの話は、情報についてのものですよね。それは彼がずっと強調していることです。ピーター・ドラッカーの『ポスト資本主義社会』という本があります。[48]ドラッカーは経営コンサルタントでした。わたしはまだこの本を読んでいませんが、おそらく面白い本なのでしょう。ドラッカーのポイントは、ポスト資本主義社会においては、知識が中心的存在になるというものです。ドラッカーの言う「普遍的な教育を受けた人間」、これは、メイソンにおいては「ネットワーク化された個人」です。

ですから、メイソンによれば、鍵となるのは、情報の出現、および知識を基盤とした商品、すなわち「情報商品《インフォ・グッズ》[49]」の出現であり、これらの商品は非競合性の原理によって作動します。わたしがペンをもっていれば、あなたはそのペンをもつことはできません。これは物理的な問題です。ところが、もしわたしがメイソンの書籍のＰＤＦをもっていたとしても、だからといってあなたが同じものをもてない、ということはありません。情報はこのように機能します。多くの点で言えることですが、わたしたちみなが情報を獲得すれば、それは全員にとってよりよいことが起こります。そう、あなたがその情報を手に入れたからといって、わたしは何も失わないのです。メイソンによれば、インフォ・グッズの出現は、資本主義に矛盾する新しい原理を導入します。経済の基本的法則――あるいは資本主義経済の基本法則――とは、あらゆるものが不足している、ということです。けれども情報は違います。デジタルファイルは無際限に複製可能なので、不足するということがありません。

オープンソースvs.マイクロソフトです。「Wikipediaを資本主義的な力学のみで作ることができたのだろうか?[50]」おそらくできたでしょう、市場によるインセンティヴがあれば。ですが現実には利益以外のものをモチベーションとする人たちがいたはずで、そうでなければWikipediaは存在しなかったことでしょう。ですから、公共の資源に基礎を置くピア・ツー・ピアの生産物、つまり生産のオープンソース形式は、利潤に基礎を置く経済という資本主義的かつ企業的なモデルを脅かすものになるとメイソンは考えたのです。

すいません、駆け足で説明していますが、少しは議論のための時間をもちたいので。メイソンはそこで「マルクスの」「一般的知性[51]」を参照します。これはまたしても、ネグリやそれと似たアウトノミアからの影響です。マルクスの死後出版された『経済学批判要綱』内の「機械についての断章」、彼らはマルクスのこのテキストが発見されたときに最初に飛びついたのです。

一般的知性。労働者が機械を設置し、それを管理していた知識基盤社会があります。操作したというより、管理したのですね。この一般的知性の世界においては、知識は社会化されます。そうですね、はい、知識と社会性の関係が重要になってきます。

わたしたちは、技術的には、価格ゼロのモノや予測できない仕事を生み出し、生産性を急激に上昇させ、物理的な生産過程での自動化を拡大する方向に進んでいる。社会上では、独占と非効率に満ちた世界、金融が支配する自由市場の荒廃、「ブルシット・ジョブ（くだらない仕事）」の急増から抜け出せなくなっている。[52]

「ブルシット・ジョブ」はデヴィッド・グレーバーの言葉です。この論文をまだ読んでいないなら読んでみてください。本当にすばらしいです。[53]

現在の資本主義における主な矛盾は、財が無料で社会的に潤沢に作られる可能性と、権力と情報の統制を維持しようともがく、銀行や政府といった独占のシステムとのあいだに存在している。ネットワークとヒエラルキーの戦いがあらゆるものに浸透している。[54]

資本主義は、収入の不平等、情報の独占、そして金融権力の増大にともない動力源を失いつつある。なにか新しいことを考え始めるときだ。[55]

ここまでいいでしょうか。つまり、メイソンにとって、この情報-知識モデルが、資本主義を脅かす鍵となります。彼はこの構図が、封建主義の崩壊および資本主義それ自体の発生と類似していると考えます。

移行のための5つの原則は以下のものです。[56]

「人間の意志の力の限界を知ること」。これはレーニン主義者には理解できないことですね。古典的なレーニン主義左派は、ボランティア活動によって資本主義を乗り越えることは十分可能だと考えていました。

「エコロジカル・サステナビリティー」。わたしたちは、経済のみならず人間も変えなければなりません。この条件はわたしたち自身を変えることに関係するもので、「経済」という名の、わたしたちの外部にあるようなものの話ではありません。この考えはギブソン-グラハムに倣っています。2人の著作は「エコロジカル・サステナビリティー」に多くを割いています。正直、ギブソン-グラハムの著作は、これを他のなによりも強調し過ぎている、とあなた方は思うかもしれません。そしておそらく、『加速主義政治のためのマニフェスト』の視点から見ると、他の事柄ではなくこのことを強調することが、２人の議論をきわめて政治的なものにしていると言っていいでしょう。

「問題をあらゆる角度から攻撃すること」。くりかえしますが、これには一種の多様性が必要です。これもまた、ギブソン－グラハムがくりかえし述べています。

「情報の力を最大化すること」。これは透明性と知識についてのことを言っているのだと思います。おそらくウィキリークスやそういった事柄と関連したことです。

ですから、情報の力を最大化するために、メイソンは次のように話を進めます。[57]

「目下の経済的な現実を、正確かつオープンソースのコンピュータでシミュレーションすること」。彼は現在流通しているコンピュータの能力があれば、これは可能だと考えています。歴史上、これに先立つ時代には不可能だったことです。

「「wiki国家」モデルへの移行」。民営化モデルはやめましょう。サステナブルで共同的で社会的に正しい成果に向けて市場を作り直しましょう。共同的で、ピア・ツー・ピアの非営利的な活動のための場を設けましょう。企業には変革を進めることを強制しましょう。独占は禁止、ないしは公有化しましょう。市場の自由競争は消滅させましょう。わたしの考えでは、生き残る市場《マーケット》もいくつかはあるでしょうが、それは、市場の原理と市場が違うものだからです。これは非常に興味深い指摘です。さらにメイソンは熱を込めて、サステナビリティを達成するためには、市場原理は完全に抑圧されねばならないと語ります。金融システムを公有化しましょう。ニックとアレックスも言っていたことですが、すべての人にベーシック・インカムを支給し、ネットワークを解放しましょう。

これを要約すると次のようになります。

ギブソン゠グラハムの考えは、経済的多様性、新しい種類の主体性と感情の創出を強調します。ニックとアレックスは、ベーシック・インカム、自動化、労働時間削減、ＵＢＩ、ポスト労働への移行といったものを要求します。ポール・メイソンの考えですと、それは一種の情報―知識モデル、一種のオープンソースの政治です。

みなさん、どう思いますか？　メイソンのところは少し急ぎすぎましたが。みなさんが一番いいと思う考えがどれかを、聞いてみたいです。

順位をつけてください！　どれが一番ですか？　どれが最下位ですか？

学生9　正直、ランキングはつけられないですね。（笑い声）

ＭＦ　それはちょっと悲しい！　順位をつけられませんか！

学生9　この人たちのテキストを読みながら、自分は現在活躍中の経営者だったか、ＣＥＯだったかの記事を思い出していました。その人は、業務におけるヒエラルキーが存在しない仕事、つまり彼に指示をする人が誰もいない仕事をしていたせいで、ひどい無力感に襲われたというのです。セルフマネージメントと業務とに非常な困難を感じて、無力感に襲われたと。「苦労なくして得るものなし」という労働観がありますが、労働しなくてよくなったらどうなるのだろう?と思いました。Wikipediaに面白い記事でも投稿するのでしょうか？　それともただ単にひたすら怠惰になるのでしょうか？　よくわかりません。これがわたしの疑問です。

MF　よい質問ですね。あまり愉快な質問ではないですが。

Wikipediaがすでに答えになっていませんか？　Wikipediaは「仕事」ではありません。それを書いてお金をもらっている人はいません。２００人くらいの人がWikipediaから給料をもらっていますが、貢献している人の大部分は無給で、つまり労働していません。ですから、これがすでに答えになっていますね。

学生9　そうですね、でも今わたしは大学にいます。大量に読書することが強制されているので、大量に読み続けてきました。けれども、大学にいないときでも、たくさんの本を読むのは楽しいです。強制されたからという理由では、読書をしていないと思います。よくわからないけれど、どう思いますか？　これは新自由主義についての議論のような気がします。仕事についたならば、仕事をする。なぜなら、やらねばならないのだから。でも、こうした状況にいないとき、何が起こるのでしょうか？

MF　いやいや、いい質問ですね。その論点は、「数多ある文化的生産物がその答えではないか」ということです。制作されている文化の大部分は、報酬など支払われていなくても作られているし、報酬が少額でも制作者はまったく嫌がっていません。

学生13 みんなが今以上に時間の余裕をもてれば、文化的な制作が増加するはずだとお考えですか？

MF そうですね！ それはよい指摘です。

学生14 今と異なった環境で作り出される文化はどのようなものになるのでしょうか？ 今までに書かれてきたもののなかでもっともすばらしい作品は、人々に望まない搾取を強いるシステムに苦しむ人たちがいたから、生み出されてきたのではないかと思うんです。だから、悪が存在しないときに制作されるものは何か、考えてみてください。（笑い声）文化のなかのもっとも興味深い要素は、つねにカウンターカルチャー的なものだったのではないでしょうか。ですからわたしは「ポスト労働の社会において、カウンターカルチャーはどうなるのか？」と少し考えてしまっているのです。

MF なるほど、実に興味深い。あなたの質問には、ニックとアレックスが話していた、「苦しみカルト」の影響がみられます。こうした苦しみは必要ではない、というのが彼らの考えです。これはこれでひとつの考えで、あなたの言ったことを必ずしも否定しているわけではありません……。（マークと何人かの学生がお互いに話す）

学生15　たぶん、もう少し時間をかければ、なにか他のことをするための力を、もう一度高めることができるのでは……。

MF　そうですね、わたしたちは、自分たちが死すべき存在であるということにこれまでも直面してきましたし、これからも向き合うことになるでしょう。労働だけが苦しみの唯一の形ではありません。すいません、ちょっと嫌味な言い方でしたかね。けれども、わかって欲しいのは、苦しみの他の形も存在しているということです。完璧にプロメテウス的な野望は、死すべきさだめを消滅させることにあるのでしょう。ソビエトは、ある意味で、これが可能だと考えていました。なぜ無理なのか？　何が限界なのか？　こう考えるのがプロメテウス主義です。

　ところで、学生12さん、あなたもなにか言いたそうでしたね。

学生12　社会的には、今話していたことは余暇時間の問題ですから、ポスト労働的な事態に直面したときに、余暇とは何か、その価値をもう一度考える必要が出てくるのではないか、そんなことを言おうかと思っていました。たとえば、何のためにモノを作るのでしょう？　モチベーションが異なってくるはずです。モチベーションを推進する別のものがあるはずです。よくわからないけれど、そんなことを考え続けていました。

MF　わたしはまさしくビートルズについて考えています。ポスト労働の社会がどのようなものなのか？　それは、ビートルズにとって人生とは何か、というのと似た問いではないでしょうか。ビートルズは労働する必要がなかった。60年代初頭までに、彼らは間違いなく、もう働く必要がないほど十分な額の金を稼いでいました。ですがそのときに、彼らのもっとも面白い、実験的な作品が誕生しました。その理由のひとつは、彼らが給料について悩むプレッシャーから解放されていたことにあります。まあ、でも実際のところ、さらに彼らは売れたわけですが。

これはばかげた例でしょうか？　60年代のカウンターカルチャーに関する何かに、わたしたちは取り憑かれてしまっているということでしょうか？　この例は、ポスト労働の社会がどういうものだったかを、いくぶんか表していました。あなたの指摘を補強するものですが、ビートルズ的なポスト労働のすべてが実現可能になった理由として、人々がアートスクールとかそれに似たところに通うための奨学金を手に入れて、束の間でも退屈な仕事のプレッシャーから解放されていた、ということもあります。

これで、文化的生産という観点から、ポスト労働の社会がどのようなものになるかについて、いくつかの示唆を得ることができたと思います。けれどももちろん、これはあなたの指摘に必ずしも答えていません。なぜならあなたの疑問は、現在も動き続けている社会という、より広いコンテクストから投げかけられたものですから。とはいえ、さっき言ったように、ビートルズやほかの成功したアーティストが、活動を続けて、面白いものを制作し続けているということを考えてみてください。彼らの存在は、あなたの論点に反するものではないでしょうか？

アーティストが労働のプレッシャーから解放されたら、たちまち作品がつまらなくなった。面白いのは初期の作品だけだ。この場合は、あなたの指摘が正しいことになると思います。けれども、彼らが労働のプレッシャーから事実上解放されてからある程度の時間が経っても——こうした人たちが制作しているものに「仕事」という名称がふさわしいのかはともかく——彼らの仕事がそれでも面白いものであり続けて、そして事実さらに面白いものになっているならば、少なくともこうした類の苦しみは必要ない、と想定できないでしょうか？

学生9　すごく面白いです。創造性は苦しんでいるときにのみ生じるという神話が、まあ、これはわたしの考えですが、それがばかげたものであるということが、実際に明らかになります。

MF　たしかに、神話ではないかもしれませんけどね。

学生9　少なくともわたしにとっては神話でした。

MF　神話かもしれないし、神話でないかもしれません。とはいえ、大事なのは、このことを実際に試してみるのは若干厳しいということです。なぜなら、わたしたちは苦しみの世界のなかにいるので、苦しみのない世界がどのようなものか、知らないからです。とはいえ、ある種の苦しみが存在しない世界については、なんらかの感触を得たのではないでしょうか。苦しみから解放された人に何が起こったのかを見たのですから。

　オーケー、始まりとしては十分ですかね。これから考えたいと思っているのはこうした事柄です。これらの問いは、マルクーゼが語ろうとしていたことに直接関係しています。

毎週、誰かにテキストを紹介してもらいたいです。わたしはやらないので。好きなやり方で紹介してもらって構いません。しっかりした形式のプレゼンテーションでなくてもいいので、テキストについて話すところから始めてください。わたしの解説からは始めないということで。今日はわたしがやっちゃいましたけどね。来週も、ちょっと復習のような感じで、今日と同じようなことをすると思います。今日はちょっとわたしが喋りすぎましたが、ディスカッションのための時間も少し設けることができたと思います。

というわけで、誰かボランティアはいませんか？　来週マルクーゼをプレゼンしてくれる人は？

学生16　わたしがやります。

MF　すばらしい！　エレン・ウィリスを担当する人は？

学生17　わたしが。

MF　ああ、どうもありがとう。ハンドアウトとかパワーポイントとか、使いたいものがあれば何でも使ってください。いくつか論点をあげるだけでもいいです。好きなようにしてもらって構いません。わたしではなく、あなたたちがするのですから。

学生16　ほんの数分でも、大丈夫ですか？

MF　はいはいはい、数分間でもいいです。キーポイントだけでも、あなたが議論してみたいことだけでも、やり方はいろいろです。

というわけで、これで……これでいいですかね。これで第1回を終わります。（笑い声）

（訳注1）英語の一般名詞menshは偉大な人物、名士などを意味する。チック・リットとは、大衆小説のひとつの形式で、女性主人公の試練と苦難を題材にして、女性らしさの問題をテーマとしてもつ文学ジャンルを指す。

（訳注2）チャンネル5は1997年に開局したイギリスのテレビ放送局。ドキュメンタリーやドラマ、リアリティ・ショーを中心にした、総合的なエンターテイメント・チャンネルとして知られる。

第2講
「ほとんど想像もつかない規模の社会的・心理的革命」
予兆としてのカウンターカルチャーボヘミアン

2016年11月14日

（今回の講義はひとりの学生の発表から始まる。学生はマルクーゼによる「文明の弁証法」という概念を紹介し、フロイトによる信憑性の疑わしい「原始群族（primal horde）」概念の用法に注目する。「原始群族」概念は最初チャールズ・ダーウィンによって提示されたもので、フロイトはそれを1913年の著作『トーテムとタブー』で論じている。かなり長く徹底的な導入である。簡潔な要約を以下に示す）

フロイトは、社会において近親相姦《インセスト》の禁止の出現を説明するためにダーウィンの議論を援用する。「ダーウィンは、高等猿類の生活習慣から、人間ももともとはかなり小さな群族をなして生活していて、その中ではもっとも年長でもっとも強い男の嫉妬が性的な乱婚状態を阻止していたと推測した」とフロイトは記している。[1] 最年長の雄が衰え、若い雄たちがその座をめぐって争うと、勝ち残ったものが新しい共同体を形成し、他の雄をみな追い出すことになる。フロイトは、さまざまな他の人類学者に言及しながら、時を経て「このような状態から、現在は法律として意識されている「同じ竈《かまど》の仲間同士の性交禁止」というルールが出来上がったのだろう[2]」と論じている。

社会的関係から法的な意識へのこの移行を通じて、原父の形象が「トーテム」に置き換えられる。このトーテムは現実の対象にも想像上の対象にもなり得る。いくつかの原始社会においては、長老のいけにえが動物の殺害へと移し替えられる。フロイトによる20世紀の事例研究においては、原父の形象はより象徴的なものとなる。

フロイトはこれらの観察結果を彼の無意識の理論に、とりわけエディプス・コンプレックスの理論に織り込んでいる。この理論においては、原父の象徴的な形式が超自我の出現と関係づけられる。フロイトにとって鍵となるのは、近親相姦禁止の内面化が、社会においては欲望の基本的な服従を、すなわち、欲望のコントロールと抑圧をつくり出すということだ。

ヘルベルト・マルクーゼは、１９５５年の著作『エロス的文明』において、こうした考察をさらに進め、時代に合わせてアップデートし、人間の欲望への従属が、今日において、近親相姦の禁止と族外婚の原理よりもいっそう倒錯した管理システムや、それらよりもいっそう複雑な理由によって、どれほどまでに強化されるのかを探求した。

（学生による導入に続けて、フィッシャーは、マルクーゼの著書を、この講義で扱う、より幅広い文脈と、歴史的な状況に同時に位置づける）

MF　そうですね。これは１９５５年の、マルクーゼのテキストですね。マルクーゼは後期フランクフルト学派の一員で、思うに、とりわけマルクスとフロイトを架橋して融合するという点でその精神を引き継いでいます。

マルクーゼとその先行者、なかでももっとも知られているのはアドルノですが、両者のあいだには、トーンの違いがあるように思えます。このトーンの違いは、マルクーゼが多くの点で、はるかにロマンティックな人物であったという事実が一部にはあると思います。日常的な意味での「ロマンス」ではなく、もっと哲学的で文化的な意味においてです。マルクーゼもまた芸術の重要性に高い価値を認めていました。アドルノもそれは同様なのですが、資本主義の支配を超えた生が何をもたらすことができるのかということについては、アドルノから得られるものはほとんどないでしょう。マルクーゼには、この問いに対するより強くはっきりとした主張があるように思います。

問うべきは次のことではないかと思います。そもそもなぜ、フロイトに立ち返らなければならないのか？　なぜフロイトが重要なのか？　これはフランクフルト学派に対しても向けることができる質問であり、この講義では、わたしたちにも向けられる質問です。ここから数回は、仮にフロイトの欲望についての説明に同意できなくても、何度も確認するか乗り越えて行くかしかありません。要するに、フロイトの説明を経由する必要があるということです。言うまでもなく、フロイトの重要性の一部は、彼が欲望を、自分の理論の中心に据えたということにあります。ですが、それにも増して重要なのは、人間個人の心理および社会がどう機能するのかを理解するために欲望を中心に置いた、ということも重要です。

フロイトの著作のなかで、欲望の中心化の方法は、おそらく2通りです。ひとつは、現存する欲望の数々を半ば生物学的な仕方で自然化するというものです。今日流通している、あるいは明らかになっている欲望を、ある種の生物学的な原因へと根拠づけるのです。「解剖学は宿命である」という有名な引用があります。ですが、もし解剖学が宿命だとしても……、そうですね、わたしたちが「解剖学」としているものを変えることもできます。歴史的に先立つ世代には一般的ではなかったやり方で解剖できるのです。この新しい解剖学は、おそらく、それが生まれたときほどは完全に決定論的なものではありません。生物学的に自然化するという試みは、フロイトの保守的な側面でしょう。
　フロイトのもうひとつの側面は、実際は、いかなる欲望であれ、自然な形式は存在していない、という考えです。これはフロイトの思考の歴史的な一面で、マルクーゼがこだわっていたところです。

（遅刻した学生によって、授業が一時中断する。椅子を動かす音と人の声。フィッシャーは近いうちに大きい教室を要望しようと言う）

　さて、いいでしょうか。フロイトのラディカルな側面は、この後者の次元から来ているように思われます。欲望の歴史性および可塑性という考えです。そしておそらく、「本能」という語から「衝動」という語への変化には、単なる翻訳の問題以上のものがあります。誰かドイツ語ができる人はいますか？　ドイツ語では「衝動」は「Trieb」でいいですかね？　この単語は「本能」というより「衝動」に近いと思うのです。

学生1　自分はフロイトを読んだことがないので、彼がどの単語を用いていたのかはわからないのですが。

学生2　すいません、もう一度お願いできますか？

MF　ごめんなさい、T-R-I-E-Bです。（ぶつぶつ言う声。単語を確認、理解したようだ）そうです。この単語を文字通り訳するとどうなるでしょうか？

学生3　もう一度発音してもらえますか？　なんでしたっけ？

MF　Trieb.

学生3　ああ、わかりました！

学生2　確かに「衝動（drive）」と訳したいですが、先生の言うように、まったく同じ意味ではないですね。

MF　そうですね！　けれども、「本能」でなく「衝動」としたとき、強調するところが大きく変わってきます。この翻訳がなされたということ自体が、大きな決断なのです。

それで、どういう違いがあると思いますか？　何が重要なのでしょう？　それは「衝動」である、と言うとき、本能について話しているときとどう違うのでしょうか？

学生3　「本能」はきわめて生物学的な概念ではないですか？　どうでしょうか？

MF　まさしく、そうです。「衝動」には、少なくとも原理的には、機械的、ないしは非生物的な性質があります。複数の衝動をくりかえし方向づけ、定式化するような性質が含意されています。そしてまた、衝動は実際、自然のものではないという事実もあります。衝動は、存在者、つまり人間の、生物学的な本性／自然として「所与の」ものではありません。人間をほかの動物と区別するひとつの方法とは何か。そう考えると、「動物に衝動はあるのか？」という疑問が湧いてくるかもしれません。

この問いは単なる言葉のあやではなく、開かれたものです。「動物に衝動はあるのか？」と問うことはできますよね。なぜなら、動物には本能がある、と答えることはできるのですから。でも、衝動はあるのでしょうか？　その逆を問うてみることもできそうです。「わたしたちは本当に、本能のようなものをもっているのか？」と。もしもっているのなら、そうした問いを投げかけているかのような、フロイトの説明装置一式はいったい何なのでしょうか？　すでに本能というものが存在しているのならば、いったい何のために、あれほど多くの文化的な考察が必要とされるのか？　フロイト理論のもっともラディカルな意味のひとつは、異性愛のようなものは膨大な文化変容プロセスの到達点である、というものです。異性愛はただ起こったのではなく、イニシエーションやチャネリング、潜在的な欲望の閉じ込めといった一連の出来事の結果として、異性愛のようなものが規範的とみなされるよう強いられたのです。

つまり、2つのフロイトが衝突《コンフリクト》している、あるいは両者のあいだに緊張があると言えます。これはマルクーゼがフロイトにこだわった理由のひとつであり、彼はフロイトを単なる保守的な論者として無視しませんでした。マルクーゼは、フロイトが保守的だとは言わず、裏返して見るならば、フロイトはむしろ、欲望の歴史性を思考した人物として考えられると言いたかったのです。こうした理由から、わたしたちは原始群族の成り立ちといった事柄を今対象にしているのです。

あなたが最初のプレゼンで言及した原始群族の話がフロイトのテキストに現れるのは、もっとも有名なものだと、１９０４年の『トーテムとタブー』[3]と『モーセと一神教』です。ああ、後者が最終的に出版されたのは１９３９年ですね。フロイトの著作一般の、とりわけ今あげた著作の主要なテーマのひとつが「反復」です。精神分析の大きな問いは——「この大きな問い」も数々の大きな問題のなかのひとつなのですが（笑い声）——「なぜわたしたちは不快な物事を反復してしまうのか」というものではないでしょうか。これはフロイトが『快感原則の彼岸』で観察した現象であり、フロイトと英米のある種の功利主義者たちとを区別するものです。功利主義者の有名なスローガンを知ってますよね。功利主義の創設者は誰でしたっけ？

学生4　ベンサム？

MF　そう、ベンサム！　そうです、そうです。常識でしたね。頭から抜けていました。ベンサムは頭部のない標本として保管されていますね。あれは彼の本当の体なんでしょうか？

学生4　本当の体です。頭は箱に収められていて、見たければリクエストすることができます。

MF　そうなんですね。それはＵＣＬ［＝ユニバーシティ・カレッジ・ロンドン］にあるのでしょうか？

学生4　はい、ＵＣＬにあります。[4]

ＭＦ　なるほど。まったく奇怪なことを……。ベンサムのことを考えると、いつも頭のないベンサムが浮かぶんです。話を戻しますと、ベンサムの有名な主張に、「人間は二人の主権者の支配下にある、つまり快楽と苦痛の支配下に」というものがあります。人間は快楽を追い求め、苦痛を避けるであろう、と。当たり前なことに思えますね！　しかしフロイトは、このあからさまにもっともらしい主張が実際には間違っていることを発見しました。わたしたちは、一見したところ、苦痛に満ちているような物事を追い求めることに多くの時間を費やすのです。そこにはどうやら二次的なレベルの享楽があるようです。それは一次的なレベルでは苦痛に思われる物事を享楽することです。そして、フロイトが患者を診ていて気づいたのは、この二次的なレベルの享楽に対する「愛着」でした。なぜなら、もし人々が単に苦痛の内にあって、その苦痛が単純に望ましいものでないならば、人々をその苦痛から引き離すことは簡単でしょう。けれども、表面的には苦痛に満ちた物事だとしても、そこに二次的な満足が存在するならば、それはさらに問題含みであり、別の種類の愛着が形成されていることになります。これがフロイトの思考に立ちはだかっていた問題であり、彼が発見した鍵なのです。

　さらに、「反復強迫」という問題が、１９２１年の『快感原則の彼岸』の中心に置かれています。よく知られていることですが、『快感原則の彼岸』は、『文化への不満』と同じく、第一次世界大戦の経験に基づいています。というのも、大戦以降フロイトを悩ませたもののひとつに「砲弾《シェル》ショック（shellshock）」があるからです。砲弾ショックとは、自分の近くに落ちた砲弾のトラウマを反復するという現象です。たとえば、本が棚から落ちると、トラウマを抱えた人は突如として、砲弾が近くで炸裂したときの状況に投げ込まれるのです。

今ではこの類の現象は当たり前のものとされています。フロイトは素朴に問いました。なぜか？　なぜ人々はこうなるのか？　というのも、有機体が単純に、パニックを避けて快楽へと向かおうとするものならば、極度に不快なこれらの事柄を反復するよう強いているものは何なのでしょうか？　トラウマを制御するために反復している、それがフロイトによるひとつの答えです。反復によって、有機体は、いわば自分自身でトラウマを呼び出すことができます。そしてフロイトはこれを「いないいないばあ（fort-da）」と言われる遊びを使って論じています。フロイトが孫とこの遊びをしたのは、孫の母親の不在をなんとかするためでした。母親が子どもから離れて多くの時間を過ごすようになると、子どもは小さいものを投げては、「こっちにある、いっちゃった、あっちにある、いっちゃった……」といった遊びをするのです。ですから、子どもは母の不在という苦痛を単純に避けるのではなく、その苦痛を遊びに変えて、自分でなんらかの制御をおこない、その過程のなかで、あるナラティヴを獲得することになります。

ですから、この反復強迫は重要です。けれどもその奥には、人間の基本衝動から生じる、フロイトにとって、より形而上学的な問題が存在しています。これこそ、彼が「死の衝動（欲動）」と呼ばれるものを仮定するスタート地点なのです。この衝動はきわめて複雑なものです。ですが、これについても考えてみましょう。

これが複雑な理由はひとつに、フロイト自身、自分が何を考えているのか完全に理解していなかったことが挙げられます。いくつかの点で、フロイトの考えがまったく相対立しているように思えます。初期の考えでは、死の衝動は単に破壊的ないしは攻撃的な衝動であり、また同時に自己破壊に向かう衝動でもありました。そしてフロイトは、これを、快を求める生の衝動（欲動）から独立したものとして仮定します。でも、ちょっと立ち止まって考えましょう。フロイトが同様に考えたことでもあるのですが、この衝動は、快感原則、あるいは快感原則の別の形式に、本当に対立しているのでしょうか？　なぜなら、死の衝動が最終的に目標としているのは、少なくともそのひとつの目標は、黙従であり、平和であり、究極的な静寂であり——つまり欲望そのものからの脱却だからです。これは「涅槃《ニルヴァーナ》原則」とも呼ばれます。あたかも引っ張られている弾性の帯であるかのような有機体を思い浮かべることができるでしょう。それは緊張状態にあります。そして、この緊張の解放を求める内部の衝動が、まさしくその緊張のなかに存在しているのです。もしわたしがその帯を引っ張り続けていても、別の何かがそれを引っ張り返してくるわけではありません。帯が自らを引っ張っているのです。

以上が、フロイトが死の衝動を考えはじめたひとつめのやり方です。死の衝動はその目的を中心にして動いていて、マルクーゼはこの点を本質的に論じました。生の衝動は、フロイト的には、黙従を目指す死の衝動の目的を邪魔するものです。有機体それぞれが、死へと向かう固有の道を見つける、これこそがフロイトの考えた構想です。

死の衝動に関する別の考えも存在しています。多くのラカン派が、このもうひとつの考え方を採用しています。ジジェクのような人たちですね。死の衝動は死を目指しません。すなわち、それは黙従という最終的な状態を目的としていません。それが目指すのはむしろ……、答えは「死への無関心」だと言いたくはないのですが……。

ジジェクが挙げた例に、映画『赤い靴』があります。どんな作品かご存じですか？

学生5　どんな映画ですか？

MF　『赤い靴』ですか？　あるバレリーナが一足の呪われたダンスシューズを履いてしまい、まあ要するに、死ぬまで踊り続ける、という話です。彼女も最初は恍惚の状態にありましたが、徐々に狂乱の度合いを増して踊り続けることができなくなり、死んでしまうのです。

問題は、殺意をもった何かに彼女が取り憑かれた、ということではありません。そうではなく、衝動によって死に対して無関心となったがゆえに、彼女が死んでしまった、ということが重要なのです。衝動は有機体の死に無関心なのです。死を避けようという欲望よりも、衝動の方が強いのです。
フロイトとラカン派のあいだでは、ほとんど真っ向から対立する2つの死の衝動が存在しています。けれども、両者には共通点もあって、それは、欲望には功利主義的傾向があるという考えに対する反感です。これが取り組むべきことのすべてです。そしてこの反感によってフロイトは、彼のなかでももっとも悲観的なテーゼに導かれます。このテーゼは『文化への不満［＝文化の中の居心地悪さ］』のなかで力強く表明され、マルクーゼの『エロス的文明』にも絶えず現れてきます。

『文化への不満』については、そうですね、あなたがさっきうまく説明してくれました。**（学生による導入を参照しながら。）**『文化への不満』の主張は、「不満とは文明［＝文化］に内在的なものである」、ということです。不満が禁じられてきた文明を想像することは不可能です。ここでフロイトの有名な主張、「精神分析の目的は狂気を排除することではない、それは不可能だ」、というものを思い出すこともできるかもしれません。

（教室の入り口のところに誰かが立っていて、講義はまたもや中断される。もう空いている席はない。椅子をガタガタ動かす音）

　ではいいでしょうか、『文化への不満』の話でしたね。文明と快楽は対立関係にあります！なぜかって？　単純に説明すると、もし人々が自分自身を楽しむことができれば、もし人々が自己の快楽を一日中追求することができれば、人々は何もしなくなることになりませんか！そう、人々は快楽を追求する以外のことをしなくなるのです。人々は生活必需品を生産しなくなる。農業は存在しなくなるでしょう。住むための住居もつくられない。楽しむための商品や、あるいは単に生命が存在するために必要なものさえ生産されることはなくなるでしょう。つまり、実際のところ、思考実験だとしても考えられないようなものなのです。こうした抑圧ゼロの環境はサステナブルではありません。環境がそれ自身を存続させることができないのです！

　しかし、ここにマルクーゼが見出したポイントがあります。こうしたことの背後に何が想定されているのか？　こうしたレベルの不満が必要だという考えの背後に、何が想定されているのでしょうか？　そこには根本的に「欠乏」が想定されています。欠乏が根底にあるのです。

　欠乏とは資源をめぐる争いです。自然の豊かさのためには、労働が必要だということです。労働が存在するなら、そこには労働する誰かが存在します。もしこの労働が、それ自体として本質的に快かったり楽しむことができるものでないならば、それをおこなうためには何らかの強制が必要となります。快楽を求める人々の原初の欲望を無視するような、強い強制です。そして、それを踏まえるなら、欠乏に対処するための強制こそが抑圧の起源なのです。抑圧なき文明は存在しません。抑圧が文明の基礎にある。そう！　なんとも悲しい話です。

多くの点で、マルクーゼがロマンティックな思想家の系譜にあるとすれば、フロイトは自らを悲観的ないしは悲劇的な思想家の系譜に位置づけると思います。欠乏を超える方法はまったくありません。多くのマルクス主義的革命思想家たちがフロイトを拒否した理由がここにあります。彼らによれば、フロイトは保守主義者に過ぎないのです。フロイトは、「ユートピアは不可能だ、それはほとんど生物学的な理由から不可能なのだ」と言います。けれども、マルクーゼは、フロイト自身の考えにおいてさえも、フロイトがそう考える理由は生物学的なものだけではないということを考え続けているように思います。欠乏は歴史的なものであり、労働と関係している。そして歴史と労働は不動のものでもなければ不変のものでもない。両者は、まさしくその本性からして、変化していく。これこそが『エロス的文明』が成果としてもたらした見解です。この著作は、『文化への不満』で示されている悲劇的な袋小路をうまく処理すること、あるいはそこから抜け出すことを試みています。

ここでもう一度、あなたが発表してくれた、原始群族における「神話」の役割について考えるのは有益でしょう。フロイトにとって、これはどのような役割を果たすのでしょうか？　この時期のフロイトの著作の多くは、なんらかの人類学に基づいているという点で、わたしの言葉で言うところの「遡及的思弁」を特徴としています。原始群族という概念も、フロイト自身がつくり出したものではありません。この概念は実証的にはかなり脆弱なものですが、その役割は、今でも、そしてマルクーゼの時代においてさえも、実際に起こったと信じられている以上に、精神分析における一種の神話であるように思えます。

さて、なぜフロイトは原始群族について語ったのでしょうか？　なぜそれに関心をもったのでしょうか？『トーテムとタブー』と『モーセと一神教』、両者いずれにおいても、フロイトが説明しようと試みているのは宗教です。宗教はどこから来るのか？　とりわけユダヤ-キリスト教はどこから？　多くの人が指摘してきたことですが、ナチスから飛行機でロンドンに逃れ、『モーセと一神教』を執筆していたフロイトの狂える傲慢な勇気が、ユダヤ-キリスト教の基盤をひそかに浸食しています。だとするなら、これらの本での議論はどのようなものだったのでしょうか？　いずれの著作においても、原父の形象がもつ役割に関係することが議論されます。さきほど担当の学生さんが話してくれた通りです。

原父の形象は、日常の食糧と女性たちへの接触を独占的に、あるいは少なくとも誰よりも先に要求します。それを最初に要求するのは原父です。けれども歴史上のある時点では、兄弟たちはかならずしも生物学的な意味で兄弟ではありませんし、息子たちもかならずしも生物学的な息子ではなく、父も文字通りの父親ではなかったのです。父はつねにすでに象徴的な機能でした。しかしそれにもかかわらず、歴史のある段階、あるいは神話のある段階で、象徴的な父と物理的な父がひとつになった。つまり、ひとつの実体となったことで、理論上は破壊可能になりました。ですから、重要なことは、この段階でようやく抑圧が、すなわち「父の名における抑圧」が解除されるということです。そうなると、この神話は何に関する神話なのでしょう？　それは次のことを意味します。すなわち、抑圧はどこから来るのか？　なぜ人々は自らを抑圧するのか？　否定的な父によって人々は抑圧されます。父は否《ノン》と言います。「父の名」と「父による否定」をかけて洒落にしたのはフーコーだったと思います。フランス語では「名（nom）」と「否定（non）」は似ていますから。[5]

兄弟たちは一緒に集まって考えます。「こっちは多勢だが、あの太った奴はたったひとりだ。（笑い声）なぜ数々の縛りに従い続けている？　なぜあいつを倒してしまわないんだ？」それで彼らは父を倒すのみならず、酷い仕方で殺し、体をバラバラにして、食べてしまいます。（思うに、もし人間がこうしたことをしているのであれば、これはターナーさんの講義「性・ジェンダー・種」の中心テーマではないでしょうか。[6]）というわけで、兄弟たちは父を食べてしまうのです。これがフロイトの言う「大胆さ（audacity）」です。驚きじゃありませんか？　フロイトはこれが聖餐式の食事の起源だと言っていますが、聖餐式も考えてみると奇妙ですよね。「これはキリストの肉であり、あなた方に与えてくださったものです」そう言われてあなたたちは食べるわけですから。フロイトは、そうした神話がどこから来たのかを語ろうともしていました。フロイトの考えでは、それは父が実際に殺害され食べられたという無意識的記憶から伝えられたものだというのです。

そうなると！　よろこびましょう！　カーニバルだ！　父は死んだ。抑圧はもうない。

いや、残念。そういうふうにはいかないのです。

（笑い声）

フロイトによれば、ここにきて、父が排除されるのではなく、罪悪感と良心の呵責という形式で父が永遠化される事態が起きます。父を殺したとき、息子たちは歓喜で跳びはねたりはしません。彼らは罪の意識を抱きます。父はそのとき、有限の人物という存在から、無限のヴァーチャルな幽霊とでもいうべきものになります。あなたは物理的に存在する父からは逃れることができますが、内部から聞こえる父の声から逃げることはできません。その声はけっして満足せず、つねに「もっともっと」と呼びかけ、折り合いをつけることも納得することもできないような要求をおこないます。ひょっとしたら、かつての父も納得したことがなかったかもしれません。しかし今や、父はけっして納得しない存在になったのです。

これが超自我の起源であり、ラカン派なら「大文字の他者」と呼ぶものです。これは社会のなかの抑圧的権威の基本形です。とはいえ、フロイトの関心をひいたのは、兄弟たちがおたがいにもっている「兄弟的」友愛の感情が、それ自体として道徳性の起源でもあるということです。

道徳性は友愛を起源に生じてきます。たとえ起源についての正確な記憶が存在しなくても構わないのです。なぜなら、それは一度も起こらなかったかもしれないものなのですから。フロイトも、確かな記憶は存在していないと考えていました。それは受け継がれてきた無意識的記憶にすぎないのです。

このように考えると、父の作用とは、「禁欲の作用」となります。それは肉体に基づく欲望を弱めます。社会に参入するためには、重要な何かを諦める必要があるのです。欲望を諦めなければならない、とりわけ、母に対する欲望を諦めなければなりません。ここまでくると、わたしたちはフロイトの考える典型的な核心に戻ってきます。「母に対する欲望」という考えです。今なら、母に対するこの欲望がどこから来るのかがわかると思います。母に対する欲望は第一のものではなく、別の欲望の代替なのです。それは、切り離された実在としてけっして存在したくないという欲望です。「分離不安」について聞いたことはありますか。自分が有限な実在であることを発見し、世界のなかで自分ひとりで生きていかねばならないことに気づいたときに子どもが抱く恐怖のことです。そこには、母と交じり合ったという、ぼんやりとして、かすみがかった、夢のような神話が、あるいはラカンの「想像界」的な意味での「イマージュ」が、取り憑いています。

これはドゥルーズ&ガタリが『アンチ・オイディプス』で述べたことのひとつです。「母」

や「子」といった意味が存在する前には、母と子のあいだにいかなる差異も存在しない、と彼らは言います。個体としての主体の消滅と、子宮内での融合状態への帰還、これこそがもっとも切実に欲望されたものです。言い換えるならば、これは死の衝動の形そのものです。個体的主体の消滅、黙従の状態への帰還、そこではすべての欲望が折り合うが、それは同時に欲望といったものが何ひとつ存在していない場所だともいえるでしょう。すべての欲望が満たされてしまったならば、もはやいかなる欲望ももち得ません。死ぬことと満足とは、こうして直接的に結びつきます。

　これがフロイトの大まかな背景です。マルクーゼはこの考えのどこを検討したのでしょうか？　すでに述べたように、マルクーゼはこの考えの歴史的な次元を引き出します。くりかえしますと、フロイトの典型的な思考はエディプス的三角関係です。誰もが母親とセックスすることを望んでいる、という考えです。しかし、ここで疑問が生じます。なぜそうなるのか？　これは完全な答えなのでしょうか？　マルクーゼは、「いや違う」と言うでしょう。それは完全な回答ではない、なぜなら、最初に来るものは性的な、ないしはエロス的な欲動ではないからだ。最初に来るのは「労働」の問題なのだ、と。

　なぜ抑圧が存在するのでしょうか？　そう、抑圧があれば人々が労働する、抑圧があれば人々を労働するように仕向けることができる、からです。わたしたちがつくらなければならないのは、基本となるこのスイッチです。マルクーゼは、労働の問題はフロイトと対立するものではないとも言います。すでにフロイトのテキストのなかにあるが、あまり正しく強調されていないのだ、と。人々が労働する必要がなかったら、あらゆる労働が不快で苦痛に満ちたものでなかったならば、どうなっていたでしょうか？　フロイトの考えは70ページにありますね。マルクーゼが次のように言い換えている箇所です。「本能の目標を禁止し、そらす鎖は壊すことができない」[7]。そしてフロイトを引用して、「ごく一般的に言って、われわれの文化は、諸々の欲動［＝本能］の抑え込みのうえに築かれている」[8]とし、さらにマルクーゼは続けます。

> 文明は、なによりもまず、労働、つまり、生活の必需品を獲得し、増大させる労働の進歩である。この労働そのものは、ふつう、満足をともなわない。フロイトによれば、それは不快で、辛いものである。フロイトの超心理学では、もともと［…］「熟練の本能」等々がはいる余地はない[9]。

そのもう少し先のページでは……。

> 文明における基本的な労働は、非リビドー的であり、それが労働である。労働は「不快なも

の」で、このような不快さは、強制される必要がある。「もし、本能の［性的］エネルギーを処理することで、人間が、快楽を満喫できたならば、どのような動機で、性的エネルギーを他の用途にふりむけるよう誘うことができるだろうか。彼は、けっして快楽を捨てようとはしないし、これ以上前進しないだろう。[10]」

これはわたしたちがすでに確認したことのようですね。さらに72ページには次のようにあります。

> 文明の物質的な基礎を創りだし、拡大した仕事は、主として疎外された労働であり、それは苦痛をともなうみじめなものであったし、現在でもなおそうである。このような仕事の実行は、個人の欲求や性癖にほとんど満足を与えない。そのような仕事は、粗暴な要求と粗暴な力によって、人間に課せられた。[11]

2つの事柄が同じではないことに気づきましたか？　粗暴な要求は粗暴な力とは別物です。この2つは、原父を殺す子どもたちの神話のような、鍵となる多くの神話のなかでペアにされます。どうやら父は、人が完全なリビドー的満足に達することができないという事実を埋めるための身代わりになった、マルクーゼはそう言いたかったのではないでしょうか。

　綿密に追ってみると、ここにきわめて興味深い物語が浮かび上がります。最初に息子たちは、「父を追放さえすれば、俺たちは完全な享楽を得ることができる」と考えています。しかし、その後で息子たちは、実際のところ問題は父だけではなかったことに気づきます。享楽を妨げる内在的なほかの問題が存在しているのです。それは「必要［＝差し迫った要求］」そのものに関する問題だと言えるかもしれません。わたしたちが満たされないでいることは、世界それ自体の本性です。けれども、必要は支配によって強制されるものです。

　ここには何度も反復される循環が見られます。最初の反抗があり、それはある程度成功するものの、結局、支配を再生産することで終わるという循環です。フランクフルト学派一般にとっての、そしてとりわけマルクーゼにとってのフロイト理論の価値とは、この循環が起こる理由について、説明をしてくれることにありました。反抗する者たちは、父を退場させるのではなく、再登場させ、自分たち自身で父の機能を引き継ぎます。

> 古代社会の奴隷の反抗から社会主義革命まで、抑圧された者による闘争は、つねに、支配の新しい、「よりよい」体系を確立することに終わった。進歩は、支配の鎖を改善することを通じておこった。すべての革命は、ある支配集団を他の集団によって置きかえようとする意

識的な努力であった。革命はまた、「目標を乗りこえた」力、つまり支配と搾取の絶滅をめざした力を解放してきた。それらの力がたやすく打ち破られたという事実には、説明が必要である。[12]

マルクーゼは自滅的な闘争について語りますが、これは鍵となります。

先ほどの発表にもあったように、こうした考えのひとつの帰結として、マルクーゼは、家族にかつてあったような重要性が少なくなってきている、と考えます。なぜなら、家族とは超自我の脱人称化なのですから。これはウィリスの考えと興味深い緊張関係にあるので、ウィリスについても後で簡単に述べます。

まず簡単に説明しましょう。フロイトが後期著作で導入した、イド［＝エス］、自我、超自我という3区分があります。超自我は、象徴的な限界について語るがゆえに、内面化された父の声となります。超自我は否と言い、個人が今まで折り合いをつけてきた以上のものを、個人に対して要求します。超自我とは社会的抑圧をその内部に取り込んだ力ですが、しかしそれは理性的な作用主体《エージェンシー》ではありません。もう少しはっきりさせましょう。超自我からの要求は、けっして満たすことができないものです。イドは、欲望をより直接的に満足させようとするでしょう。そして自我は、実際、それ自体として、あるいは自分の力では存在できなくなります。

つまり、自我はイドと超自我との緊張関係の仲介としてしか存在できないのです。

超自我の機能は、古い社会の形態において、父と密接に結びついていました。けれども現代社会では、その機能が行政機構を通じて分配されるようになりました。つまり、父という人物の殺害に失敗して以来、問題はずっと残り続けているということです。非難すべき人物はいません。誰もが有罪であり、誰もが有罪ではないのです。ですから、マルクーゼが言うように、人は微笑を浮かべた役人と対面するだけです。「ああ、たしかに彼らの過失ですが、実際は彼らの罪ではありません、というのも、システム全体が強制と抑圧のシステムなのであって、彼ら自身もその犠牲者だからです。この強制や抑圧をつくり出したのは彼らではないのですから」。

わたしたちは、どうやったらここから抜け出すことができるでしょう?「余剰抑圧」という概念が鍵となります。発表者の方も言及してくれました。想像しうる社会の多くが、人々に何かをつくらせるために、何らかのレベルの抑圧を必要としています。余剰抑圧とは、その上に付加されるさらなる社会的な抑圧のことで、必要を超えたものです。準生物学的な必要性を超えて、文化的・社会的な圧力も存在しているのです。

わたしにとって鍵となるものは「欠乏」です。父をはるかに超えた父の機能が一般化されていることを考えると、現代社会は、多くの点で、もっとも抑圧的なものに違いありません。しかしながら、これには別の側面もあります。とりわけ、欠乏を撲滅し、退屈な仕事を除去する諸状況が、テクノロジーによって生み出されました。このことは76ページに書かれています。

［…］格好の口実とされた欠乏は、人間の欲求を最小限の労苦ではたす手段としての自然に対する知識とコントロールが発達した今日、その根拠は薄弱なものになっている。現在なお、世界の広大な領域にひろがっている貧困は、もはや、天然資源や人的資源の乏しさによるのではなく、それらの資源の配分と利用の方法によるのである。この相違は政治学や政治家にとっては差しあたって関係ないかもしれない。しかし、人間の欲望とそれが満足される環境とのあいだの「自然」で永続的な不均衡から、抑圧の要求が生まれるという文明の理論にとって、この相違は決定的である。もしある政治的、社会的な制度ではなく、この「自然」状態が、抑圧の根拠になるとすれば、それは、抑圧が不合理になったのである。産業文明のもたらした文化は、人体をこれまでよりいっそう敏感で分化した、交換可能な道具に変え、この道具を目的それ自体にまで変形するのに十分なほど大きな社会の富をつくり出した。利用できる豊富な資源は、人間の欲求に質的な変化をもたらす。労働の合理化と機械化は、労苦（疎外された労働）にさかれる本能エネルギーの量を減少する。そうして、個人の能力を自由に発揮して、さまざまな目標に達するためのエネルギーを解放する。技術は、生活必需品

の生産に必要な時間を最小にするかぎり、エネルギーの抑圧的な利用に対抗し、必要とやむを得ない浪費の範囲を超える欲求の発展を促すのである。

しかし、欠乏や未成熟によって、かつては正当なこととされた束縛から、個人が解放される可能性が現実的になればなるほど、安定した支配の秩序が崩壊しないように、これらの束縛を維持しようとする欲求も大きくなる。文明は、自由な世界という妖怪に対して身を護らなければならない。[13]

ここで登場しているのは、加速主義者としてのマルクーゼです！　80ページまで続きますが、その箇所がもっとも加速主義的です。「退化しているのは、機械化や標準化ではなく、そこに含まれる内容である。全面的《ユニバーサル》な調整ではなく、自由、個人による主体的な選択、あるいは個性の名のもとで全面的な調整が隠されていることが退化なのである」[14]。さらに彼は、フランクフルト学派が、現代におけるみじめな快楽の例としていた、冷蔵庫とアパートといった典型的なリストをあげた後、こう続けます。「すべて同種のお揃いの品物や道具は、数限りなく、よりどり勝手になっているが、そのために彼らは忙殺されて、かんじんの問題から注意を逸らされている。彼らは、労働時間を短縮した上で、自分たちの欲求やその満足も自らの手で決めることができるのだという事実に気づかないのである」[15]。

いったんまとめましょう。ここが今回扱うところの核心です。マルクーゼは先に言われていた「実行原則」――あるいはそれはわたしには潜在的に同じものに思える「労働倫理」――の背後にある力学の長い歴史を画定しました。[16] マルクーゼは、多くの点で、一種のロマンティックなカント主義者です。彼は「自由とは何か？」を問い続ける哲学の古典的な系譜に連なっています。自由とは人々の固有の目的のために追求されるものです。その目的は外から与えられるものでもなければ、他者によって課せられるものでもありません。欠乏が存在するときは、わたしたちはなによりも先に、その欠乏を問題として扱わねばなりません。その欠乏と関わらねばならない。それを処理しなければならない。けれどもテクノロジーがわたしたちの代わりにそれをしてくれるならば、そういった口実はもはや存在しません。そうなると、あなたの手に残るのは、自らのために支配を維持し、人間の自由が不可能だという幻想を維持し続ける余剰抑圧の純粋な集積だけです。人々が自律的であること、労働時間を少なくすること、自身の欲求や満足を決定することなど不可能だという幻想が残るのです。

　ポスト資本主義の中心にポスト労働社会があるという点から見ると、以上の話と前回の話のあいだにはかなり強い関係があると思います。

　すでに述べたように、こうした理由から、わたしはマルクーゼをちょっとした加速主義者だと考えるわけです。疎外をまっすぐに追求する最後のくだりなんかもそうじゃないですか？

「（疎外された）労働の世界から人間の潜在的な可能性を排除することは、人間の潜在的な可能性の世界から労働を除外するための前提になるのである」[17] とあります。フランクフルト学派に典型的な逆転です。

さて、いいでしょうか。この本が書かれたのが１９５４年。こうした考えが世の中に広まります。必ずしも直接マルクーゼから広まったわけではないのですが、広まりました。そして１９６０年代の条件が整います。西側の広範囲で欠乏が実質的に減少しました。なかでも、「ボヘミアン階級」とでも呼ぶことができる人たち、つまり新しく現れたボヘミアン階級にとってはそうだったでしょう。彼らはそれほど働く必要がなくなったのです。特にその人たちが若い頃には、相当の期間労働から解放されていた時期がありました。彼らは、それほど働かずに自分たちの必要や満足を決められると考え始めました。そして、これこそが１９６０年代のカウンターカルチャーと言われるものの基盤であり、エレン・ウィリスが関わったのも、そうしたカルチャーでした。

おそらく、ここで、学生7さんの疑問に答えることができます。エレン・ウィリスの文章中で何が重要なのか、少しお話しできるでしょう。

講義のリーディングリストのなかでウィリスのテキストを最初に取り上げることで、歴史を逆向きに検証できます。ウィリスのテキストも、カウンターカルチャーと同時代ではなく、その後に書かれたものですから。彼女がこれを書いたのは70年代後半の、79年だったと思います。非常に重要な年です。彼女はすでに、何が間違ったのか、なぜそれがうまくいかなかったのかを説明しようとしています。時代は違えど、彼女とマルクーゼのあいだには響き合うところがあるようにも思えます。

学生7　そうですね、先ほどおっしゃったように、ウィリスが対象にしたのはまさしく、第二次世界大戦後、50年代と60年代です。この時代は、１９７０年代と比べると、フェミニズム、とりわけラディカル・フェミニズムにとっての黄金時代以上の時期だと言えます。彼女が生き抜いた70年代という時代を語るとき、彼女はそれを社会と緊縮政策のなかにある保守主義の帰結だと言います。

　この時代に、家族についての伝統的な価値観が再び現れますが、これがラディカルなフェミニストとカウンターカルチャーに直接つながります。なぜなら、フェミニストたちも、資本主義と伝統的な家族主義のあいだにあたかもこうした相互依存があるかのように感じているわけですから。

　カウンターカルチャーは反資本主義であり、そこに携わる人々は社会がまたしても退行していると感じています。これは非常に興味深いことです。テキストは一貫して、彼女が個人的に直面し、またフェミニズム全体も直面した矛盾や障害がどれほどであったかが書かれています。

彼女がかつて抱き、そして再び抱くことになった結婚への欲望は、結婚の道徳性をめぐる内部闘争へと至ります。なぜなら、結婚することとは、家父長制の家族社会のなかに入りたいという要求を黙認することだからです。それは70年代のフェミニストにとっては善いことではありません。また彼女は、自称フェミニストの男性、単に女性を「ある程度」解放したいと望んでいるだけの抗議運動の参加者たちについても考察しています。彼らは女性を解放したいと言うが、しかしそれでも妻を欲しているのだ、と。あるいは、先生がまさに先ほどおっしゃっていたことですが、この「ボヘミアン階級」に対して、ウィリスはきわめて批判的でした。その多くが中産階級の出自だったからです。彼らは同じ状況にある他の人なら闘争をしたであろう状況であっても、その必要性をまったく感じませんでした。

テキストを読むと、ウィリスはもうお手上げだったように思えます。彼女は、個人的なレベルにおいても、自らのフェミニズムの理念を遂行し、男性優位の社会から逃れようという自分の願いを追求したいと思っています。けれどもまた、資本主義社会に縛られないことは不可能である、という感覚もあるように思えます。

MF そうですね。それも、わたしが彼女のテキストを好む理由です。この文章は、１９７０年代の終わりがどういった歴史的意味をもつのかを記録しています。でも、ほかにもよい点があります。エレン・ウィリスのことをよく知らない人のためにちょっと補足しておきますと、彼女は文化批評家で、音楽ライターでもあります。つまり、彼女はカウンターカルチャーのまさしく中心に関わっていました。にもかかわらず実際のところ、カウンターカルチャーとは何だったのか、また、カウンターカルチャーが達成できなかった願いは何だったのかということについて、数々のステレオタイプをひっくり返していると思います。

　なぜいまだに１９６０年代を気にしているのでしょうか？　なぜわたしたちには１９６０年代に目配せすることが求められているのでしょうか？　なぜ60年代がお決まりのイメージのようにわたしたちに取り憑いているのでしょうか？　なぜその文化的な諸形式が残っているのでしょうか？　こうした問いは、１９６０年代の諸形式に内在していたものの果たされなかった欲望と関係しているのではないでしょうか？　この時代の形式が、その欲望に対して今なお「ものを言っている」のではないでしょうか？　わたしはこの「ものを言う（speak to）」という表現が好きではないんですよ。「いまだに関係している」と言うことにしましょうか。

　これらの問いから何が生まれるのでしょう？　今発言してくれたあなたは正しい。ウィリスはある意味でギブアップしました。けれども、彼女はそのことにさえ真摯に向き合っています。これは１９７０年代までの全体的な雰囲気の一端にあるものだった、と彼女は言っています。ですから、マルクーゼのテキストとエレン・ウィリスのテキストのあいだに、この「カウンターカルチャーという」脱出の試みがあります。それは失敗します、まさしく失敗したのです。けれども彼女のテキストは重要に思えます。なぜならそれが失敗した理由をいくつか確定しているのですから。

この話をする前に、当時カウンターカルチャーが何を望んでいたのか、という点に戻りましょう。カウンターカルチャーが目指していたものは、引用するならば、「ほとんど想像もつかないような規模の社会的・心理的革命[18]」です。１９６０年代以降に生まれた人たち、つまり、後進の人たちにとって、こうした野心が実現可能だと思われていた時代を想像するのは難しいです。わたしも１９６０年代生まれですが、当時理解するには若すぎました。この時期に書かれたこのテキストに記録されているのは、資本主義リアリズムと家庭リアリズムの同時かつ共同的な出現であり、両者の相互関係です。つまり、資本主義にオルタナティヴは存在しないし、家族にもオルタナティヴは存在しない、という考えです。

今日の世界において、家庭リアリズムは資本主義リアリズムよりもますます強力になっているとわたしは思います。わたしが学校に通っていた１９８０年代でさえ、家族に替わる形態についての相当突っ込んだ議論が相当数ありました。数年前、わたしは10代の学生を教えていましたが、家族の代替について話したら、学生たちはそれを考えるだけでも恐ろしい、といったふうでした。どうしようもなく悲劇的なのは、学生たちがみな違った家庭背景をもっていたことです。つまり、若い人たちが抱く家族についての理想像は、自分たちの家族経験とまったく合致していないのです。さらに、この家族の理想化は、彼らがいまだに家族というものをひとつの理念として保持していることも意味しています。家族というものを終わらせようというカウンターカルチャーの使命は、広範な文化現象としてはほぼ完全に消えてしまいました。[19]

わたし自身は「超越論的構造としての家族」と「経験的事実としての家族」をカント的な意味で区別しません。経験的事実としての家族は非常な圧力を被っています。家族という形象が全世界でどうであるかはわからないのでイギリスにおいての話ですが、わたしが理解する限り、自分自身で生計を立てて生きる人々は以前よりも増えています。もちろん、1970年代以降、離婚は抜きん出て増加しています。それを見ると、家族は経験上はもう強くない、と言えるでしょう。家族は経験的には弱い、けれども超越論的には強いのです。今なお規範となる一種の基礎構造として、家族は強力です。現在、集団的な生活を送っている人たちを思い浮かべても、そういう生活は一時的なものだと考えるかもしれません。けれども1970年代と比べれば、集まって暮らす人たちの数は実際のところ増えています。とりわけロンドンでは、ひとえに自立して暮らすだけの経済的余裕をもてないからです。

つまり、家族という構造の外で生きる人たちの総計は増加しています。しかしそれでも家族は規範として残っている。女性にとっての選択肢もまた増えていると言う人もいるかもしれませんが、実際には新しい選択はいずれも認められていません。少なくとも、支配的な右翼的な物言いがいまだにまかり通っている限り、そうしたものは社会的に許容されないのです。もしあなたが子どもをもって、子どもの世話をするために家にいたとしても、あなたは働くべきなのに怠けている、と言われてしまいます。子どもをもたなければ自由です。でもそれは自然の否定です。「誰もが子どもをほしがっている、ですよね？　わたしたちは、あらゆる女性がそう望んでいることをわかっています……」と言われてしまう。こうした考えは、今や完全に古びたもののはずです。だがそうではない。ですよね？　この種のダブルバインド、つまり、同時に2つの矛盾する要請があるという状況が、従属の現代的な形式の鍵であり、女性たちが従属し続けていることの鍵なのです。女性誌には2つの矛盾する要請が誌面に混在しています。「自分の体を愛しましょう！　自分がなりたい自分になりましょう！　これがダイエットのやり方です、等々」（笑い声）この状況は、かつて人々が実現可能だと考えていたものからかなり隔たっています。

　人々は家族制度を終わらせることが実現可能だと考えていました。ウィリスはこのことを指摘しています。それは実現可能だったのです。わたしたちは家族なしでやっていけるだろう、今こそやれるだろう。今こそ。コミューンでの生活が始まり、そしてそれによって、家族は終わります。これは明らかにばかげています。でも当時はばかげたものとは思われませんでした！　そしてこれこそが、このテキストの価値です。矛盾する2つのものを一緒にもたらすという価値なのです。1970年代の終わりには、「これ［＝家族］を解消できる」というプロメテウス的な野心は、「それ［＝コミューン］が可能である」といういきいきとした確信と一緒に消えてしまいました。

なぜそれが失敗したのかを示す理由が数多くあるとウィリスは述べます。それは何だったか？　何が主な理由だったのでしょうか？

学生8　制度としての結婚がどのくらい欲望を抑圧するものだったか、ということがひとつあるのではないでしょうか？　というのも、結婚は、本能的行動という考えに逆らうものであって、たとえ欲望が変化しても、その欲望に従うことを伝統的に認めないような、そうした心理をつくり出す、ある種の長期的な合意関係に入るものですから。

MF　たしかに、それもありますね。ウィリスも、時を経て変化する愛の関係と結婚制度の永続性は本来衝突すると言っています。ニック・スルネックとアレックス・ウィリアムズもこのことを指摘しています。女性が経済的に独立すればするほど、ユニバーサル・ベーシック・インカムのような考えが尊重されるようになるだろう、と。[20]ですから、エロス的で情動的な欲望の総体は、制度的な要素と結びついています。でも、なぜこうしたことが、結婚に逆らう方向に作用しないのでしょう？　なぜ、コミューン的な生活の方に向かって作用しないのでしょう？「結婚はよくない。だから、みんなコミューンで生活しましょう」とはならないのでしょうか？

　コミューンで生活したことがある人はいますか？（答えはない）20年前なら、試したことがあるという人が、教室にもおそらく数名はいたのではないかと思います。

　コミューンについて考察すると今度は、財産の独占について考えることになりますね。財産の独占に意味があるのは、家族と財産を共有するときだけでしょう。では、家族ではない人たちと恒久的に財産をシェアする、となったらどうなるでしょう。このことは集団で子育てする場合にも当てはまります。「ビッグ・フレイム」という、自由主義的な共同体主義のグループが1970年代にいて[21]、彼らは集団子育てを実験的に実践していました。そして、もちろん、それはうまくいったと思います！　うまくいかないはずがないと思いませんか？　核家族と呼ばれる状況で子育てするよりも、機能するはずなのです。

　核家族は誕生して以来、ずっと危機的状況にあると言えるかもしれません。なぜなら、核家族は新しい――歴史的に見て、きわめて新しい――にもかかわらず、この超越論的と言ってもよい基準を前提としているからです。「ママ-パパ-わたし」という基準です[22]。これはあきらかにフロイトのモデルに基づいていますが、言うまでもなく、フロイトの時代は「ママ-パパ-わたし」ではありませんでした。おそらく「ママ-パパ-乳母-わたし」だったことでしょう。歴史上のかなりの時間、基準になっていたのは大家族でしたが、きわめて近年になって、資本主義の圧力のもとで核家族が出現したのです。

大家族にノスタルジーを抱くべきではありません。大家族にはたくさんの問題があります。とはいえ、核家族と比べてみたとき、大家族のいくつかの点にはノスタルジーを感じるかもしれません。

確率の問題かもしれませんね？　大人数の集団で一緒に子育てすれば、子育てがひどく難しくなったり、それでノイローゼになったりする可能性はずいぶん少なくなりますから。

けれども、1960年代に展開したであろう、こうしたコミューンの実態はと言うと……。アダム・カーティスのテレビ番組を見たことある人はいますか？　いつか見る人も出てくると思いますが。「マシーンズ・オブ・ラビング・グレイス」とかいう番組で、彼はコミューン的なものを激しく馬鹿にしました。[23] その主張も至極当然かもしれません。

わたしが思うに、ウィリスの指摘のなかで鍵となるのは「性急さ［＝我慢できなさ］」です。性急さ、世俗的特権、そして年齢といったものですね。年齢はある意味で、特権の別の形式です。いまではこれはそれほど特権的ではないのかもしれません。性急さが一番重要です。つまりコミューンの人たちは結婚制度をすぐに廃絶できると考えていました。クレイジーです。ウィリスも言っていましたが、数千年も続いてきた事柄を、ひと世代のあいだに、なんの問題もなく廃止することができるなんて。「どうすればいいのかって？　ひとつの家にみんなで一緒に住みさえすればいいんだよ」。でも、彼らには家族のような粘り強さがありませんでした。長い時間コミューンが持ちこたえられる方法を見つけることができませんでした。比較的長持ちしたコミューンでさえ、数年しか続かなかったのです。人々が自分自身の家族を憎むと考えてみましょう！　それほど一般的なことではありませんが。仮に憎むことがあったとしても、憎んだ人たちでさえ、家族と離れてからの人生において、家族となにかしら同一であるという認識はもち続けるでしょう。このことは、深く根を張った家族という構造の力を示すものです。ウィリスが指摘するのは、こうした構造の執拗さであって、この構造はそれを克服しようという意志に簡単に屈するものではありません。さらにウィリスは、家族が実際のニーズに適っていると言います。家族は現実のニーズを満たします。「下手に」満たしてしまうものだったのかもしれませんが。なぜなら、ウィリスの時代は、家族というものが攻撃にさらされていた時代でもあったからです。主にR・D・レインやデイヴィッド・クーパーといった人たちが、精神病の源は家族であると主張しました。家族とは、ノイローゼや精神病をつくり出す工場のようなものだと言うのです。[24]

　ウィリスがこの著作を著していた時代だと、人々がこのように主張することはそれほどありませんでしたが、おそらく1960年代にはこうした議論はそこここでなされていました。というわけで、性急さが最初の要素です。性急さ、我慢の足りなさ。家族という構造の執拗さや、それが時間的に長きにわたって存在してきたことは、家族がなんらかのニーズを満たすものであることを明らかに示すものです。そうでないとしても、そのひどく途方もない執拗さによって、家族は一定のレベルの愛着を命じてくるのです。家族を完全に克服することも不可能ではないかもしれませんが、やはり克服困難なものではあります。

ウィリスが述べる第二の要素は「若さ」です。コミューンに参加した人たちの多くは若者でした。彼らはしばらくのあいだはこうした実験に耐えることができましたが、歳をとるにつれて、西洋社会のスタンダードな構造へと戻っていきました。

ウィリスが言うもうひとつの要素は、「富と特権」です。たいていの人たちには「ドロップアウト」する経済的余力はありませんでした。これは彼女が指摘するように、そしてマルクーゼも述べていたように、明らかに鍵となっていた要素です。比較的豊かである、ということが鍵です。当時のアメリカは相対的に豊かな国でした。けれども、この豊かさは平等に配分されていたわけではなく、ドロップアウトした人たちの多くは、そうすることができる経済的余裕がある人たちでした。そうした人たちが不誠実であると言いたいわけではないのですが、彼らはどこかでこう考えていたと思うのです。「そうだね、わたしはしばらくのあいだはドロップアウトできる。数年後、もう少し力をたくわえて、もとの世界に戻ってこよう」と。けれども、彼らは保守的な構造を残したままドロップアウトするリスクについては、まったく心配していませんでした。

これまでの帰結として、いささか喜ばしくない見通しを得ることになります。でも本当に得たいのは、そういうものではないのですが（笑）。1960年代に起こったことを再構成したらどうなるでしょうか？　つまり1960年代は、あらゆるものが偉大だった黄金時代で、それ以降にすべてが悪くなっていった、という考えをくつがえしてみたらどうなるでしょうか？　ウィリスによる分析は、1960年代を行き詰まったプロジェクトとして考えるための材料を与えてくれます。性急さが問題だったのなら、我慢強さが必要です。いかにして我慢強さを育めばいいのでしょうか？　深層に巣食う、長く継続的な構造を克服するための我慢強さを、どのように育むことができるでしょうか？　別の生活の仕方を実験する道を、特定の集団以外の人にどのようにして広めることができるでしょうか？　若者や比較的裕福な人以外に、どうやってそれを広められるのでしょう？　ここでマルクーゼに戻ると「現在、1960年代にあったものよりももっと「リアルな」欠乏が存在しているのではないか？」という考えに至ります。「リアル」という単語が問題ですが……。

何が今限界となっているのでしょうか？　大きな問題です。人間の自由に限界を課している目下の窮乏は何なのでしょうか？　これが本日の講義で投げかけるもっとも大きな問いかけです。賭けてもいい。

学生9　棲家、食料、資源。あと、気候もそうなりつつあるのではないかと思いますが、どうでしょう?

MF　そうですね。それはマズローの「欲求段階説」と少し似ていますね。[25] けれども、感情的なレベルで必要とされるものも、同じくらい重要ではないでしょうか。物質的な要求が満たされても、お互いにケアすることがなければどうなるでしょうか。

学生8　ウィリスの本の161ページからの引用が大変興味深かったです。次のように言っています。

> 家庭というものは、あなたがそこに行かねばならないときにあなたを迎え入れねばならない。しかしそれと同時に、あなたにはふさわしくない何かであり、他の場所との違いはそこにある。わたしにはわたしを迎え入れてくれる友達がいるが、わたしはあるところで、自分が彼らにふさわしい人間でなければならないと考えている。[26]

つまり、家族は、共同体に対抗して個人主義を復活させる単位集団である、という考えです。一方で共同体は、人々がお互いに平等に頼り合い、ひとりひとりがその共同体に値する場所です。

MF　なるほど。とはいえ、この場合、「共同体」は正しい単語でしょうか？「共同体」という単語には多くの問題を感じてしまいます。その大きな理由として、この用語が右派によって悪用されてきたからです。同時に、この単語は「内」と「外」を含意しているからでもあります。共同体内部にいる人もいれば、その外にいる人もいる。わたしはかつて、「共同体なきケア」をスローガンにしていました。わたしたちが求めているのはこちらの方ではないでしょうか？共同体に属しているかいないかにかかわらず、人々をケアすることができるような場所を。

先週あった出来事についてはまだ話していなかったですね[27]。この出来事はまさしく、右派的反動の新しい形を伝えるものでした。わたしの言う共同体とは正反対です。ケアを限定された共同体だけのものに制限してしまうのです。文字通り壁を建ててしまった。とんでもないことです。

かつてのNHS［＝国民保健サービス］のようなものは、あらゆる人をケアするものでした。いいですか、「公共」概念と「共同体」概念は対立するということです。両者を別々のものとして考えることができますか？　多くの人が「コモンズ［＝共有資源］」を話題にしていますが、それらはみな、アウトノミアとアントニオ・ネグリに由来するものです。けれども、公共のものもまた、コモンズと共同体のどちらとも異なっていませんか？　公衆衛生、公共財、これらはコモンズとは違うものだと思います。なぜなら、コモンズはそれ自体準自然的な性質をもっていて、この性質はおそらく、コモンズが共有地に由来することに基づいています。他方で、公共のものは、管理され、創造され、育成されなければなりません。

ソビエト体制下で、共同生活、すなわち私的空間の外部での生活を目指しておこなわれ、同じように失敗した数々の試みがありました。これをコミューンと比較することができます。また、基礎的な建築物や住宅が、家族と個人の家庭リアリズムを強固にしたやり方、およびそうしたものによって、共同体での生活が人生の一定期間のものとして追いやられた、そうした道筋を考えてみることもできます。家族のなかで生活することも集合的に生きることである、でも、どこに違いが生じるのでしょうか？　家族での生活とは集合生活のきわめて制限された一形式です。資本主義にとっての家族の役割の一部は、わたしたちがもっている集団性への欲望を満たすことができる点にあるのではないでしょうか？　この欲望は集合的なグループによってのみ満たされるものです。こうした集団はしばしば狂信的であったり競争的であったりし、包摂によってのみならず、排除によっても特徴づけられます。

学生9　先生は、資本主義に対する革命は失敗した、と言いたいのでしょうか。マルクーゼが言っていますが、折々に余剰抑圧が増加し、その結果、反革命運動が起こった。そして新しい世代になると、わたしたちは革命の失敗という罪を引き継いでしまっているのだと。

MF　そうです！

学生9　彼らは父を食べようと試みたも同然なのですが、それはうまくいかなかった。そうなると父は子どもたちの考えを要するに金融商品化して、こう言うのです。「おまえたちも働きさえすれば、こうした商品をもてる。革命などしなくてもこうした商品をもてることは証明されている。相応の仕事をこなせば、仕事しないで暮らせる日や、あるいは余暇ももてるんだ」。こういったことすべてが、資本主義への従属であり、資本主義によって引き継がれていきますよね。

MF　そうですね、［資本主義に］包摂されます。

学生9　もし革命を始めようとするなら、それは報酬や救済を超えたところにあるだろう、とマルクーゼは言います。これを考えると、わたしたちは過去の過ちに対する罪悪感を感じます。つまり、わたしたちはいつも核家族に見張られているのです。将来なおも苦しむことになるであろう人々を置き去りにして、わたしたちは立ち去ろうとしています。なぜなら、一部の人しか受け入れようとしない革命が起こるのをわたしたちは目撃したのですから。現在進行形の罪が2つ存在していると思います。過去についての罪悪感だけではありません。もしわたしたちがこの革命を成功させたとしても、将来苦しむ人たちがわたしたちとともに歩むことはないだろう、そういう罪悪感もあります。革命がすべての人を受け入れることなど、けっして起こらないでしょう。これらの革命が部分的にでも成功するとしても、それは資本を通してのことである、わたしたちはそう教えられてきたのですから。

MF　よくわかりました。あなたの指摘は、リュック・ボルタンスキーとエヴ・シャペロが『資本主義の新たな精神』でおこなった議論と重なるものがあります。[28] 資本主義は以前の反抗を、とりわけ創造的で芸術的な反抗を取り込んで、反対に資本主義の新しい精神として売り出すのです。これはアップルのテレビＣＭに関連したことでもあります。[29]「企業勤めの灰色をした退屈な労働者はもういない、ハンモックでぶらぶらと時を過ごし、甘い菓子を食べ、オフィス内を三輪自転車でぐるぐる回る、そのようなものすべてが仕事です。労働それ自体がクリエイティヴになり得るのです」、等々。

　しかし、これはますます真実味を帯びているのではないでしょうか。つまりこれは、「自由になりえたかもしれない世界」という亡霊の話ではなかったかと。「自由になりえたかもしれない世界」という亡霊は、今でははるかに遠ざかっています。１９６０年代や１９７０年代よりも確かに遠ざかっているように思えます。１９７０年代がはじまって早々に衰退と反動の時代となったわけではありません。これについては第4週のテキストを見ればわかります。とりわけ１９７０年代初頭には、中身の詰まった積荷が爆発しました［＝革命的な強い動きもありました］。けれども、文化的にも政治的にも実存的にも、自由な世界という亡霊は、今や本当に相当に遠ざかったように思えます。そしてその理由のひとつに、不安定さとテクノロジーが混じり合ったことがあります。すなわち、人為的な欠乏状態が生み出されたのです。ほとんどすべての人が時間不足を強いられています。何をするにも時間がない、という感じです。テクノロジーは時間を解放しませんでした。とりわけコミュニケーションに関わるテクノロジーは、人為的な欠乏が生み出されるなかで、時間が足りないという感覚を募らせ、それを強化したのです。

マルクーゼの見通しに従えば、これが偶然ではないことがわかりますね。わたしたちが単に失敗しているだけではないのです。わたしたちはより少ない労働で済む人生を送れたはずなのに、物事はそんなふうには進まなかったのです。これは資本と人間意識のレベルにおいて相当に計画された戦略です。この戦略が、労働を少なくして自らの固有の必要を満たすという可能性を禁じ、妨害し続けています。これは物質的な問題ではありません。政治的な問題です。物質的な問題も相当にシビアではありますが。

はい、これで今日のトピックについてはかなり解説しました。

次回のためにルカーチを担当してくれる人はいませんか？（反応なし）

ルカーチは簡単だとは言えませんが、彼の概念をいくつか引っ張ってきてもらえれば。

どなたかに担当をお願いしたいのですが。

（学生からの反応があるが聞き取れない）

ああ、ありがとうございます。

学生10　いや、ごめんなさい、自分は出席できない、と言ったのです。

MF　……。（笑い声）わざと聞き間違えましたよ。

学生11　わたしがやります。

MF　やってくれるんですね。ありがとうございます。

ルカーチは強烈にイライラさせてくれます。そこから何が見出せるか、考えてみてください。ナンシー・ハートソックもあります。これはルカーチに比べて簡単です。誰かこの「フェミニスト・スタンドポイント」の理論を担当してくれませんか？

（全体がざわざわする。2人の学生が担当を申し出て、どちらがテキストを担当するかを決める。）

ありがとうございます。というわけで、来週の論点は、「意識」について、およびルカーチが「階級意識」と呼び、わたしが「集団意識」と呼ぶものの形成について、です。

みなさん、ありがとうございました。

第3講
階級意識から集団意識へ

2016年11月21日

（学生の発表。ルカーチのテキストの議論を要約しようとよく配慮しているが、ねじれた議論が多いため、理論的な考察を簡潔に示すのに苦戦している）

MF　気にしない、気にしない。難しいですよね。本当に難しい。ごく単純なレベルから始めましょう。このテキストでルカーチが論じようとしている基本的なポイントは何でしょうか？何についてのテキストですか？

学生1　資本主義システムの量的な増加が、プロレタリアートにとっての質的な変化に変換される必要がある、というものです。階級意識の形成に向かうだけではなく、社会的可能性、自由、そして社会変革の可能性へと向かう運動が必要だということです。

MF　そうですね。基本をおさえましょう。今回のテキストを読む前からルカーチに詳しかった人はいますか？（沈黙）わかりました。ハイデガーに詳しい人は？（ぼそぼそいう声）わかりました。少しはいますね。マルクスに詳しい人は？（さっきよりわずかに大きい声）いいでしょう、これが出発点ですね。

さて、このテキストはヘーゲル式に調理されています。ですから読んでいてイライラするのです。ヘーゲルとハイデガーの営みは、こうした調理をすることにありました。彼らとしては、そうすることが商品の質の高さを示すサインのようなものなのでしょうけれど、読むのが激しく困難ですね。ルカーチのテキストはヘーゲルからの影響が非常に強く、それにより文体は難解になっています。とはいえ読む価値はあります。いったんこのテキストを理解してしまえば、ものすごく有益ですよ。

これはまたラリったテキストでもあります。思慮深いヘーゲルの体系を経由することでなんとかそのことを隠そうとしていますが、彼が語っていることはとんでもなくラリっています。「意識」が話題になっていることもひとつの理由なのですが。

メールにも書きましたが、わたしが思うに、ハートソックのテキストを一度読むと、このテキストの価値が理解しやすいと思います。何が重要なのか理解しやすくなります。というのも、彼女もこのテキストから強く影響を受けていて、彼女が著作『あるフェミニズム的立場（*A*

Feminist Standpoint）』でおこなったのは、この翻訳なのです。いや、翻訳以上のことをやっていますが、少なくともある単純なレベルでは、彼女は階級に関するルカーチの議論をジェンダーについてのものへと翻訳していました。議論を展開するなかで彼女はさまざまな立場《スタンドポイント》について考えを展開しました。この考えは、彼女たちが「スタンドポイント認識論（standpoint epistemology）」と呼ぶものに帰着します。このアイデアはスリリングなものだと思います。マジでスリリングです。初めてこの理論を聞いたとき、心が震えました。

　面白いことに、長いあいだそばにあったんですよ。出版されたのは30年以上前ですし、この理論が展開されてから数えるとほぼ40年です。でもほとんど知られていませんでした。スタンドポイント認識論は、多くの点で知られていなかったのです。デヴィッド・グレーバーの新刊、官僚制に関する本当に素晴らしい本なのですが、その最終部で彼はこう言っています。「なんということだ、この本でわたしが論じてきたことの多くは、スタンドポイント認識論で要約できてしまうことがわかった。気づかなかった」と。面白いでしょう。なぜこうなるのかと言えば……

（ひとりの学生がさえぎってグレーバーの本の名前を質問する）

デヴィッド・グレーバーの本ですか？『官僚制のユートピア』です。[1] はい、彼は最後の部分でスタンドポイント認識論について述べています。

わたしが思うに、これは本当に爆発力のある理論で、相当重要です。この理論によって、「ポストモダンの思考」と呼ばれるもののなかでいまなお働いている、数々の二元論から脱却できるのです。その二元論とは、「あなたがなんらかの素朴な仕方で定義される［＝素朴実在論的な］客観的真理を有している」、あるいは「あなたは相対主義者である」、そのどちらかだ、というものです。ここにはいかなる真実もありません。真実などまったく存在しません。つまり、前者はまじめくさった顔をしたアングロサクソンの経験主義者で、「事物とはあるがままのものであり、ローストビーフとか、そんなようなものだ」、などと言うか、[2] あるいは、もうひとつのステレオタイプとして、後者はなんでも複雑にせずにはいられない大陸哲学者で、「しっかりしたものや安定したものなど何もなく、何に対しても決定的な意味を与えられない」、などと言う。そのどちらかになりがちです。スタンドポイント認識論は、この2つの立場のどちらとも断絶します。異なる視点は数多くあるが、他と比べてよりよい視点は存在する、と言うのです。

スタンドポイントは「視点（point of view）」とは異なる、それを前提にしておくべきでしょう。また、これは、意識に関する複雑な問題と直接関係しています。なんらかの仕方でマルクスに親しんでいる人もいると思います。マルクスが強調したことのひとつに、物質的なものの優位がありました。ナンシー・ハートソックが語っていた事柄でもあります。物質が観念に優越します。別の言い方をすれば、精神的な概念に対する、実践の優位です。この優位性が単なる優位性以上のものとみなされるときもありますが、正確には「原因」だとみなされます。物質的なものが、精神の諸概念の原因となるのです。この考えはさまざまなレベルにわたる複雑なもので、マルクス主義の歴史のなかでも複雑かつ論争を呼ぶものです。何が言いたいかというと、精神における諸概念の関係を、いやより広く言えば、文化と物質性との関係を、どのように考えればよいのでしょうか？　物質とは単なる物理学的な事物を指すのみならず、実践をも意味しています。

いったん止まりましょう。わたしはあまりにも多くのことを括弧に入れすぎて、自分を見失っていました。

仕切り直します。実践と物質の優位を強調すると、意識は観念の側に存在すると思えるかもしれません。確かに意識とは精神的な概念に違いないし、観念に違いありません。マルクスの考えでは、唯物論的革命はものを頭に叩きつけるべきものであり、物質と実践を第一において、観念は第二のものとします。けれども、この意味での「意識」とはどういう意味なのでしょうか？「階級意識」という語の意味するものは何でしょうか？　これは一般的な意味での現象学的な意識と同じものではありません。

スタンドポイントという論点にはこういったことのすべてが埋め込まれている。それを今思い出しています！　スタンドポイントは視点ではありません。

わたしたちはみな、複数の視点をもてます。そして実際に、みながもっています。複数の視点がすでに存在しています。けれどもスタンドポイントは実践によって構築される必要があります。そして、このことを一番簡単に知るやり方が、「意識を立ち上げること」なのです。これは、ある意味で、ナンシー・ハートソックが彼女のスタンドポイント認識論によって体系化しようと試みていたことでした。意識を立ち上げさせる実践です。

意識の立ち上げについて説明できる人はいませんか？　どういう働きでしょうか？

（沈黙）

いませんか……（笑い声）。これはパワフルで分子的なプロセスだと思います。いかなる集団意識も、発展することが絶対に必要なのです。集団意識はフェミニストたちによって練り上げられました。正直なところ、いつ始まったのかは知らないのですが、とはいえ、１９７０年代には戦略として広く流布したことは確実です。そしてこの運動が力をもったのは、一部にはそのシンプルさによるところが大きいです。必要なのは、集団のメンバーと一緒にいること、それだけです。集まった人々がオープンかつ率直に話し合ったとき、自分たちには共通の問題と共通の利害があると気づき、問題の原因が自分たち自身ではなくほかの何かだということがわかるだろう、というものです。「原因はわたしじゃない、家父長制だ」というシンプルさが功を奏したのではないでしょうか。「わたしはちゃんと家を掃除しない。でも、いつもそれに罪悪感を感じている」。こういったときの問題は、あなたがきちんと掃除をしなかったことではありません。こういった家事のまわりに、一連の期待が絡んでいることが問題なのです。それはジェンダー的労働といったもので、つまりは市民権を剥奪された労働です。

これこそが、ルカーチが「直接性の問題」と呼んだものです。直接性の問題とは、「物象化」の問題です。物象化はルカーチの重要な概念のひとつです。物象化という言葉の意味は？誰か説明したい人はいませんか？

（遅刻者が何人か入ってきて授業は中断される。マークは教室を見つけるのが難しかったと話す。前回の講義で人数が溢れたため、新しくより広い部屋で講義できるようになったと述べ、この部屋がどれほど素晴らしいかとコメントする）

さて、どこまで話しましたっけ？

学生1　物それ自体について話そうとしていたのでは？

MF　ああ、そう。そうです、物象化の話です。物象化、これはどういう意味でしょう？

学生2　「モノ化」、でしょうか？

MF　そうです！　かなりそのままですが、モノになること（thingification）です。

この講義を通じて——すなわちルカーチの著作、とりわけこのテキストを通じて——後ほど注目することになるテーマのひとつは、哲学において広く知られたものです。それは「存在［＝あること］（being）」vs.「生成［＝なること］（becoming）」というテーマです。イデオロギーが物象化する、という考え方ですね。イデオロギーは、つねに生成のプロセスにあるもの、すなわちオープンエンドなもので、それゆえ変化の可能性に満ちたものを、固定された永遠な性質をもった何かに変えるのです。これが物象化です。そうしてもちろん、これが物象化の主要な働きです。まさしく、これこそがイデオロギーの目的なのです。イデオロギーの目的は、ある何かが別の何かになる可能性を閉ざすことです。実のところ、これがイデオロギーのすべてです。しかし、第二段階では、イデオロギーは自らを消去します。イデオロギーがやってきて、「わたしがイデオロギーです」なんて言うことはありません。「わたしは自然であり、これが物事のあるがままなのです」イデオロギーはそう言います。イデオロギーが話すことはまずないですし、この譬え話のなかでさえ、本当はイデオロギーが何かを語る必要はありません。イデオロギーに応答し、考えを巡らせなければならないのは「わたしたち」です。「それがもののあり方だ。ものは異なるものになり得ないのだ」「というイデオロギーに応えなければならないのです」。

これで、重要なことが押さえられました。物象化についての基本的形式が理解できたのではないかと思います。一方には、イデオロギーによる固定された生産、すなわち自然化があり、他方には意識があります。けれども意識は実践を通じてしか発展しないので、意識を立ち上げるためには実践に回帰することが必要です。意識を立ち上げることと、単に何かを知ることとの違いはなんでしょうか？

学生3　（聞き取れないコメント）

MF　そうですね、けれども、逆説的ですが、客観的なレベルとは関係のレベルであり、モノのレベルではありません。これはルカーチがつねに言っていることです。

今日のわたしたちにとって奇妙に思えるのは、ルカーチが、そしてハートソックもそうなのですが、「科学」や「知識」といった語を用いる際に確信をもっていることです。そこには確信があります。この態度は純粋な相対主義ではありません。さっき言いましたが、これは相対主義でもなければ、すでにそこら辺に横たわってわたしたちを待ち受けている「客観的真理」

という古い見方でもありません。
ルカーチのもうひとつの鍵概念は「全体性」です！　われらが友、全体性。「全体性」という語は、まさしくシステム全体を意味しています。システム全体を理解することなしにシステムの一部分を理解することはできませんし、システム全体はひとつのモノではありません。一揃いの関係性のことです。そこで問題となるのは「直接性」です。直接性は本来イデオロギー的なものですが、イデオロギーとして考えるとあいまいです。なぜなら、全体性は直接的に与えられないのですから！

　こんな風に考えてみましょう。人々が物事と格闘しているときに抱いている困難さとはどのようなものか。家父長制がここにやってきて、「わたしが家父長制だ」と名のることはありません。イデオロギーもそうです。それは、サッチャーが「社会のようなものは存在しない」と言ったのと少し似ています。[3]これは同じ類の主張です。なぜなら、そう、あなた方もわかるでしょう？　この社会は直接的に与えられているものではありません。ですから、ルカーチがブルジョワジーについて語り、直接性に陥った思考について語っているとき、まさしくそのことが示されているのです！　英国人的な考え方で、かなり極端なレベルで物事を捉えています。モノは「それがそうであるところのもの」というだけで、それ以上のものではないし、ひょっとしたら、それ以下のものでしかない。資本主義それ自体は経験として与えられません！　あなたたちは資本主義を意識のなかで構成しなければならない。それは所与のものではないのですから。あなたの仕事はあなたに与えられています。あなたのすることはあなたに与えられています。あなたにまつわるささやかなこともあなたに与えられています。しかし、全体性はあなたの経験に与えられません。けっしてそうではない。けっして！　あなたの経験はあなたの経験でしかない。さらに言えば、それでさえないのかもしれない。経験はあなたに属さない。なぜなら、あなたもあなたの経験もともに、すでにイデオロギー的にパッケージされています。つまり、経験とは、きわめて速効性の幻覚を伴うトリップだということです。これがルカーチの言っていることです。そしてこれが、スタンドポイントが視点ではないという理由でもあります。スタンドポイントは意識によって構成され、直接性として与えられるものではありません。

　話はさらにサイケデリックになってきます。

　客観的真理という古い考えがなぜ問題なのか。あなたたちも指摘するでしょうが、意識は真理に対していっさい影響を与えない、という考えがあったからです。この考えは、ブラックホールとかそれに似たものには当てはまるかもしれませんが、社会的関係にはまったく当てはまりません。わたしは社会的関係のなかにいるのですから！　わたしは、すでにこうした社会的関係のなかにいる。わたしも。いや、わたしだけということはありえませんね。ですから、集団意識が動き出すとき、階級意識が動き出すとき、なんらかの従属していた集団意識が動き出すとき、これらの動きが物事を直接的に変えます。それも即座に。なぜなら、経験から引き上げられることで、あなたはイデオロギーから切断されるからなのです。「あなたたち」——これは二人称複数形であることに注意してください——あなたたちはそのとき、行為主体《エージェンシー》にない、れるのです！　これは以前にはなし得なかったことです。

　あなたたちがあることを為す前に何かが起こった。それは新しい意識の発生です。一連の社会的関係について考えるとき、あなたたちの意識が大きく変化したという純然たる事実によって、社会的関係のなかで何かが変わっているのです。これが最初の出来事です。それはすでに物事を変えています。そして、次の段階として、ある集団がひとたび自分たちの共通の利益を認識すれば、共に行動できるようになります。問題は自分たち労働者にではなく資本にあるのだと労働者が気づけば、彼らは互いに争うことをやめ、資本という共通の敵があることに気づきます。そのとき、彼らは行為主体としての力をもつに至ります。同じように、女性たちが、問題は個人にあるのではなく家父長制にあるのだと気づいたとき、彼女たちの意識はただちに変化します。より良きものを感じとる！　これが第一です。あなたたちは、自分自身の人生に責任を取らねばならないという罪悪感や惨めさから解放されたと感じることでしょう。人生の責任を取らなきゃいけないなんておかしいんです。あらゆるネオリベ的なプロパガンダがあなたにそうささやくとしても。あなたじゃない！　この考えは「社会といったものは存在しない。諸個人とその家族だけが存在している」というサッチャーの言葉をそのままひっくり返したものです。真逆です！　個人といったものは存在しません。個人とは直接的な所与なのです。そして、これが直接性の問題の一部なのです。

学生4　質問です。

MF　はい、どうぞ。

学生4　非常に面白いと思うのですが、今、理解が追いついていません。

MF　そうですよね、もちろん難しいです。

学生4　全体性とスタンドポイントについて説明されましたが、スタンドポイントおよびそれに並行して起こる意識の獲得は、ある意味で、こうした集団の場所の内部で見出されるし、さらにその集団も、資本主義という包括的な全体性のなかに見出される、そういうことをおっしゃりたかったのでしょうか？　今それを空間的な概念で考えてみているのですが。

MF　そうです！　はい。

学生4　なるほど。わたしはフレドリック・ジェイムソンと認知地図（cognitive mapping）のことを考えています。[4]

MF　そう、そうです！　ジェイムソンはルカーチについて詳細に論じていますし、認知地図はそうした内容を直接応用したものです。まさしくそうです。
けれども当然、２つのことが同時に起こります。人々が自分の位置を認識するやいなや、その人々は自らの位置を変えます。なぜなら彼らは最初の位置を非物象化したのです。

学生４　わかりました。次が自分の２つ目の質問になります。そうなると、ルカーチが言っていることとは、人が自分の位置を見つけるとき――ルカーチによれば、ある場所に存在することとは凍てついた状態となることとなのですから――それはつねにすでに新しい物象化になるということではないのでしょうか。そうなると、ルカーチにとっては、地図という比喩それ自体が問題となるのではないか。なぜなら、それがつねに再物象化のプロセスを示唆することになってしまうのだから、そう思ったのです。

ＭＦ　オーケー。よい指摘です。でも、地図を作成することと一枚の地図との違いはなんでしょう？　地図作成は必ずしも一枚の地図を前提としているわけではありません。サルトルの表現のようですね。これはサルトルが『弁証法的理性批判』内で述べていたことに似ています。正直言うと、わたしは読んでいない、いや、ほとんど読んでいないのですが。みなさん読みましたか？　すごく分厚い本でして。サルトルはスピード［＝覚醒剤］をキメながらこの本を書いたのです。いやいや。人がスピードをキメながら書くとき、何が起こっているかご存じですよね！（笑い声）キメてる本人は「なんて素晴らしいんだ！」と思っています。（さらに大きい笑い声）他の人たちはどう思ってるんでしょうね……（マークの声は小さくなり、また笑い声）。いや、話のポイントはそこじゃなくて……、サルトルが引き受けた実際の問題のひとつは、「集団が生成変化しているときに何が起こっているか？」というものです。この問いはドゥルーズ&ガタリにも大きな影響を与えましたが、集団は、生成の途上で、古い秩序とともにありながら、それをひっくり返します。そしてそこで止まります！　そのときそれは物象化し、モノとなります。

ルカーチがこうしたことに悩んだかどうか、わかりません。わたしは彼の著作すべてを専門的に検討したとは言えません。おそらく悩んだと思うのですが……。

ともあれ、スタンドポイントはモノではありません。いわば、意識の形式です。

あなたは自分のことをプロレタリアートだと思っている。あるいは、ハートソックの著作だと、自分のことをひとりの女性だと思っている。同じような仕方であなたは自分のことを個人であるとは思えていない。とはいえ、自分を個人だと思うのはキツいものがあります。個人はモノではない、というのがその理由でもあります。あなたは個人を物象化できない、なぜなら個人であることとは実践なのですから。自分を個人として物象化するのは厳しい作業で、多大な粘り強さが必要です。こういう点で、意識を立ち上げることは、必ずしも何かを知ることと同じではないのです。わたしは自分が労働者であることを知っているかもしれないし、自分が家父長制に抑圧されている女性であるとわかっているかもしれません。けれどもその知識に基づいて、もしくはその知識の見地からつねに行動できるかどうかは別問題です。なぜなら、直接性に由来するあらゆるプレッシャーが他の方向に働き続けているからです。「あなたは個人だ。でもそうしたものは実際には存在していないのでしょう？　抽象的なもの？　家父長制？　資本主義？　あっちを見てみなさい。テーブルがあります。見れば分かりますね。それが現実です。他の人たちがいますね。見えますね。それが現実です。さっき言っていた別のものは現実に存在していますか、していませんよね？」そう言われてしまいます。あなたはこうした小言を聞いてきました。これは通常の現象学的な意識の背景にあるノイズです。大抵の社会に存在しているでしょうし、資本主義社会には確実に存在しています。

ですので、根強く存在し続けることのできる異なる種類の意識を創造するというタスクは、あなたたちがつねにそうした今とは異なる用語で考えるなら、少なくとも最初の段階では「困難が伴います」。ざっくりまとめると、ルカーチは階級排斥論者だということです。ハートソックが同じように考えているのかはわかりません。彼女がジェンダー排斥論者かどうかはわかりません。そして、このことはルカーチが指摘している事項のなかでパラドキシカルなもののひとつです。第一に、階級は資本主義社会における直接の所与ではありません。そこから一歩展開すると、階級のようなものは存在しないことになります。階級は確かに存在しない。存在するのは個々人のみであり、他の人よりもたくさんのお金を稼ぐ人がいる。これが資本主義システムと封建主義の異なる点です。封建主義の時代には、ある人がその位置にいるのは、それに値するふさわしい人であるからとか、身を粉にして働いた結果としてその位置にいるとか、そんなことは誰も問題にしませんでした。論じることもできなかったのです。誰もそんなことを考えませんでした。きつい労働は平民《プレブス》のやるべきものだったのです！　社会階級における地位は象徴的に固定されていました。言い方を換えれば、ラカンだったら「大文字の他者」と呼ぶであろう者の視座のなかで、社会的ヒエラルキーの実在と、そこでの地位の実在が認められていたのです。封建社会とはそういうものでした。資本主義は、ヒエラルキーは存在していないと言います。存在するのはお互いに争いあう諸個人だけだ。ある者は他の者よりうまくやったのだ、と。そのとき、そこに含まれているもうひとつの、まったく別の側面が聞こえてくるでしょう。ある者は他の者よりうまくいった、なぜなら他の者よりも懸命に働いたからだ、と。もしあなたが成功を望むならば、あなたも懸命に働くべきだ、と。

この考えのなかで存在を認められていないものがあります。それは根本にある「分裂」です。集団間には根本的な分裂が存在しているし、古典的なマルクス理論においては、階級間の区別があります。この区別はどうなりますか？　2つの大きな階級をどのように定義するのでしょう？　何がブルジョワジーを定義するポイントなのでしょうか？

学生5　生産手段を所有しているかどうか、ということですか？

ＭＦ　そうです。その定義が、なぜ生産が今日の世界で問題になっているのかを説明するものです。現代の生産とはどういうものでしょう？　現代の所有権は？　マルクスが考えていたときは、それはもっとはっきりしたものではなかったでしょうか？　たとえば、あなたが工場を所有したとします。何をしようとしますか？　あなたは工場に幾ばくかの資金を注ぎ込みましたが、その資金の一部は工場の機械といったハードウェアに充てられます。また一部は労働者に支払われます。この出費はどちらも本質的には同じものですよね？　労働者に支払うことと機械の代金を支払うことに違いはありません。では、このときあなたは何をしようとしているのか？　そう、自分が注ぎ込んだ以上のお金を儲けようとしているのです。そうでないなら、それは資本ではない。出ていってしまった以上のお金が入ってこなければならない。

　ちょっと微妙に脱線しましたが、マルクスは、ブルジョワジーは自分たちがこのプロセスの代弁者だと思っているとも言います。ブルジョワジーは物事を起こす存在です。ですが、資本の方がブルジョワジーよりもリアルである、という反論もあるかもしれません。「現代社会においては、あなたが存在することよりも、資本の方がリアルだ」、そうわたしも言っていましたね。しかし直接性という点では、事態は真逆のようです。あなたたちの方が資本よりもリアルです。あなたたち以上に堅固なものが存在しうるのでしょうか？　直接性はいつもこのように働くことでしょう。なぜなら、まさしくこれこそが直接性なのですから！

ブルジョワジーにとっても同じことが言えます。直接性の問題を、なぜブルジョワジーは理解していないのでしょうか！　ブルジョワジーは資本のプロセスの操り人形だと言えるかもしれません。彼らからすれば、多くの資金を注入すればするほど、多くの金を獲得できます。資本からすると、彼らは資本が増殖するための手段に過ぎません。そしてこのプロセスは、原理的には無際限です。そうでなければならない。つねにさらなるものを必要とします。これは資本主義に内在する性質です。なぜなら資本は金ではないからです。資本はあなたのポケットにある現金とは異なります。資本とは、さらなる金をつくり出すことに向けられた金なのです。あなたのポケットのなかの現金はそうではありません。それを賭け事やらのために使うこともできるかもしれませんが、そうは言ってもあなたは使う予定があるからポケットに現金を入れています。資本主義者が金を使うやり方は、あなたやわたしがコーヒーを買うときとは異なります。投機や投資という次元がそこにあるからです。あなたはさらなる金をつくり出すためにそのお金を使います。このプロセスには終わりがありません。終わりなど存在しないのです。

ですから、資本という観点からすると、ブルジョワジーという人間は、資本が生産されるための単なるひとつの手段にすぎません。資本とは確かにイデオロギー上の構築物ですが、あなたたちほどイデオロギー的なものではありません。そう考えると、ヘーゲル的な「大きな物語」とは、人間のポテンシャルからなるものであり、人間から分離した生産物からなるものです。人間の活動による生産物が、それをつくり出した人間から分離して、半ば自律的な力を伴って戻ってくる。複雑に思えるかもしれませんが、かなりシンプルではないでしょうか？ もしそうでないなら、経済とはどういったものなのでしょう？ 経済が、まさしくあらゆるものの最大の物象化であり、しかしそれにもかかわらず、それ自体は、ある現実的なレベルにあるひとつの現実のものであるとしましょう。そのとき重要なのは、物象化が現実的な効果を生み出す、という点です。誰も、とりわけ資本主義者たちでさえも、２００８年の経済危機を意志力でもって消すことなどできないのですが、その光景から人間を不在にすれば、財政危機は存在しなくなります。その意味で、経済とは、完全に人間の意識の出来事です。にもかかわらず人間はそれに影響をおよぼす力をもっていません。天気のようなもの。経済とは天気のようなものなのです。天気を予測する専門家になることはできるし、それで利益を得ることも可能ですが、しかしその人たちでさえ天気を変えることはできません。根本的なレベルにおいて、天気を変えることなどできないのです。これが指摘されていることのひとつです。根本にある問題です。

　そうだとすると、資本主義とは何でしょうか？「疎外」という語を用いるとすれば、資本主義とは、人間の能力の疎外を、絶対的極限まで至らしめるシステムということになります。それは怪物的で驚嘆すべき生産システムですが、また同時に、人口の大部分を搾取し抑圧するようなシステムであり、そして現にそうしているシステムでもあります。そうでない少数の人でさえ、それを変えるための力は制限されています。

　さて、今の話は、一部には、意識の発展に関するものです。ブルジョワジーは意識をもつことができません。彼らは物事が本当のところどうなっているかを理解できません。この本で言われていることで、わたしが重要だと思うことの一端です。プロレタリアートも、プロレタリアートであるということだけでは、物事の真の性質を理解することはできません。ルカーチの語ではありませんが、「意識の立ち上げ」と呼べるものによってのみ、意識の立ち上げのプロセスと、その実践を通じてのみ、プロレタリアートは現実の認識に至ることができるのです。この実践を、経験的で社会学的な事柄として片づけることはできません。これは能力に関わることであり、ポテンシャルに関わることです。プロレタリアートは全体性を把握するポテンシャルをもっています。ブルジョワジーにはこのポテンシャルが欠けています。なぜならイデオロギーに侵食され過ぎているからです。なぜそうなるのでしょう？　理由のひとつは、ブルジョワジーの経験には断絶がないからです。どういう意味か？　つまりですよ、ブルジョワジーはイデオロギーを生み出しますよね。ブルジョワジーがイデオロギーを生み出すので、イデオロギーはブルジョワジーの内部で生きるのです。

もしあなたが従属している下位集団内にいるなら、支配的な集団による物事の語り口がわかるでしょうし、自分の人生のリアリティを知り、彼らとはわかり合えないと思うでしょう。通常の場合、意識が立ち上がる前だと、自分の経験がイデオロギーに合わないのは、自分の過失だと思い込んでしまう人が大半でしょう。あなたは自分の経験を間違いとみなしてしまうはずです。あなたはそれについて正しい仕方で考えていた、とは思わないはずです。意識が立ち上がった後では、わかるはずです。経験とイデオロギーがマッチするはずなどけっしてない、ということが。世界には根本的に異なる２つの存在の仕方があります。支配的な集団のあり方と、従属的な集団のあり方です。けれども、支配者集団はまさしく支配をするわけですから、そのことが理解できません。なぜなら支配者集団は自分たち固有の支配の構造のなかに生きているからです。一方、従属者の集団は従属しているのですから、この分裂を理解するポテンシャルがあります。

学生6　もし支配者集団が資本主義社会のなかで身動きが取れずにいるのなら、資本主義社会は究極的には誰の利益のためにあるのでしょうか？

MF　誰だと思いますか？

学生6　資本主義です。

MF　はい、まさしく！

学生6　それがある種ポイントだということはわかるのですが。

MF　いや、それこそがポイントですよ！　ルカーチが資本主義をそんなふうに捉えていたかはわかりませんが、わたしは確かにそう考えます。たいていのマルクス主義者はそう考えていると思います。「資本とは操縦者《ドライバー》である」と、わたしが言ったのは、そういう意味です。資本とは目的なき目的性です。終わりなきドライブなのです。資本にとって最終的な目的は存在しません。それ自体に終点は本来存在しません。これは、ある意味で、わたしたちの今回の講義の中心的なテーマに非常に近いものです。なぜなら、欲望それ自体の構造とともに、終わりなき資本主義は退屈なもの［＝フラットなもの］になると言えるからです。

学生6　わたしたちは資本主義にはまり込み過ぎていて、そこから出る術がないから、ということでしょうか？　わたしたちの社会のもっとも支配的な人々さえ、そのことを理解できていないから、という。

MF　経験から得た力と知識を区別する必要があります。支配者集団が経験から得た力、まさにそれこそが、その集団に知識を発展させる能力が欠けていることを示しています。従属している集団は、その従属によって、知識を発展させる力を手に入れます。そして知識は行動主体のための基盤になり得ます。行動主体は物事を現実的に変えることができる。ですから従属している者たちだけが物事を現実に変えるポテンシャルをもっていることになります。支配している者は自分たちのイデオロギーによって支配されています。彼らは目覚めることのできない夢のなかにいるのです。

ナンシー・ハートソックの論文中で、トイレ掃除を使ったよい例があります。[5] 話には、X、Y、Zといった事柄についてもったいぶった考えを抱きながら歩いている男たちが出てきます。ですが彼らはトイレをきれいにするという現実の出来事、およびトイレをきれいにすることの意味については完全に無知です。これはあらゆる物質性に没入することについての一種の比喩であり、人間の社会的再生産といった社会性の基盤として作動しているあらゆるものを表す一種の比喩なのです。

モノの物質性のもっとも低いレベルへとアクセスすることが、さらなる全体性の知識をもつための、つまり全体性へと回帰するためのポテンシャルを与えるとも言えるかもしれません。なぜなら、あなたは全体性のなかにいるのですから。支配者集団はかたわらに浮かんでいるだけで、あなたのことに本当には気づいていないことでしょう。彼らが全体性を理解できないひとつの理由です。

学生7　(よく聞こえないが、社会的な流動性が全体性についての見通しにどのようなインパクトを与えるか、といった質問のようだ)

MF　ある階級から別の階級へと移動できない、ということではないと思います。重要なのは、

「ある階級にいる」とはどういうことか、という点です。階級をひとつ、あるいは2つ移動することは、考える以上に相当ハードです。なぜ「2つの階級」と言ったのか、自分でもよくわかりませんが（笑）。けれども、それは非常に重要な質問で、多くの事柄に関係しています。

学生8 （これもよく聞こえないが、階級意識はどのように働くか、また、階級意識が完全に根絶されるか、あるいはその代わりに、普遍的に共有されるものになったときに、労働者階級が消滅することもありえるか、といった質問のようだ）

MF なるほど。どちらも重要な問いですね。おふたりの問いは関係していると思います。階級間移動に関する最初の質問には、後で答えようと思います。（全体が騒がしい）そうですね、2つは関係している、と思います。

階級間移動は、なぜそれほど簡単でないのでしょうか。その理由は、第一に、カントの用語を用いるならば、「超越論」的な仮説というものの存在です。別の言い方をすると、あなたが当然だと思い、それについて実際に何も考えていないようなものの存在です。もしあなたが上流階級にいるなら、階級間移動は困難だと想定するでしょう。その考えを教え込まれて、そんな風に教育を受けてきたのですから。学校でそう教えられてきたのです。あなたの家庭環境は、こう言います。「あなたはそういった類の人間なのだ」、と。その考えを消し去ることはできますか？ 今まで消し去ることができましたか？ 非常に権力のある人が監獄に送られたと考えてみます。空想ですが、こうした空想をしたことがある人はいませんかね。わたしは空想してしまいます。それで、その権力者たちが監獄に送られたとしても、彼らは平気でいると思います。選ばれた人間であるという感覚が消えないのだから。何が起ころうとも、この感覚は、存在し続けることでしょう。わたしの言っていることが、わかりますか？

今、ルカーチの議論の範囲を超えてしまったかもしれません。

別のやり方で考えてみましょう。イギリスのもっとも偉大な小説がこの問題を扱っています。チャールズ・ディケンズによる『大いなる遺産』です。これは階級について扱ったもっとも偉大な小説のひとつだと思います。

『大いなる遺産』ですが、みなさん話はご存じでしょう、いや、ひょっとしたら知りたくないかもしれませんが。ああ、でもわたしはネタばらしをしてみなさんから楽しみを奪いたくないなあ（笑）。話はこうです。平凡な鍛冶屋に育てられた少年ピップが、ある日、非常に裕福な女性の家に連れてこられ、辛い思いをします。彼はこの女性の養女である若いエステラの品定めの眼差しにさらされます。すぐに、ピップは自分で自分が恥ずかしくなります。それは耐え難い経験でした。彼は自分が普通のブーツをもっていないことに気づきました。彼は普通のブーツを知りませんでした。さらに、エステラはピップに「どうしてジャックのことをネイヴと言うの？　どうしてそういう話し方をするの？[6]」と言いました。これを聞いて、彼は恥じ入るのです！　これが、自己意識、極端で尖った自己意識と階級意識との違いです。彼はこの時点まで階級意識をもっていませんでした、なぜなら階級意識とは、ある階級の一員であるという意識であるのみならず、自分自身をどのようにみなすのかを決定する、一連の構造としての階級システムについての意識だからです。まさしく、これこそが覆い隠されているものなのです。

　自分の階級的地位に気づいたピップは、その瞬間、階級を彼の上にそびえ立つ塔のようなものとして考えなくなります。非常に長い物語を省略して話すと、この後で、彼はお金を手に入れます。どのようにして金を手に入れるかを話して台無しにしたくはないのですが……、彼はお金を手に入れ、そして……、ああ！　もうこれ以上話せない（マークは手で顔を覆う）。全英文学のなかで、もっとも恐ろしい場面が訪れます。彼は金を手に入れ、そうなると当然、すっかり自分は支配階級に属すると考えます。あるいはそう考えようとします。ですが、ぶざまなことになります。彼は実際には支配階級に馴染めません（マークはため息をつく）。なぜならピップは自分には背景がないことを知っているからです。「古い金は新しい金よりよい」、これはロキシー・ミュージックの歌でした（笑）。ブライアン・フェリーの名誉のために言うならば、フェリーはこの歌詞に恥じない生き方をしました。[7] それはともかく……。

学生9　今の話はピップが自分の社会的状況に対して自ら知識を得た、あるいはそれに似たようなことが起きたのではないか、とも思うのですが。

MF　そうですね。けれども、自己についての彼の知識は正確に物象化されています。それは一種、知識が物象化を遂げた形です。恥、強い羞恥と関係しているのは、イデオロギーです。ピップは孤児だったので、ジョーという鍛冶屋に面倒を見てもらっていたのですが、ジョーがピップに会いにロンドンまでやって来たとき（ピップは歳をとって裕福になっています）、ピップはジョーを恥ずかしく思うのです！　ピップはジョーのことを恥じて、恥ずかしいとジョーに伝えます。そのときのピップにとって耐え難いことだったのです。

　ある階級から別の階級に移ったとき、すべての人が必ずしもこうしたトラウマに耐えなければならないわけではないでしょう。けれどもこの経験は、富を得るとか生産手段を得ることほど単純ではありません。階級間移動は、それについてのマルクスの定義が、その厳密な意味での定義が、問題となるもののひとつです。なぜ問題か。もしそれが生産方法の所有のみに関することなら、わたしは明日にでも生産手段を獲得できるかもしれません。理論上、これはあらゆる人に起こりうることです。たとえば宝くじに当たったときなどがそうですね。ですから、わたしたちが考慮すべきは、生産手段を所有する（あるいは所有できない）場合に、人々を然るべき地位に落ち着かせるものは何なのか、ということです。「一般の人々はけっして何も所有することはない」、そう考える人がいます。他方でその逆を考える人もいます。「そうです、わたしは所有者です。もちろん、わたしは労働するつもりがありません。あんなふうな労働者にはならないでしょう」。ある集団から別の集団へと移ることはそれほど簡単ではありません。それはハートソックの著作からでも明白ではないでしょうか。支配的な集団から従属的な集団に移ることは簡単ではなく、逆もまたそうなのです。

2つめの質問は何でしたっけ？ 忘れてしまいました。そうそう、労働者階級の消滅ですね。来週、すこし中断して、労働者階級が消滅する前の話を整理することにしましょう。つまり労働者階級がまだ存在していたときの話です。とはいえ、それはわたしたちが今いる場所のことだ、と言えないでしょうか。わたしたちが今存在していると言われている場所です。絶え間なく語られてきたことです。これ以上に話題となったものは他にありません。今突然として階級の話がもち上がっていますが、これまでは階級は実際には存在していないと聞かされ続けてもきたのです。「階級などない。わたしたちは今やみな中流階級なのだ」と。でも今誰もそんなことは言っていません。非常に興味深いことです。ひとつの理由は、労働者階級の白人に罪を負わせたがっている人たちがいるから、というものですね（笑）。わたしたちは階級の話題を耳にするが、それは特定の民族と結びついた階級に責任があると非難するためだ、というものです。

この状態は、資本主義に起こった複雑な事態を反映していると思います。つまり、生産手段の所有と支配との関係が、かつてそうであったほどには単純ではないのです。今や資本は古い意味での生産から離れて浮遊しています。「わたしは靴を製造する工場を手に入れた！」そんな風に物事は進みません。マルクスが述べていたあらゆることがその理由です。資本が物事を取り仕切るとき、資本という視点から何が現実化されるのかを考えると、靴は唯一のシニフィアンではなくなります。そのとき工場主は、資本そのものと、それに関わるすべてのものを手にするのです。もちろん、わたしはこの状態を理解できません。けれども、中世においてローマ・カトリック教会を理解することが想定されていなかったのと同じく、わたしたちがこの状態を理解することも想定されていないのです。「あなたにはそれはわかりっこない！　経済とは神学なのだ！」経済学は物象化の学問なのだ、とも言えるのでしょうが。

何が起こったのかを検証するためのさまざまなやり方があることもわかってもらえるのではないでしょうか。この後扱うことになりますが、いわゆる「ポスト・フォーディズム」において、あらゆる類の転換が起こっています。製造業のモデル——すなわち、男性労働者が、9時から5時までの業務を、週40時間の労働を40年間おこなうというもの——から、フレキシブルな労働、不安定な労働、あるいは第三世界への製造業のアウトソーソングといったものへの転換が、北半球では確実に起こっています。こうした転換は階級意識の発展を妨げるためにおこなわれた、とも言えるかもしれません。なぜなら階級意識は強力なものだったからです。それは強いもの、明白なものでした。人々は、階級意識という語の定める範囲内で自らを理解していました。人々はそこから利益を得ていました。相当な利益を。資本はこれを転覆する方法を求めていました。製造業モデルからの転換は、こうしたあらゆる出来事とともに生じたのです！　そして、高度な魔術的効果で、階級という概念そのものを消滅させました！　想像もできないことでした！　英国においても、アメリカにおいても考えられないことだったのです！（他の国はどうかといえば……、他国についてはよくわかりません。いや、少しは知っていますが、けれども他国のことについて確実なことは語れません。）自己理解の基盤を形づくっていた階級が20年以内に根本から消滅するなんて、70年代には考えられません。けれども消滅しました。しばらく消滅したのです。でも本当に消滅していたのでしょうか？

「階級とは何か」ということについて、少なくとも2つのレベルがあるようです。「意識の形態としての階級」と、「支配の形態としての階級」です。支配の形態としての階級は残っているが、意識の形態としての階級は壊された、と言えるかもしれません。ですが、そうした説明自体に罠が隠されているのではないかと思うのです。あたかも人々がルカーチを読んでいたかのようです。いや、「あたかも」ではなく、実際に読んでいました。人々は階級意識がどのようにつくられるのか知っていました。身体的に近い距離にあるならば、階級意識をつくり出すことは容易なのですから。お互いに話し合うことができるなら、階級意識は形成できます。

人々が共通の経験をしていて、それについて話し合うことができれば、意識を急速に発展させるためのポテンシャルがあるでしょう。労働者が互いに話し合ってはいけない理由はこれです！　かつてわたしが継続教育カレッジで働いていたときのことですが、「文化メディアスポーツ省の」人材担当部門のリーダーが、教師たちのあいだで階級意識のようなものが立ち上がったことに苛立ち、「まったく、パブに行って話し合うのはやめてください！」みたいなことを言いました。（笑い声）その担当者の女性は本当にそう言ったんですよ！　いったいどういうことでしょう?!　常日頃からある暗黙のルールみたいなものでした。教師たちはそういうことをしてはいけないことになっているのです。パブに行ってつまらない話をするのはオーケーだが、労働条件について話し合ってはいけない。それは禁止だ、と。話し合うことができないのですよ（笑）。

この話からこんなふうに考えられます。「資本は、階級意識を妨げることによって、何を排除したいのだろうか？」と。資本はつねに何をしなければならないのでしょう？　マルクーゼに立ち返るなら、資本はつねに、自分たちは別の生き方ができるはずであり、自分たちの生き方を自分たちでコントロールできるはずだという意識が人々のなかに生じるのを妨げねばならないのです。資本はそうせねばならない。資本はそうする必要があり、そうし続ける必要があるのです。資本主義に生きる人たちは激しい労働に不満を述べます。実際それはハードなものです！　けっして止むことなき労働です。資本は、労働が止まってしまう可能性をつねに妨げ続けなければならないのです。

大学においても同様です。大学は左派の根城である、そう言われてきました。市場化が進んでも大学はそこからいかなる金を稼ぐこともできない、という意味ではありませんよ！　これはまさしく、ある種の意識が発展する条件を停止させるために、そう言われているのです。なぜなら大学では、人が、とりわけ若い人が、労働の場から束の間解放され、労働の要請から自由になれるからです。それはつまり、時間がもてる、ということですよね？　意識を立ち上げるためには時間が必要です。ですがそれは、いつだって困難なことです。

一日の仕事を終えて、家に帰ったとしましょう。それからまた家を出ようと思いますか？「疲れてるんだ！」となりませんか。その時点で二重の労働をしたことになります。一日フルタイムで働き、さらに家事労働がある。家事は今までは圧倒的に男性よりも女性に課せられてきたことだとしても。それで、家事などを済ませて、さて、それから家を出て、意識を立ち上げたい、となるでしょうか？「ああ、いいですよ、でも、なんというか、疲れてまして……」（笑い声）。笑えますね。けれども、みなそうなのです。わたしたちはみな、こんなふうに生きてしまっています。意識を立ち上げることは、健康によい食事のようなものです。それがよいものであることは知っていても、なぜかそれを食べることができないのです。事情を理解していたとしても、それに則って行動することができない。自分自身に厳しくあることができないのです。時間が足りない、それが現実です。それが、資本主義の仕業なのです！　資本主義が時間の欠乏を望んだからです。マルクーゼが述べたように、現在はみながそれほど労働しなくてもよくなっているかもしれません。けれども、狂える資本主義はそうはさせません。資本主義システムの完全な狂気です！　天然資源の現実的な欠乏を生み出すために、人工的な時間不足がつくり出されるのです。これがまさしく現在起こっていることです。ワニの顔をしたスリッパとか、そんなような、誰も欲しがらないまやかしの商品が生産されています。あなたがそんなものを目にしたとき、どれほどの労働がそうしたものに注ぎ込まれているか、想像してみてください。それをどこかからルイシャムまで輸送するのに注ぎ込まれている労力の総量がどれほどのものかを。ルイシャムではそんなものは1ポンドもしないし、誰も欲しがりはしないのに。

　資本主義は意識を求める能力を絶え間なく抑制し続ける必要があり、しかもそれはかなりの成功を収めています。時間はあらゆるものを生産するための基盤となるものでしょう！　とある部屋に黄金の魔法の機械があって、そこで欲しいものを何でもつくることができるなんて、今日の世界では、ある種おとぎ話のように思えます。その場所は確かに存在しています。でもあなたにはそこに行く時間がありません。想像しうる限りでもっとも不思議なこの機械を、あなたは手に入れることができます。けれども、使う時間がなかったら、存在しないも同然です。これこそが、今置かれている状況です。現在の人間の能力という点から見た、わたしたちの状況です。また、人間によって生産されるモノの適性という点から見ても、同じ状況に置かれています。あるいは、この問題を別の方に展開してみて、これらのモノを用いる人間の行為主体としての能力という点から見ても、状況は同じです！ 問題は多岐に渡るものです。

ＣＥＯたちが自分たちの仕事について語っているものを読んでみてください。それは古いタイプの搾取、つまりシルクハットをかぶって葉巻を咥えた醜いデブが労働者の骸骨の上に足を乗せて座っているようなものではありません。かつてはそうだったかもしれませんが、今はまったく違っています！ 彼らは、仕事中毒者という資本主義的階級の模範例です。（マークは尊大な様子で次のように語る）「そうです、わたしは4時半に起きて、メールを２００通読んでから、30分ジムに行きます。子どもと15分一緒にいて、出勤し、夜8時ごろまで働きます。それから夕食をかきこんでもう少し働き、寝る、これをくりかえします」。これはカリカチュアでさえありません。彼らが言っているのはおおよそこんなことです！

これが時間不足の一般的な状況です。そしてもちろん、こうした状況では意識は発展することはできません。なぜなら意識は自動装置ではないからです。重要なポイントです。意識は直接的なものではありません。直接性は自動装置の別名です。意識はつねに壊れやすいものであり、それが問題なのです。直接性に由来する具体的なカテゴリーに落ち込むと、意識はいつも壊れてしまいます。ですから、今やっているような果てしない再確認の時間が必要となるのです。

資本主義の理想は、わたしたちの時間のなかに十分すぎるほど多くのものを与えることです。果てしなく気晴らしできるような、そうした場所のような何かをつくり出せるかどうか、想像してみてください。世界のどこにいても、どんなときにでも、資本主義からの要請を受け取ることができるような、そんな場所です。それを可能にするものがありますよね！　なんでしょう？

学生10　携帯電話ですか？

MF　はい、そうです、その通り！（笑い声）そう考えると、なぜ携帯電話が今日実質無料で配られているのか、わかりますよね。本来の用途と違う携帯電話の使い方にも見当はつくでしょう。ですが、むしろそっちの機能こそが、現代社会における携帯電話の機能なのではないでしょうか？　その機能とは、つなぎとめられていることを確信させる機能です。重要なポイントは、その機能が完全な転化を生み出すことです。関係性とコミュニケーションの言語や、そういったすべてのものの「価値が逆転します」……。見ての通り、あなたたちの前で話をすることは、ちっとも大変なことではありません！　それほど苦ではない！　でも、時間がないと、それも大仕事になってしまいます。

まず第一に、それによって、いろんなことがあたかも大変なことであるかのようになります。だから「これ」（マークは携帯電話を使うふりをする）が必要になります。コミュニケーションを取るための資本が必要です、他人と関係するには資本による製品が必要です。もちろん、本当はそのように関係づけられているわけではないのに。ルカーチ的な世界観のなかにいると、あらゆることをより単純に語れなくなりますが、それにしても、このことは単純な関係ではありません。とはいえ、あらゆるものが資本によって分割され続けている、あるいは資本を経由し続けているとはいえるでしょう。つまり、資本とは自らを一種のパラサイトとして立ち上げるのです。ネグリおよびアウトノミアの思想家も同じことを考えています。[8] 彼らの議論の趣旨は、「資本は自ら、人間関係に寄生するパラサイトのようになるだろう」というものです。これは明らかに、わたしたちのいる世界です。

夢にも思わなかったことでしょうか！　いや、夢では思ったかもしれませんが……、とにかく、資本は今や、わたしたちの精神を、そうしたレベルで侵害し、支配してくるのです。3、40年前は夢にも思わなかったはずです。「今労働中です」というフォーディズム的な考えからの転換ともいえるでしょう。そしてまたもや、このことは問題含みでもあるし、ジェンダー的観点からは興味深くもあります。資本が男女平等に作用するのです。かつては女性だけが「二重の一日」を生きていました。けれども今や、あらゆる人が、形態は異なれど「二重の一日」を過ごしています。「たしかにそうですが、男性はいまだに家事労働をしていないのでは？」と言う人もいるかもしれません。でも、男性が夜に資本主義からの要請が届かないところにいられるわけではありません。そんなところにいることはできませんよ！　こう考えてみてほしいのです。古典的なフォーディズム労働をおこなう男性は、自分たちの利益のためのみならず、資本主義の利益のため社会的再生産に従事していました。それでも彼らは帰宅してしまえば、家では資本主義からの直接的な命令に従わなくて済んでいました。生活のなかに質的な違いが存在していたのです。こうした風景のなかにも、またもや、あらゆる類のジェンダーにまつわる問題が存在しています。昔がよかったわけではありません。が、それにしても、現在では資本の要請から逃れる自由など存在していません。そしてこれは、わたしの言葉で言うなら、「自発的隷従」ではないでしょうか？　この単語が意味をなすとすれば、ですが……。わたしはこの2つの単語は矛盾するものだと思っていました。しかし、誰もあなたにそうさせているわけではない。誰かがあなたに携帯を所有させるわけではない。あなたが携帯電話をもっているとしても、誰かがあなたをソーシャル・メディアに向かわせるわけではない。当然のことですが、ソーシャル・メディアを用いることは、資本主義のための生産活動につながります。

学生11　就職活動をすると、求職者のソーシャル・メディアがチェックされます。会社側には

SNSのプラットフォームをチェックする必要があるわけです。ということは、今日、そうしたソーシャル・メディアが必要とされる何らかの理由があるのではないかと、ときどき思います。

MF　そうですね、つまりあなたはSNSのようなものを必要としてもいるわけですね。あなた自身の責任のひとつとして、自分自身の主体をキュレーションしなければならないのです。それは同時に、あなたが自分の主体性を生産しているということを意味します。それはあなたがいないと何も始まりません。定義上、人が利用しない限り、ソーシャル・メディアは存在しないのです。ソーシャル・メディア上の主体が資本の産物とみなされるかどうか、厳密にマルクス主義的な意味では議論の余地があるでしょう。とはいえ、正確な意味を脇に置けば、ソーシャル・メディア上の主体は、人々が参加することで成り立っていることは明らかです。この参加は、いわば二重の意味で自由に与えられています。つまり、「誰もわたしにそうさせていない」という意味において、かつ、「わたしは誰からもお金を支払われていない」という意味において、その主体は自由《フリー》に「＝無料で」与えられているのです。

　けれども、このようなとき何が起ころうとしているのかも、理解しなければなりません。主体をつくろうとしたとき、人々はかつてどうしていたでしょうか？　労働者階級の人々は「労働組合」という夜間学校に足しげく通っていたかもしれません。労働組合の読書会に参加して、多くの人がルカーチのようなものを読んでいた可能性もあります。

今では、こうしたことが、多くのレベルで非常に複雑になっていると思います。

『ガーディアン』紙にゲーリー・ヤングが書いた、トランプについての短い記事があります。読んだ人がいたかどうかはわかりませんが。ヤングはアメリカの典型的な都市に約1カ月間滞在し、こう言いました。「見てください、人々から労働組合と工場を取り上げると、それらの周りにあった人々の交流もなくなってしまう」と。[9] その結果、人々は原子のようになります。つまり、人々は自分自身のプライベートな空間に閉じこもってしまうのです。アメリカ大統領選挙の大きなテーマのひとつがドラッグだったことにお気づきでしょうか。ドラッグを使用する多くの若い人たちについてです。このテーマは重要な因子となりました。トランプは、自らをこうした若者たちをケアする存在だとアピールし、このテーマを話題にしたのです。

学生12 今おっしゃった破壊行為は、まさしく直接性と否定性の破壊だと思います。ひょっとしたらルカーチがこのことを書いた時代には、直接性がひとつのロジックだったのではないでしょうか。このロジックを用いて、資本主義は主体に対し、意識を獲得する主体の能力という観点から、自分たちについて思考するよう指令を送っていたかのようです。その場合、媒介を経ることが、実際に意識を獲得するための固有の方法だったのではないでしょうか。

けれども、わたしがルカーチを読んで衝撃だったのは、今日においてはあらゆるものが媒介されているのだから、むしろ直接性の方がよりラディカルな実践かもしれない、と思えた点です。

MF　いや、そうじゃないです、なぜかと言うと……、というか、媒介という語の意味をどう捉えていますか?「媒介されている」という語の2つの意味を混同してしまっているように思えます。ヘーゲル・マルクス的な意味での「媒介」と、より一般的な意味での「媒介」とが混ざってしまっているのではないでしょうか。

ヘーゲル・マルクス的な「媒介されている」とは、経験に直接与えられない、ということです。そして、それは実際、全体性と何らかの関係があります。わたしが思うに、これが今回取り上げた箇所で、ルカーチが重要だと考えていたところです。今日の人々は全体性のなかにいるとは言えないのではないですか?　どうでしょうか?

学生12　それでも人々は……。

MF　はい。人々は全体性のなかにいることを意識しています。

学生12　たしかに、意識をもつことがいっそう困難になっています。しかし、かつての資本主義的秩序の達人たるブルジョワジーたちはそうした相互関係のシステムを理解できなかったかもしれませんが、今日の資本主義的な一般大衆はそのことにはっきり気づいています。彼らはFacebookのようなものを使っているので、気づかないはずがありません。というわけで、今なお何らかの全体性は作動していますが、それは徹底的に媒介されています。おそらく、200年前にそうだったように。全体性をつくり出した人たちは気づいています。他方で、ルカーチが活動していた時期のブルジョワジーたちは、そうした相互関係を意識できなかった、ちがいますか？

MF　そうですね、では、マーク・ザッカーバーグがFacebookをつくったのはなぜでしょうか？

学生12　すいません、もう一度いいですか？

MF　なぜマーク・ザッカーバーグはFacebookをつくったのか？　なぜそうしたのでしょうか？

学生12　おそらく当時は、彼自身もその理由がわからなかったのではないでしょうか。理解するまでしばらく時間がかかったと思います。

MF　ええ、彼はわかっていません。けれども、そのことをわかっていたかもしれない「何ものか」がいるのです。重要な問題です。資本はそれをわかっている、そうですよね？　資本にはそれがわかる。なぜなら資本は進化のようなものだからです。つまり資本はモノの自然選択をおこなうのです。資本には媒介する力《エージェンシー》があります。マーク・ザッカーバーグの衝動は、「あああ、大金が欲しい、あと女の子にモテたい」といった、ばかげたものにすぎません。（笑い声）『ソーシャル・ネットワーク』（２０１０年のデヴィッド・フィンチャー監督作品）を見てください、素晴らしい映画です、本当に。『ソーシャル・ネットワーク』は、ほとんど前代未聞ともいえる映画じゃないですか？　さらに、この映画が対象にしているソーシャル・ネットワークというテクノロジーの形式が立ち上がる歴史的な瞬間を、入念に再構成してもいます。これについては後で考えます。後にしましょう。

　とにかく、ザッカーバーグにはそういったモチベーションがありました。とはいえ、資本の背後に隠れて座っている意識的な行為主体がないと、資本は自らの目的もデザインも内包することができない、ということではありません。［隠れた行為主体を想定すると］ただの陰謀論になってしまいますよね？　重要なのはシステムがもつ傾向性です。システムの傾向性なのです。もちろん、今日でも、要所で自らの意識に基づいた決定をおこなう人間はある程度います。が、ザッカーバーグのように、まったく無反省に資本の操り人形でいられる人間もいるのです。

学生12　なぜ質問したかといいますと、直接性と否定性と弁証法的存在の概念について考えたからです。それを十分わかっていないような気がしていて。どうしたらそれを理解できるのか……。

MF　（笑って）なるほど。

学生12　ある意味で、直接性とは……。わたしたちは直接性を避け、その後ろを通り抜けて、なんらかの媒介を通じて意識に至らなければならないのではないでしょうか？　先ほど社会における流動性の可能性についても話がありましたが、それは実際相当困難なものですし、人々はある程度は直接的な環境に沈みこんでいます。彼らはその環境で生きていて、そこを避けては通れません。

MF　なるほど、わかりました。実際に何ヶ所か引用を見た方がよさそうですね。

（マークはテキストに目を通し始める）

　ああ、ここがいいですね、「直接性とはなにか」。それは「思惟し感覚する慣習から生じる幻想「外見」であり、この直接性のなかでは、直接的に与えられた諸対象の物的形態つまりその直接的定在とありのままの存在とが、第一義的なもの、実在的なもの、客観的なものとしてあらわれ、これに対して諸対象の「諸関係」は、なにか副次的なもの、たんに主観的なものとしてあらわれる」とあります。[10]

　「ブルジョワ的思考は」より深い媒介を見いだすことができないために、つまり、ブルジョワ社会の存在と成立を、概念化される認識総体を「産出」したのと同じ主体の産物として把握できないために、ブルジョワ的思考の全体を決定づける究極の立場は、たんなる直接性の立場になるのである。[11]

観察者は風景の外部に立っているのであって、もしそうでなければ、自然は彼にとって風景となりえないだろう。[12]

状況を自分の外にあるものとして見るためには、状況のなかに存在してはならない、という意味ですね。

プロレタリアートの歴史認識は、かれらが現代を認識し、自己の社会状態を自己認識し、さらには（生成という意味での）これらの必然性を明示するとともに始まるのである[13]［…］。

さらにはこう言います。「対象そのものの経験的定在（existence）は、一方で意識が媒介を欠き、他方で対象が（まさにそのために）その複合した現実的諸規定から引き離されて人為的に孤立化されることによってのみ、またそのかぎりでのみ、直接性の外見をもつのであって、対象の経験的定在そのものがすでに媒介されたものでないとすれば、媒介ということは不可能になるからである」。[14]

［……］すなわちブルジョワジーが理論的に直接性に埋没しているのに対し、プロレタリアートがそれを乗り越えるということは、けっして偶然でも、また純理論的・学問的な問題でもない。[15]

もう少し読んでみましょう。議論になったときに、テキストに戻ることは非常に有効です。書かれたものによって不明瞭なことが即座に減っていくように思えます。本のページから離れて飛躍するべきではないでしょう。ちょっと議論した後だと、そのページがよりわかりやすく、より明晰なものに変わる気がします。

（笑い声）

プロレタリアートにとっては、自分の社会的存在は、［……］はじめは社会現象の純粋なたんなる客体としてあらわれる。日常生活のあらゆる契機のなかで、個々の労働者はみずからを自分の生活の主体であるかのように思うのであるが、かれの定在の直接性がかれのこの幻想を引き裂いてしまう。[16]

> まさにそこには商品として自己を客体化する人間のなかで客体性と主体性の分裂が生ずるから、それによってこの転化の状態は同時に意識されうるものとなるのである。[17]

「とりわけ労働者は、自分自身を商品として意識するときにのみ、自分の社会的存在を意識することができる[18]」。これは弁証法的過程の一部です。労働者は第一に彼自身、あるいは彼女自身の客体化を受け入れなければなりません。「すでに示したように、労働者の直接的存在は労働者を、生産過程内部での純粋で単純な客体という位置につける。だが、この直接性が多面的な媒介の結果であることが証明され、この直接性の前提となるものがすべて明白になりはじめるとともに、商品構造の物神［＝フェティシズム］的形態が崩壊しはじめる。すなわち、労働者は商品のなかで自分自身を認識し、資本と労働者自身の関係を認識するのである。したがって、労働者がこの客体としての役割を克服することがまだ実践的に不可能であるかぎり、かれの意識は商品の自己意識である。いいかえれば、商品流通にもとづく資本主義社会の自己認識であり、自己開示である[19]」。

「物神化《フェティシズム》が崩壊するとき」とありますが、フェティシズムとはなんでしょうか？　これは大きな問いですが、マルクス的な意味では、これは全体性を遠ざける魔法であり、なにかを生産するときの実際の物質的条件を遠ざける魔法です。

学生12　フェティシズムと物象化は、ある意味でまったく対照的なものに思えます。物象化は抽象的な現実になり得る、あらゆるものをつくり出そうとする試みです。フェティシズムは物事が神秘化する際に起こる実際の具体性を隠そうとします。

MF　たしかに。すばらしい、正解です。とはいえ、両者がともに作用していることは明白です。相補的なプロセスです。

　ですから、「労働者が自分を商品として認識することは、認識としてすでに実践的である。すなわち、この認識は、その認識の客体の対象的な構造の変化をもたらす」[20]のです。これは、まさしく以前わたしが、この直接的な変化がどのようなものかについて述べようとしていたことです。おそらく「直接的」というのは正しい用語ではなかったのでしょう、既存の……（続きが笑い声で聞こえない）。「商品としての労働の「使用価値」（つまり剰余生産を生産する能力）はすべての使用価値と同様に、資本主義の量的な交換のカテゴリーのなかに跡かたもなく消え去るのであるが、商品としての労働の客体的特質は、その「使用価値」が商品としての労働の意識のなかで、またこの意識を通して社会的現実のなかで自覚されることにある」[21]。

「労働力商品がたんに商品としての自分自身を意識するにいたる可能性をもつということによっては、この〈労働者の商品化を克服するという〉問題は長いあいだ解決されなかったのである。なぜなら、商品の無媒介な意識は商品の単純な現象形態に対応して、まさしく抽象的に個別化されたものであり、それらを社会的なものとする諸契機に、たんに抽象的に意識を超越したかたちで関わっているにすぎない[22]」。ですから、「わたしは商品である」と考えるだけでは十分ではありません。それ以上のことがなされなければならないのです。

「したがって、社会的諸対象はたんなるモノではなくて人間《メン》関係［＝男たちの関係］にほかならないという認識は」——原文のままです、もちろんジェンダー的に相当偏っていますが——、「さらにこの諸対象が完全に過程に解消するというところまで高まる[23]」。

「たえず運動する幻影的な硬直性のこの姿は、この硬直性が人間の動かす過程のなかに解消されるとき、ただちに意義あるもののなかに姿を消すのである。このことがプロレタリアートの立場からのみ可能であるということは、次のことにもとづいている。すなわちこれらの傾向のなかで開示される過程の意味は資本主義の止揚ということであり、したがってこの問題を意識することは、ブルジョワジーにとっては精神的自殺を意味することになる[24]」。それゆえ、ブルジョワジー的な階級意識は、実際には完全な形で存在することはできないのです。

ブルジョワジーも意識や、階級としての共通した利益をもつことができます、疑いありません。けれども、ブルジョワジーは階級システムについての意識をもつことができない、そう言えるのではないでしょうか。ただプロレタリアートだけが共通した利益をもち、意識をシェアし、さらには階級システムについての意識をもちます。ブルジョワジーとは階級システムの生産物です、そうでしょう？　ブルジョワジーは本性上そうなります。彼ら彼女らは階級システムによる生産物であり、それを再生産する者たちです。プロレタリアートは階級システムの破壊者です。ブルジョワジーは階級システムのなかだけに存在します。プロレタリアートはそのシステムの内部に存在すると同時に外部にも存在します。そうでなければならないのです。プロレタリアートは階級システムの内部にいなければならない、なぜなら内部にいるのですから。それが資本主義下でのプロレタリアートのあり方です。けれども同時に、プロレタリアートは部分的にはその外部に存在します、さもなければ資本主義の外部に向かう運動にいかなる可能性もなくなってしまいます。

> だが、人類が自分自身の生活根拠をはっきり見ぬき、それに対応してこの生活根拠を変革するやいなや、真理はまったく新しい様相を呈するのである。すなわち、理論と実践との統一が現実を変革する可能性を獲得すると、同時に絶対者もその「相対主義的」対極も、その歴史的役割を果たし終えてしまうのである。というのは、これらの変化の結果、同時に、それまで絶対者や相対者によって同じように思想的に表現されていた現実が、消滅してしまうからである。[25]

この地点に至れば、あらゆるものがプロセスのなかに消滅していくので、絶対的なものが存在しません。ルカーチが示そうとしているのはこのことではないでしょうか、違いますかね？　それはまさしく、大衆レベルで物象化から脱することであり、あらゆるレベルにおいて現実変革の可能性を開くことなのです。「このような過程は、プロレタリアートの階級的立場が意識化されるとともに始まる」[26]のです。

「個人というものはけっして事物の尺度とはなりえない。というのは、個人は必然的に硬直した事物の複合物としての客観的現実に向かい合うのであって、この硬直した事物はできあがった不変の事物として個人の目前に存在しており、個人はこのような事物に対してただ承認か拒否かの主観的判断を下しうるだけだからである。ただ階級のみが、実践的に現実の総体の変革に関与できるのである」[27]。そして、先にナンシー・ハートソックを引いて言いましたが、ここでの階級という概念を、従属の他の形態に置き換えることができます。

「このように、資本主義のなかに生活するすべての人間にとっては、物象化こそ必然的な直接的現実であるとすれば、この物象化を克服することは、具体的に生じてくる発展全体の矛盾に具体的に関わり、この発展全体に対する矛盾の内在的意味を意識化することによって、物象化された定在の構造を実践的に打破しようとする傾向を、たえずくり返し新たに再生産すること以外の形態ではありえないのである[28]」。ふたたび、全体性と直接性の対決です。「この現実は存在するものではなくて、生成するものなのである[29]」。現実の固定した形態というものは存在しません、なぜなら現実それ自体が物象化であるからです。現実とは生成のプロセスにすぎないのです。

「可能性を現実化し、傾向を現実化することは、まさに社会を対象的に変革し、社会の諸契機の機能を変化させ、それによって個々の対象全体を構造的にも内容的にも変化させることを意味するものだからである。だが、ここで忘れてはならないのは、実践的となったプロレタリアートの階級意識のみがこの社会を変革する機能をもっている、ということである。静観的な、たんなる認識の態度はすべて、結局のところは自分の対象に対して二元的な態度をとることになる[30]」。「プロレタリアート自身もまた、かれらが実践的に振舞うかぎりでのみ、このように物象化を克服できるのである[31]」。つまり、実践に強調が置かれているわけです。

ですから、「実践的な階級意識」が重要です。ルカーチは、ブルジョワジーのもとではおそらく対立関係にある2つの要素、つまりは意識と実践を統一しようと試みています。その点において、階級意識はつねに実践的なのです。ここに、わたしたちが通常の意味で理解している意識との違いがあります。意識はそこにある、のです。意識的であり続けるために実践を必要とはしません。脳がそれをしてくれるでしょう、レベルはさまざまかもしれませんが。

引用を駆け足で読み上げたから幸せに帰宅できる、というわけではありません。ですが、画面上で見るだけでなく、このテキストは大きな声で読まれるに値するものだと言っておきます。スクリーンで見ると脳は内容を無視してしまいがちですから。

ルカーチは反啓蒙主義ではありません。ヘーゲルを継承し、直接性の問題を扱った結果、文体が高度なものになっただけなのです。

今回の問題はもう少し展開できると思います。本日話したのは、意識についての問題です。この問題を、残りの授業期間で進めてみたいと思っています。意識はいかにして立ち上がり、いかに抑圧されるのか？　次週は、意識がいかなる方法で立ち上げられるのか――過去に立ち上げられていたのか――を見ていこうと思います。

「最終局面」について。これは『ステイン・アライブ――１９７０年代と労働者階級最後の日々』という本に登場する表現です。けれども１９７０年代は単なる失敗ではありませんでした。劇的な時代でした。70年代初頭に、アメリカ合衆国、イタリア、その他の国で何が起こったのか、そこから70年代後半まで、何が進行したのか。そこでは新たな種類の民主的な社会主義が発展していました。それは自由主義的なコミュニズムであり、冷戦時代の古い独裁的な労働構造からの脱却です。それはまた、労働の質についての実存的な要求をおこなうことにも関係していました。多くの労働組合が、賃金についてのみならず、仕事とは、また生活とは実際にどのようであるべきかについて根本から議論をしていました。最終的な目的は、何らかの方法で労働をなくしてしまうことにありました。

けれども、70年代初頭のアメリカでは、こうした新しい意識が爆発的に誕生しましたが、当時は一種インターセクショナリティに近いものでした。これについては来週確認します。女性運動が労働運動と結合し、公民権運動やそれ以降の人権闘争とも一緒になっていました。それは広い意味での左派的なものが同盟し、爆発的な仕方で結託して、開かれた平等を求めるものでした。

こうした文脈に来週どのようにアプローチするか、まだはっきりしたことは言えません。今回のテキストとはかなり違います。次回のテキストは歴史的に語られたものです。理論的なテキストではありません。理論的なテキストは、概念を用いることができるので、教えるのは比較的簡単なのですが。次回は歴史的な展開が主題なので、どうやって扱えばいいか、迷っています。

（録音は突然終了）

第4講 組合の力とソウルの力

2016年11月28日

MF 歴史はどうやって教えればいいのでしょう? 理論は、いかに難解なものでも、背後に説明可能な原理があります。あるんですよ(笑)。

さて、始めましょう。今回のテキストから発見できる新しい展開はなんでしょう? 言うまでもないことですが、それは先週話した事柄の実際の諸事例です。

先週の冒頭、ルカーチを通して階級意識を、それからある種のフェミニスト意識を理論化しました。大まかに言えば、今問題となっているのは集団意識です。集団意識はいかにして発展するのでしょうか?

今日扱うテキストで何をしたかったかというと、意識が、ある歴史的な瞬間に実際に発展した場面がどのようなものであったかを見ることでした。人々はそのときにどのような反応をしたでしょうか？

（沈黙）

こんなふうに進めてみてはどうでしょう。このテキストに驚きましたか？　今日の状況との関係で考えてみましょう。当時、どういった見通しが闘争のなかで現れ、提供されたのでしょう？　今日の私たちの状況と比べると、その見通しはどういったものだと考えられるでしょうか？

学生1　カウィーが最初にしたことが面白いと思いました。まず彼は１９６９年に起こったある出来事について語り、その後１９３５年に展開した出来事に戻ります。30年代に起こったことと70年代に起こったことをつなげている。でも両者はまったく違います。30年代には、労働者階級にとってよい解決策があったかもしれません。けれども70年代には、労働者階級を闘争へと促すような努力や試みは失敗したも同然です。今起こっていることも、70年代のものとしてわたしたちが知っている、あるいは本で読んでいる労働者階級のものではありませんよね。だから、70年代と今日とのつながりをどうたどればいいのか、わからなくて。ひょっとしたら現在では、また別種の階級が存在しているのかもしれません。

MF　いいですね。30年代との並行関係は、取り上げるべき重要な話題です。

30年代は、労働者たちにとって、まさしく偉大な時代でした。「労働《レイバー》」も、イギリスの労働党という文脈ではなく、組合従業員の労働という意味です。この時代、まさに組合に属する労働者が現実に自己主張していて、アメリカ合衆国内でも共産主義は強い存在感を放っていました。共産党がかなり強力だったとか、ですね。強い左派が存在していたのです。カウィーによれば、70年代は30年代の再演のようなものです。けれども完全な再演ではありません。歴史はそんなふうには動かないのです。

そうなると、60年代の終わりと70年代を30年代と似たものにした要因は何だったのでしょう？　その期間に何が起こったのか？　つまり、30年代と70年代のあいだに何が起こったのでしょうか？

学生2　このテキストの興味深い点は、組合の闘争のなかでリーダーシップが変化したことが書かれているところです。70年代に、闘争がもはやそれほど強力ではなくなったという事実を決定的なものにしているのは、この変化ではないでしょうか。

MF　そうですね。それは先の問いに対するひとつの答えです。では、30年代と70年代のあいだの時代に、リーダーシップはどのようなものだったのでしょう？

30年代はきわめて好戦的な時代でした。労働組合の勢力だけが好戦的だったわけではありません。30年代と70年代のあいだにも多くの労働組合が存在しており、それぞれが力をもっていました。けれども、40年代、50年代、そして60年代初頭と、30年代・70年代で、その力が発動する仕方が違うとすれば、その違いは何なのでしょうか？　これがあなたの疑問の背後にあるものです。

学生1　より権力に忠実だったのでは？　労働組合のリーダーのなかに、民主的な党とより緊密な関係を結んでいた人がいたのでしょうか？　ひょっとしたら……うーん、わからないですね。

MF　ひとつの理由は、組合がアメリカ社会に統合されたことがあります。もっとも大きいものがＣＩＯ（アメリカ労働総同盟・産業別組合会議）でした。[1] アメリカにおける組合労働の最大のシンボルであったと同時に、実際のところは冷戦下の労働組合主義でもあったのです。反共産主義としても定義されてもいます。支配層とコネクションがある、あるいは支配層に適合したものだと言われたこともあります。カウィーがひとつのポイントとしたのは、１９７２年です。ニクソンについて考えるときにもう一度話題にしようと思いますが、この１９７２年の選挙は、一方ではカウンターカルチャーが存在し、他方ではニクソンが存在するという分裂状態にとっての転回点となったのです。ここまでが基本的な出来事です。

72年の民主党候補はジョージ・マクガヴァンでした。支配層からなる大手の組合は彼を支持していませんでした。実際、それらの組合はマクガヴァンも支持しないしニクソンも支持しない、と述べていました。ここでニクソンを右派であると仮定してみると、労働組合がニクソンを支持しないとはどういうことなのか。アナロジーがぴったり当てはまるかどうかわかりませんが、それはあたかも、ヒラリー・クリントンもトランプも支持しないと言っているようなものです。つまり、こうした状況は、多くの点でわたしたちの時代にも当てはまるように思われます。けれども72年の場合は、どちらの候補者も支持しないとはイコール、共和党の候補者を認めることだったのではないでしょうか？　労働組合なのだから左派政党を支持するだろうと考えれば、彼らの支持政党は民主党になりますよね。けれどもマクガヴァン支持を拒否すれば、それはニクソン支持を意味することになります。

　なぜこの事例が重要なのでしょうか？　当時の組合労働者の観点からすれば、マクガヴァンの選挙運動は常軌を逸した人たちによって支持されていた、という点が重要です。マクガヴァンの支持者とは公民権運動と連合した人たち、つまりカウンターカルチャーでした。そう、カウンターカルチャーの全体が支持したのです。けれどもそこには、労働者階級の伝統的な基盤を代表するような存在はほとんどいませんでした。

　ですから、72年に経験した出来事のなかには、実際に今日まで続いている何かがあると思います。さらに付け加えなければなりませんが、アメリカ大統領選挙の歴史上、これほど大敗北を喫した候補者はいませんでした。マクガヴァンは、72年にニクソンによって決定的に叩きのめされたのです。もちろん、この話にはさらに急展開があって、大統領選に勝ったことでニクソンは毒の盃をあおることになります。ニクソンの任期中に——正確には次の任期ですが——政治史上もっとも名高いスキャンダルが起こったからです。ニクソンは権力を手にしましたが、その後すぐに、ウォーターゲート事件に直面しました。[2]

　そして、わたしたちの時代がやってきます。今の話は、70年代は30年代の単なる反復ではないことを指摘するひとつの要素でした。ある意味、30年代も70年代も、ともに失敗しました。いずれの時代にも労働者階級による革命は起こらなかった、つまりどちらも失敗したのです。けれども、これではまだ先ほどの問いに答えたことにはなりません。「70年代において何が新しいのか、それは30年代には存在していなかったのか？」という問いについてです。70年代が、単に30年代の失敗版だったわけではないとすると、70年代には何があったのでしょうか？

学生3　ベトナム戦争？　そこから生じた人種に対する態度ですか？

MF　いいですね。ベトナム戦争は大きかったです。ベトナム戦争とカウンターカルチャーはお互い写し鏡のようなものでした。

学生4　オートメーションとグローバリゼーションの拡大でしょうか？　それによって70年代の方が労働者の力が弱くなったのでは？

MF　そうですね。カウィーは終盤でそうした事柄を強調し始めますね。失敗した理由はオートメーションの増大にあったとも言っています。とはいえ、グローバリゼーションとオートメーションは別々に考えることにしましょう。

まず、ベトナム戦争ですが、これは多くの点でカウンターカルチャーを写す鏡でした。両者は絡み合っています。カウンターカルチャーはベトナム戦争反対運動の周囲で組織されましたが……。

学生3　そして、それとともに反権威主義が訪れましたよね。

MF　そうです、それについては数週間後、ペニー・ルイスのテキストを読むときに取り上げます。ニクソンの戦略が、一種の反動的な労働者階級の考えを先導することになった――いや、先導したというより、とある反動的な労働者階級の一団と一緒に作動したのですが――それがどう作動したのかを追ってみましょう。これは１９７２年の選挙のときの一部の社会動向であり、カウンターカルチャーは支配者に対抗するのみならず、地位を得た労働者階級や、労働者階級のリーダーに対するものでもありました。先にも述べましたが、労働者階級は、ニクソンの側に自分たちを位置付けて、この新しい反権威主義的なカウンターカルチャーの潮流に反対したのです。

これが新しく起こったことの一端です、そうですよね？　この章で描かれているのは、カウンターカルチャーと組合主義との一種の融合です。けれども、すでに見たように、72年にこの融合は頓挫し始めます。つまり、ここでは少なくとも2つのことが並行して起こっています。ひとつは、反権威主義的な左派が前代未聞の新たな形式をとりました。これは重要な闘争を引き起こします。この闘争は単に階級に関わるものではなく、人種、またとりわけジェンダーに関わるものです。カウィーはこの点を強調しています。これは新しいものです。比較的新しいですね。とはいえ、左派とその内部にある性差別と人種差別についてはしばしば話題にされますし、それは疑いなくいつも正しいので、その点は押さえておかねばなりません。もっともそれは、左派以上に社会のほかの領域にも当てはまりますし、右派によって支配されている文化の領域が、左派の領域よりも人種差別も性差別も少ないかといえば、そういうわけではありません。30年代当時にも、左派のなかに進歩的な人がいた可能性が高いので、そこは注意点です。しかしながら、かウィーも強調していることですが、70年代になると確かに、いくつかの闘争の内部で、白人の男性労働者の見地を基準とすることの不十分さと、それに伴う問題とが認識されるようになってきました。

　ワクワクする展開ですね？　わたし好みの展開です。とてもワクワクする闘争が起こっていきました。その闘争は多様なグループを結びつけ、いわゆるマイノリティ集団を団結させます。ですが、この話のどこにカウィーは注目しているのでしょうか？　こうした70年代の闘争と、前時代のものとの違いはどこなのでしょうか？

学生3　若い人たちがいることですかね？

MF　若い人たちの存在は重要ですね。でもこの「若い」の意味は何でしょうか？　若さは何と関係しているのでしょう？

学生4　快楽至上主義？

MF　ああ、そうですね。でも、もっと広い単語はありませんか？　快楽至上主義が問題としているのは快楽や享楽などですが、闘争に関連させた場合、どのような諸要求に翻訳可能でしょうか？

学生3　今や若者たちは工場の生産ラインで働こうとしません。若者たちは仕事に対して、もっと権力や挑戦を求めています。

MF　つまり、仕事の性質を求める質的な要求があるということですね。賃金と労働時間などを求める量的な要求に加えて、仕事の性質を求める実存的な要求があるということです。フォーディズムからポスト・フォーディズムへ移行する際に変化したことのひとつだと思います。

　フォーディズムは、多少程度の差はありますが、基本的に9時から5時までの労働を認めるものでした。想定されているのは白人の男性労働者です。ですから、労働者の要求は労働に対する報酬をめぐるものにとどまっていました。実際、フォードモデルのもとでは、人は退屈を売って安心を手に入れるのです。ですが新しいモデルは、これだけでは不十分です。仕事の質にも変化が求められます。実際働いてみるとどんな感じなんでしょうね？　ともあれ、この変化は、カウンターカルチャーによって支配的になった快楽主義の圧力から生じたものでもあります。

学生1　他にも、先ほどおっしゃっていたように、共産主義を脅威とみなす認識もその要因だったのではないでしょうか。30年代はそうではなかったけれど、70年代には、それは脅威とみなされるようになりました。共産主義は敵なのだと。

MF　そうですね、70年代はまさしく冷戦の時代です。第二次世界大戦後、まるでソビエト連邦が公式の敵になったかのようで、多くの主要な労働組合も結集し、「主たる問題は共産主義である」という考えを支持していました。30年代には、事態はまだ固定されたものではありませんでした。唯一の敵、唯一の問題などなかったのです。

もちろん、30年代にも歴史的な一大事がありました。何でしょうか？

学生3　世界大恐慌ですか。

MF　そう、まさしく。世界大恐慌が極左に力を与えました。

けれども60年代後半と70年代初頭は、人は打破すべき状況をもっていなかったと思います。

状況がまったく違っていることですが、73年に始まった不況こそが、闘争を終わらせたのです。

いったいなぜそうなったのでしょう？

学生4　新自由主義が始まったからですか？

ＭＦ　そうかもしれませんが、一連の政策及び理念としての新自由主義はすでに存在していました。40年代にまで遡ることができると思います。

学生4　とはいえそれが主流になったのは……。

ＭＦ　はい、確かに70年代です。けれども、70年代初頭は——それが面白い理由でもあり、強調したいことでもあるのですが——要するに70年代後半に新自由主義が到来して根付くための地ならしをしていた時期だったのです。ナオミ・クラインの著作［＝『ショック・ドクトリン』］を読めば、そのことが多少はわかります。たとえばチリに目を向けると相当はっきりすると思うのですが、アメリカ的には、それはより有機《オーガニック》的な失敗でした。わたしは諸々の理由で、この「オーガニック」という言葉があまり好きではありません。なぜアメリカでの闘争が70年代初頭に新しい覇権的な左派を生み出すことができなかったのか。それについては、多くの理由がありました。けれどもチリの場合、事情はかなり単純です。結局、わかりやすいことですが、そこでは新自由主義的な一撃があったのです。ＣＩＡがアジェンデ政権に攻撃を加え、アジェンデ政権を打ち倒し、チリを新自由主義的政策が初めて試行される実験場にしてしまったのです。

これを追っていくと、ひとつのストーリーが浮かび上がってきます。ほろ苦いストーリーだと思いませんか？　それが、この歴史の流れから引き出したいと思っていたことのひとつなのです。前代未聞の動乱、興奮、熱狂、新しい反権威主義、多様な左翼思想といったものと同時に、新自由主義の支配へと向かう死のカーブ、死への動き、死への横滑りがあったのです。これはわたしが「資本主義リアリズム」と呼びたかった何かです。2つの流れは実のところ、同時に進行していたのです。この本のサブタイトルに「労働者階級最後の日々」とあるのはそのためです。

たしかにこうした闘争にも輝かしいものがありました。しかしそれは多くの点で、物事が徐々に衰えていくよりも悪い状態をもたらしました。「かつて労働者階級は強いものであったが、それは70年代初頭に徐々に弱まり、新自由主義に取って代わられた」。これは正しい筋書きではありません。少なくとも、わたしはこの物言いが筋書きとして成立しているとは思いません。正しくはこうです。「かつて強い労働者階級が存在していた。だがその要素は吸収されてしまった。だが、そのとき階級政治に関する新しいヴィジョンも現れていた。それは階級闘争を予期しなかったやり方で刷新し、活気づけるものであった。だがその闘争も非常に早く終わりを迎えた。ほとんど始まるや否や終わった」。

先週、簡単にですがサルトルの『弁証法的理性批判』のなかの労働のダイナミクスについて話しましたね。もう一度言いますが、わたしはこの本をほとんど読んでいません。分量が非常に多いし、一種矢継ぎ早の妄言のように書かれたものだからです。とはいえ、サルトルは、わたしが今言ったダイナミクスをこの本で語っています。状況が新しくなって何かに対する闘争が存在しているとき、反乱には生きた熱が宿ります。けれども、当初の革命と叛逆の力が新しい支配者に統合されると、その瞬間に熱い反乱は凝固します。サルトルが語っているのは、力が凝固するこうした推移のことです。明らかに、労働組合において作用したのもこの力学だったことは明らかです。組合は片っ端から吸収されます。ヤブロンスキー殺害という最初の出来事からもわかるように[3]、組合は激しく腐敗し、最悪の仕方でアメリカ社会に統合されてしまいます。

だからといって、わたしたちは、刷新へのヴィジョンやその可能性を手放さないようにしましょう。

もしかして、階級意識ないしは集団意識という観点から考えると、先週とのつながりを打ち出せるかもしれません。こうした闘争を通じて、集団意識はどのような発展をみせたのでしょうか？　どうでしょう？

（沈黙）重要な点は？

学生4　集団意識の失敗、でしょうか？　新自由主義はわたしたちに、自分たちをより個人的な存在とみなすよう促したので、集団意識はもはや機能しなくなったという話でしたよね。

MF　はい、このテキストのなかでも述べられていますね。わたしは「集団意識」という言葉を、階級意識や他の意識の形態を含んだものとして用いています。ですが、そもそもそれで正しいのでしょうか？　階級意識はフェミニズム的意識や人種意識と種類の異なるものでしょうか？　どう思います？

　こんなふうに考えてみてはどうでしょう。新自由主義の人たちが企み、そして実際成功を収めたのは、「分割して統治する」戦術だった、と。これはカウィーが強調していたことでもありましたね。とりわけ、白人と黒人間の敵意をあおるために、白人たちを黒人たちに反発するよう仕向けたのです。さらにカウィーが取り上げ、わたしもこの講義で考えてみたいことは、70年代以降、反発を駆り立てる力として、ルサンチマンが発展したという点です。なぜなら、ルサンチマンはある意味で連帯を阻むものであり、意識を阻むものだからです。[4] ルサンチマンとは、「わたしは他の人がもっているものをもっていない」という思いであって、階級意識の基礎となる「わたしたち全員がもっともてるようになるべきだ」というものではないからなのです。

今日との関係で、考えてみたいのですが、わたしたちは70年代に階級意識が中心から外れていくのを目撃しているのではないでしょうか。そもそも「階級の脱中心化」とは何なのか……。そう、現在のわたしたちが目にしているのは、「階級の回帰」なのです！

学生1　今ですか？

MF　今です！　最初に階級の脱中心化を経験し、その次に、階級の除去が起こったも同然です。90年代には、カテゴリーとしての階級は、政治的な言説から実質排除されてしまいました。中流の問題、中流の重要性、中流の成長について、そして、ジョン・プレスコットと「新しい労働党」の時代における「わたしたちはみな中流階級だ」といった考えについては、後で考えたいと思います。最初の週にも話したことでしたが、この考えは分類学的に不可能です。ありえないのです。全員が中流階級になることはできません。全員が中間に存在することはできません。わたしたちが何の中間に位置しているというのでしょうか？

「わたしたちはみな中流階級だ」という文章の面白さは、その二重性にあります。この文句は、階級を否定すると同時に、階級を完全に克服することの不可能性を保証してもいるのです。なぜなら、もしわたしたちが本当にみな中流階級なのだとしたら、階級闘争のようなものはもはや存在しなくなるのですから。でも、ちょっと待ってください！　ここまできてもわたしたちは、いまだに「階級」について語っているのではないでしょうか？　そうなんです、「階級」

という語を使う必要はあるのですが、その概念をなんとか消去しようと試みながら使わねばならないのです。

ですから、イギリスとアメリカにおいて――わたしがそれなりに知っている2つの社会だから例としているだけで、どこか別の場所でもいいのですが――とりわけ70年代のイギリスにおいては、階級が実質的に人々の自己理解から除去されるであろうという考えが顕著になりました。90年代には「階級はもはや存在しない」という考えが事実になったような気さえします。

しかし、今年起こった大きな展開によって、わたしたちは「階級の回帰」を目にしました。けれども、それは階級意識なき階級です。わたしはこのことを考えてみたいのです。イギリスではブレグジットがあり、そしてアメリカではトランプの勝利がありましたが、これはどちらもかなりの程度、階級ないしは階級の力学に影響されていました。けれども、自己意識をもったプロレタリア的行為主体の主張に基づいたものではなく、それとはほぼ逆の事態でした。

今回のテキストは、この点においても重要です。このテキストにこだわるのは、そこに交差的《インターセクショナル》な階級政治の可能性が書かれているからです。

今日、「インターセクショナル」という語は、階級政治を完全に排除する何かを意味するものとして、しばしば用いられます。また、近年のアメリカ大統領選挙をめぐって、「階級という手札を使うことができたのは果たしてトランプだったのか」といった数々の議論を目にすることができるでしょう。［トランプのやり方は］多くの点で馬鹿げたものだったとは思いますが。[5] 大金持ちの、いや億万長者の彼が、どうしてそんなことが可能なのでしょうか？　トランプは不動産のデベロッパーで、資産を相続した人物であり、つまり自力で何かを成し遂げた人物ではないわけですが、そんな彼が、どうして労働者階級の心配や不安、主体性を、もっともらしく腹話術の人形のように語ることができるのでしょうか？　これはいい指摘です。でもトランプはなんとかそれをやりおおせたのです。それにはいくつかの複雑な理由があります。そのうちのひとつに、「幻想」がありました。つまり、従属的な立場にいる人々に「自分は成功者なのだ」という幻想を抱かせることで、階級意識を抑圧することができるのです。実際、『ハーバード・ビジネス・レビュー』の記事に、「金持ち」と「プロフェッショナル［＝専門的職業人］」の区別を扱ったものがあったのですが、労働者階級に属する大多数が——これはルサンチマンの問題にまた戻るのですが——法律家や医者、教師といったプロフェッショナルを嫌い、金持ちに自己同一化すると書かれています。[6] 労働者たちは金持ちには問題を感じていないということです。理由のひとつは、人々は自分たちがすでに金持ちである、ただまだ金がないだけだ、そう考えるよう促されているからだと思います。レディー・ガガが「わたしはすでに有名だった、みんながそれを知らなかっただけ（I was already [I've always been] famous, you just didn't know it yet.）」と言ったように（笑い声）。あらゆる物事はこんなふうに進みます。そんなわけで、しばしば、社会の貧困層が、富裕層に不利な税制改革に反対するといったことが起こるのです。どうしてでしょう？　それはつまり、そうした貧しい人たちも、心のなかでは、すでに裕福な存在だからです。これは彼らが間違っているとか、間違った思い込みであるとかではありません。彼らは自分たちを金持ちだと思うように促されているのです。

（沈黙）

すいません、括弧に入れておくべき話が長くなりました。今どのあたりまで話したかわからなくなっています。

……そうそう、このテキストに書かれていた逆転現象の終わり、あるいは逆転現象から生じるものについて考えていたのでした。70年代には、階級は、労働組合と同じく非常に強い牽引力をもっていて、他のあらゆる懸念も、この階級という概念に引きつけて考えられていました。けれども、階級は脱中心化されていきます。そして、脱中心化されている局面であるにもかかわらず、階級はまだ存在していました！　これは他の種類の闘争、とりわけ人種とジェンダーについての闘争を排除するものではありません。これら3つはすべて、少なくともある程度、有機的に関連させることができるものでした。そして、階級という用語を使っていいなら、階級は、たとえば人種に勝る、ともいえたのです。階級の方が人種よりも重要というわけではなく、人種概念が階級意識の向きを逸らしたり、それを挫いたりする方法としても用いられるからです。今でも目にしますね。

そう考えると、先週強調したように、階級意識とは、すでに存在している事態がどのようなものであるかを単に認識することではありません。わたしがこのテーブルを意識しているとき、それは単に、すでにそこに存在しているなにかを意識しているだけです。けれども、ルカーチが述べていたように、もしわたしが集団的な意識主体の一部となったなら、そのとき、そこに存在した意識が原因となり、何かが実際に変化します。実社会の性質は、意識の発展によってすでに変化を被っているのです。

階級は現実のものとしてそこには存在していない、といえるかもしれません。階級意識とは、連帯の形式としてつくり出されるべきものです。たとえば黒人の労働者と白人の労働者を結びつけるような連帯の形式であり、こうした連帯に基づく階級意識が、実社会を現実に支配している諸傾向に逆らいます。［他方で］まさしく実社会では、労働者たちを互いに争わせ、連帯という事実を激しく憎むようにし続けることで、意識が連帯する数々の可能性を抑圧するよう意図されているのです。

ですから、こうした闘争は微かな光であります。いや、それ以上のものでしょう。こうした闘争は何年にもわたっておこなわれ、ヨーロッパや他の世界各地で進行していたことに影響を与えていました。変化することに強い意味があったのです。しかし、脱中心化が行きすぎたのではないか、ということも指摘したいのです。つまり階級が取り除かれてしまったのです。人種、ジェンダー、あるいは他のものに関わる闘争が前面化しても、階級がその状況から取り除かれてしまうと、すべてが決定的にゆがめられてしまいます。他の種類のアイデンティティや闘争の形式よりも階級が重要である、とは必ずしもいえません。しかし、階級が存在しなくなると、その不在が空虚な穴のようなものとなり、所与の状況は必然的に不完全なものになります。すでに言いましたが、階級そのものが本当に消え失せたわけではありません。消え失せ、沈没したのは階級意識なのです。階級それ自体は逃げません。そして実際、今日における階級的なものの再浮上は、左派ではなく右派に有利なものとなります。その理由は、階級というものの機能の仕方が右派に好都合だからです。言い替えると、階級はアイデンティタリアン（訳注1）的ルサンチマンの一形式とみなされるようになりました。60年代の終わり以来、右派はこうした憎悪を増幅させ続けてきたのであり、これもまた、ニクソンが重要人物であることの理由なのです。

トランプも本質的には、以前にニクソンがおこなっていた身振りを反復しています。それはアイデンティタリアンの労働者階級へのアピールです。アイデンティタリアンの労働者階級とはどういう意味でしょうか？　わたしはこの言葉を、意識や行動主体によって定義される階級ではなく、「そうであるよう命じられた固有のアイデンティティに基づく性格によって定義される階級」という意味で用いています。

学生4　それはある種の物象化プロセスのようなものでしょうか？

MF　もう少し詳しく聞かせてもらえますか。

学生4　70年代以来、階級構造を非物象化しようとする試み、すなわち階級を実在しない非具体的なものだとみなし、書き換えようとする試みが続いてきたと思えます。そして、それはその試みに一貫性がないことも証明しています。なぜなら、事態としては、一年か一年半のあいだに、特定の右派政党によって階級は再物象化され、もう一度具体的なものにされたのですから。

MF　そうですね。ですが、それは昨年だけの話ではないですね。

学生4　そう思います。物象化のプロセスはどういうものなのだろうと考えていただけで。

MF　ああ、それはいい考え方ですね。本当にそのとおりです。そうなると、「アイデンティタリアン」という単語は、「階級とは何か」ということが物象化した姿とも言えますね。

だから、70年代以降の右派、つまり新自由主義的な右派の台頭は、このプチブル的な自己同一化と部分的に関係しています。あなたは自分のアイデンティティを保持したまま、富を増やし、自営業者になることができます。自己の主体の特徴を失う必要もないし、自分を定義するものとして認めている実生活を失う必要もありません。すべてそのままでよいですし、それらすべてが階級的要素として理解されます。それが、現在の労働者階級にそなわる、文化的資質なのですから。話し方、振る舞い、ある種の価値観などがそうです。こうしたものは変わらないままに、さらに裕福になれるのです。

しかし、アイデンティタリアン式に階級を取り込んでしまうこうしたあり方こそが、まさしく階級意識を無力化するために必要とされたものだったのです。それはある意味、階級意識とは対極にあるものです。階級意識とは、「わたしはいまこうした財産一式をもっているから、ある階級的な位置にいることができる」といったものではなく、むしろ、「所有している文化的、人格的、主観的な性質がなんであれ、わたしたちは共通の階級的な位置を占めている」というものです。わたしたちが同意して行動すれば、自分たちはこういった階級意識を共有しているのだと考えれば、その瞬間にわたしたちは変わります。変身します。

これは、先週のルカーチでも問題となった問いとも対応しています。「どの階級が資本主義の終わりを想像できるのか、あるいはその死刑執行人となるのか？」という問いですね。答えはプロレタリアートです。プロレタリアートが既存の根拠をすべてそなえているからではありません。そうではなく、プロレタリアートは階級闘争のなかでのひとつの位置を占めているからであり、さらには、資本の利益に明確に対抗する共通の利益によって定義される存在だからなのです。

学生5 トランプが大統領選に勝利したとき、欠陥があるかもしれないがしかし別種の階級意識がいくらかつくり出されたのではないでしょうか？　プロレタリアートとブルジョワジーではなく、普通の人々と政治家という階級の意識が……。

MF そうですね。

学生5 なぜなら、トランプは最終的にさまざまな人たちから票を獲得したのですから。トランプは女性の票を得ようとし、ヒスパニック系の人たちからも多くの票を獲得しました。女性やヒスパニック系の人たちに対して酷いことを言っていたにもかかわらず。それでもトランプが勝利したのは、「彼は政治家ではなく、わたしたちの側にいる」という意識をつくり出したからではないでしょうか。人種やジェンダーなどといったものはあるが、結局わたしたちは政治的階級によって抑圧されているのだ、という意識を。

MF そうです。

学生5 さだかではありませんが、トランプはそれでも「ある種の意識」をも高めたのではないか、と。大なり小なり、労働闘争のなかで忘れられた人たちの目的論的な物語のようなものを。「はい、組合はあります。でもそこから黒人は排除され、ヒスパニック系の人たちは排除された、女性たちも排除されています。その［排除の］上で労働者階級がいる、ということですよね」という……。ちょっとわからなくなりました……。でも基本的にわたしが考えたいのは、「異なる種類の階級があったとき、階級意識の悪いところが出てくるのでは？」ということです。なぜって、あらゆる種類の階級による階級意識、あるいはあらゆる集団による集団意識をつくれるかどうかは疑わしいように思うんです。先週の話にありましたが、フェミニスト的スタンドポイントから自らを意識することは、「いいでしょう、わたしの敵はわたしではありません、敵は家父長制です」と認識することと同義です。でも、あらゆる種類の事柄に対して、同じことができるでしょうか？　わたしの服が縮むのはわたしのせいではなく、洗濯機のせいです。このような意識はつくり出せますよね。でも、洗濯機の使い方を誤ったのはわたしなのでは？**（笑い声と、異論を唱えるつぶやき）**これは意識という観念の誇張です。たぶん望めば、あらゆる事柄について同じような考えをつくり出すことができるでしょうし、もしかするとこれがトランプとともに起こった出来事だったのではないかと。

学生1　でも、なぜそれがトランプになるんですか？　だって、ギリシャのSyriza［＝急進左派連合］の場合、逆のことが起こりましたよね。Syrizaは、国を破壊するような政策に反対する庶民階級ないしは庶民を代表していましたし、スペインのPodemosも同じです。でも両者は政権をとれなかった。だから、トランプの場合とは違うと思います。SyrizaやPodemosは、

２００８年の経済危機に発する問題ではないでしょうか。経済の知識はもっているのに、人々と協力して経済を運営しなかった人たちがいたのです。ですから、これは庶民と経済の知識をもっている人との対立ではないかと。

学生４　そうです、それがまさしくわたしの言いたかったことです。この対立を「ポスト資本主義の欲望」と呼ぶなら、敵は資本主義ということになるでしょう。敵は意識ではありません。ですから、問題となるのは資本主義であって、権力をもつ政治家たちの問題ではないような。

学生１　でもトランプはレイシストで、女性蔑視主義者《ミソジニスト》で、そしてとんでもなく金持ちです。トランプのような年長者にとっては、ある意味で、問題は支配者層にある、ということになるのでは……。

学生４　でも、トランプは政治家ではないわけで。

学生１　ええ、ですが、［トランプにとって］政治家は支配者層から派生したものでしかないですよね？　トランプは職業的な政治家ではないのです。

MF　みなさんの質問には、少なくとも２つの要素が関わっていると思います。ひとつは、どれほど多様な意識の形態をわたしたちがもてるか、ということです。もうひとつは、誤った意識が存在するのではないか、という指摘です。洗濯機の例は誤った意識です。それは単に間違っています。

学生4　でもそう信じ続けることは可能ではないですか。

MF　はい、可能です。けれどもハートソックは、実際は、意識はかならず真理［＝真実］と関係すると考えているようです。思い出してみてください。ハートソックはポストモダン的な相対主義者ではありません。これは重要な点です。スタンドポイントの概念が非常に強力な理由もこの点にあると思います。この概念はつねに「真理」という観念と結びついています。ハートソックの考えによれば、2つのスタンドポイントが存在しています。あなたたちが言うところの、支配する側と従属する側という2つですね。これは、マルクスや階級［理論］によれば、プロレタリアートとブルジョワジーとなります。この2つのスタンドポイントがありますが、ひとつは誤りです！　正しい状況を説明してくれるのはひとつだけです。従属しているおかげで、正しい状況認識が獲得できるのです。ここが重要なところです、いいですか？　従属している人たちは、ある意味で2種類の認識をしているから、より真理に近い見通しを得ることができるのです。支配者たちは自分たちのストーリーの内部に閉じこもるだけです。

学生1　でも、真理についての意識とはどういった意味ですか？　今年の流行語に選ばれた「ポストトゥルース」[7]について、現在多くの議論があるようです。真理《トゥルース》が意識と関係するならば、それはどのような意味においてでしょうか？「今現在」どのような意味があるのか、ということです。

MF　なるほど、この質問は真摯に取り上げたいですね。まず、より妥当性のあるスタンドポイントが存在するという考えは正しいのでしょうか？　こうしたスタンドポイントが、この時代における社会的関係について、より正しい見通しを与えてくれるかどうか。本当に与えてくれるでしょうか？　それとも、真理など存在しないというポストモダン的な相対主義が正しいのでしょうか？　なんであれ、いかなるスタンドポイントとも関係をもたないが、それゆえにいかなるスタンドポイントにも依存しない真理の形式が存在するという、古典的な啓蒙哲学の客観主義の方が正しいのでしょうか？

以上の意識と真理に関する問いは、ワンセットです。けれども他方で、もうひとつのセットとして、実践的政治についての問いがあります。これは、意識のさまざまな形態を増殖させることについてのものです。

意識をアイデンティティとは異なるものとして捉えられるでしょうか？　これは以前に話そうとしていたことでもあります。アイデンティティとは、自分たちが現在何者であるか、何者であり続けてきたのかを考えるための解決策だったはずです。他方で意識は、それが変化しうるものであるという次元で見ると、意識が発展したときに現れる変化した行為主体を必要としています。意識とは、物事が現在どうであるかとは関係ありません。意識は――後でもう一度取り組むことになるかもしれないテーマですが――、アイデンティティが生じるときの超信

(hyperstition)[訳注2]的ともいえる何かに関係しています。アイデンティティが生じるとき、何が起こるのでしょうか？

　ですから問題は、社会が「何であるか」と、「社会がどう変化しうるか」との根本的な対立にあります。階級やジェンダー、人種の対立など、すべてそうです。けれども、現状で立ち止まる必然性はありますか？　わたしたちは進んでいけるのです。けれども、意識の増殖それ自体が、政治的な戦略の問題だったとしたら、どうでしょう？　あるいは、こうしたあらゆるものを一緒くたにできるが、問題はそれをいかに接合するかにある、ということでいいのでしょうか？

学生5　すいません、もう一度説明してもらえますか？

MF　はい、問題は接合です。異なる闘争間を結びつけることと、それを接合することです。

学生5　支配的な立場によってなされる、支配的な言説のなかでは、接合が問題になるということですか？

MF　そうです、支配的な立場に対抗するものとして、です。つまり、こうした意識が増殖しても、もし結びつきがあり、接合があるならば、増殖することについての実践的な問題は必然的に存在しなくなると言えるのではないでしょうか。あるものが他のものを否定し、傷つけるものだとみなされるなら、それは問題です。ですから、そこに「集団意識」という包括的な用語を用いる理由があるのです。わたしたちが今いる場所からのラディカルな転換を目指す、変化の可能性に満ちた集団意識として、この用語を用いる理由が。

学生6　異なる種類の複数の闘争が、意識というより、むしろ個人主義という考えを結果として強めてしまうのであれば、まさしくこのことがひとつの政治的問題となるのではないでしょうか。カウィーの本でも、この問題は70年代の組合運動への幻滅を引き起こした理由のひとつに挙げられています。「右派にとっても左派にとっても問題となるのは」と述べた後、その理由が長めにリストアップされます。「男女平等憲法修正案（ERA）、人種平等のバス乗車運動(bussing)、妊娠中絶、アファーマティヴ・アクションは、後年「アイデンティティ・ポリティクス」や「人権意識」と評される一般的な傾向と同様のものである」[8]と。その結果、集団意識に代わってさまざまな問題がごちゃ混ぜになり、個人の意識が肯定されることになりました。これが組合運動への幻滅を生んだ主要な理由のひとつだったのです。

　だとすると、これは政治的問題です。集団意識を遠ざけて、より個人主義的な方向へと向かわせたのですから。

MF　いや、必ずしもそうではないかと。ジェンダーや人種という考えをもてば、その人は個人的ではなくなるでしょう。違いますか？　こうした概念は構造化されています。他方、個人意識は、定義の上では、同じような仕方で意識化されることはありません。それは異なる感覚をもった意識なのです。個人意識とは、意識の日常的な感覚のことであって、これこそが、ルカーチ的な意味での「反－意識（意識に反するもの）」なのです。なぜなら、階級意識という意味での意識とは、「本当は個人など存在しない」という考え方だからです。存在するのは、構造化する力だけです。

もちろん、あなたの考えにもうなずけるところはありますよ。１９７０年代以降実際に起こったことのひとつに、こうした「反－意識」の発展がありました。自分たちは個人であって階級に属していないとみなす人たちのなかで。

とはいえ、闘争の他の形態を理解するためにここで問題となっているのは、アイデンティティを階級ではなくモデルとみなすアイデンティティの論理ではないかと思います。そしてこの論理こそ、右派がこうした闘争を攻略する方法だったのです。なぜなら、革命を起こす階級として女性を定義すると、今現在存在している女性の肯定的な側面と相容れなくなるからです。また、あるマイノリティの人種グループを同様に定義することも、現在のマイノリティの肯定的な側面を否定することになります。そうした人たちは、構造的に敵対的立場に置かれており、変化の可能性を潜在させているので、ひとたび意識が発展すると、潜在的な革命主体となるのです。

けれども、もしわたしたちが、自分がすでに所有している側面から自分たちのことを理解するよう促されたなら、この理解は物象化の形式に依拠しています。XはXに等しい。すなわち、あなたは、あなたがすでに自分はそうであると同定している存在でしかない。今わたしが言っているのは、最近の選挙と関連してアメリカで進んでいたことの一部です。つまりは、「階級政治vs.アイデンティティ政治」という古い筋書きです。しかし、こうしたことが起こった理由は、階級モデルではなくアイデンティティモデルに基づいて、ジェンダーや人種の闘争に関わる人たちを分離したことにある、そう言いたいのです。

ジェンダーや人種に関わる闘争を、アイデンティティの闘争とみなす必要はまったくないのです。

そうなると、今やこうしたものは何に関係するのでしょうか？　台頭する右派、英国独立党（UKIP）、トランプの成功……これらはすべて同じようなものですが、これは偶然ではありません。わたしが先日見たのは、トランプがナイジェル・ファラージに仕事をあげていたところ、なのですかね？[9]（笑い声）あっていますか？　けれど、これには意味があるんです。階級意識を抑圧するために階級政治をおこなうのと同じ戦略をとっているのですから。つまり、労働者階級の人たちのルサンチマンに訴えているのです。筋書きはいつも同じです。「それはわたしたちじゃない、奴らだ」。あるいは「それはあなたたちじゃない、奴らだ、奴らが問題なのだ」。これが膨れ上がると、人種差別的な議論が起こります。なぜそうなるかというと、つまり、これは階級と人種との接合を否定してしまっているのです。階級と人種が変化するポテンシャルを否定するべく、この両者は一緒くたにされます。人種意識および階級意識が発展する可能性を抑圧するために、あるいは、人種および階級が適切に接合された領域で集団意識が発展するのを確実に止めるために、階級と人種とが一緒くたにされるのです。

なぜそうするのか。階級意識は人種に基づく意識と対立するようですが、実はそうではないからです。現実社会ではそのように思えるかもしれません。けれども、言うまでもないことですが、本当の階級意識はあらゆる人種を含みうるものです。ですよね？　ある人種はこの階級に属していて、別の人種はそうではない、とは言えません。階級意識がなぜそんなにも重要かというと、それは包括性があるからです。それはあらゆるものをカバーします。

これは右派の視点からは断じて忌避されなければならないものですよね？　あなたたちも右派的な種類の意識が発展するのを望んではいないでしょう。ですから反対に考えてみましょう。では、いかなる種類の意識が発展するのが望ましいのでしょうか？　さまざまな種類の従属や搾取などによって現状がどう維持されているのかを認識している人たちは、何を望むでしょう？　ですが、こうした考えも手放さなければいけないですね。本当の集団意識が発展する条件は、こうした区別を捨て去ることなのですから。

トランプやＵＫＩＰがもち出した、人種として区別された他者という考えは、捨て去るべき区別のひとつです。右派の別の立場としては、すでに見たように、階級意識のゆがめられた形態があると思います。この形態は最富裕層に反抗しようとしません。階級的な差異の主たる生産者である資本に逆らうことを、まったく目的としません。しかし、諸々の知的専門職「＝プロフェッショナル」に対しては異を唱えます。特にアメリカにおいてですが、人種差別される人たちと知的専門職に共通点があることに気づきました。つまり専門家階級とは、一般人は受けることができないが、差別されている人たちになら許されている特別扱いを受ける存在だということです。ここでの「一般人」とは、WWC、すなわち労働者階級の白人（White Working Class）のことです。

　現在の局面およびこのテキストには、このゆがんだ否定性を見ることができます。複数の闘争を正しく接合する可能性もありましたし、変化した新しい世界への入り口も増えていました。ですが、それらはゆがめられたのです。そうした可能性や視点は後退しました。ポテンシャルは遮断され、歴史的変化が現実に起こりましたが、それは、状況の変化を引き起こしました。そのひとつが、さっき言った不況だったのです。

　つまり、カウィーは相対的な繁栄状況への道筋を書いてもいるのです。60年代の労働状況は、繁栄をひっくり返してしまいました。すでに存在していた労働組合の力を前提として、要求はより力を得て強いものとなり、質的なものの要求へとシフトしたのです。そして、さっきあなたたちも指摘したように、とりわけ近年のオートメーションによって、不況が訪れると、労働者組織は多くの力を奪われました。

そろそろ、わたしたちが航海していかねばならない世界の姿を描いてみましょう。失業者の増加、オートメーション、階級的力の衰退などが起こりました。あなたたちが言っていたように、カウィーが「わたしの10年」と呼ぶものへの転回が起こりました。それは個人主義的な文化、クリストファー・ラッシュの説明によれば「ナルシシズム文化」と呼ばれるものへの転回です。ラッシュにとっては、このナルシシズム文化は多くの点で個人という感覚を損なうものでしたが、これについてはしばらく置いておきましょう。[10]

このカウィーのテキストの力は、ポスト資本主義へ至る潜在的な道筋を垣間見せてくれた点にあると思います。もしこの転回が起こらなかったなら、どうなっていたでしょうか？　もし70年代に、革命に対抗する勢力が自身の権利を主張できていなかったとしたら？　その代わりに、労働者たちの新しい連帯やカウンターカルチャーなどが、持続的な仕方で一緒になって進行していたら？　労働の質についての要求が、労働を不要とする要求へと最終的に転化していたら？　こうした問いは、当時大発生した多くの反体制運動から提示されたものです。

つまりですよ、60年代後半から70年代初頭にかけての時期に、わたしたちは多くの点でポスト資本主義にもっとも近い場所、ポスト資本主義への転換点にもっとも近い場所にいたのです。

もしかしたら、今日に至るまで、これほど近い場所に行けたことはなかったかもしれません。今もそうした見込みはほとんどないように思える、違いますかね？

自分たちにこう問いかけてみたいのです。60年代後半と70年代初頭に闘争を導いていた条件や状況は何なのか、と。その条件・状況はあまりに特殊なため、反復不可能なのでしょうか？あるいは、もう一度、よりよい形で起こることが想像できるものなのでしょうか？

1973年が存在しなかったとしたら、どうなっていたでしょう？ 不況がなかったら？ 先に述べた諸々の反対運動の可能性から撤退することがなかったら？ 保守反動が展開しなかったら？ ポスト資本主義への移行が起こると想像できたでしょうか？ こうしたことに向き合うためのもうひとつのやり方は、現状が厳しいものだとしても、当時の状況に再び戻るにはどうしたらいいかを考えることです。

もしかすると、このテキストの背景にあるものも強調すべきかもしれません。本当のところ、このテキストの背景にあるものは、この講義の背景にあるものでもあります。しかしわたしは美学的な問いを前面にもち出したいと思っています。先に述べたような転回が、美学的、文化的な点でも、60年代後半と70年代前半に起こったのは、偶然だと言えるのでしょうか？

（沈黙）

ああ、いや、すいません、背景とか前面とかいったレトリックが必要な問題ではないのですが、ちょっと自分で答えてみますね。

それは偶然ではなかった、と言いたいのです。対抗的な運動のエネルギーを与えたものとして、カウンターカルチャーがありました。当時のカウンターカルチャーは主に音楽によるものでしたが、それだけではありません。音楽は、政治と同じくらい、解放された世界についての展望を与えていました。一種のポジティヴ・フィードバック・ループが存在していたのです。音楽が闘争に与え、闘争が音楽に与え返す。これが社会を変える力を方向づけるひとつのベクトルのようなものだったのです。そしてもちろん——わたしたちが今話題にするならアメリカの文脈になってしまいますが——黒人と労働者階級を支援する多くの力がアメリカの音楽文化を駆り立てていたことは偶然ではありません。

人種をめぐる状況を考えるならば、アメリカという国の奇妙さを真摯に受け止めておく必要もあります。公民権運動によって黒人が社会内で平等な市民として法的に承認されたのはごく最近のことです。今日目の当たりにするように、この法的承認はつねにいかなる手段によっても固守されているわけではありません。ブラック・ライヴズ・マターのような集団的運動が必要となるのは、そのためです。事実として、日常的な実践においては、黒人の命は正当に評価されていません。黒人の命は白人の命より重要ではない、そう考えられています。

　事態の変化が起こるより早く、60年代を通じて、黒人のアーティストたちが主導するポピュラーカルチャーが存在していました。これと時を同じくして、平等が法的に承認されたのです。つまり、多くの点で文化が先行しています。美学的挑戦と政治的挑戦の可能性を思考することは、同じ一本の道なのです。カウンターカルチャーがそれだ、この２つを接続するひとつの方法なのだ、そう言ってもいいでしょう。くりかえしになってしまいますが、今現在のわたしたちに欠けているものは、おそらくこれではないでしょうか？

　その点に深入りするのはやめておきましょう。30年代、70年代、そして現在へと至りました。ええと、わたしは算数が苦手でして……、30年代から70年代までは40年です。70年代から40年経つと２０１０年。そう、だいたい今現在の地点です。いいですね。いい感じの対称性があります。30年代、70年代、そして現在。うん。

　ですから、大まかな図式で考えると、30年代は革命を必ずしも生み出したわけではないものの、階級の力は強く肯定されていました。階級的な搾取以外に別の抑圧の形式があるという意識は、それほど強くありませんでした。70年代は、別の形式の抑圧と闘争についての意識が育ってきます。覚醒した意識の一部は、カウンターカルチャーのなかで表現されます。つまりカウンターカルチャーは単なる反政治的なものではなく、広範囲にわたる文化的表現の形式なのです。

事実、若者世代と年長世代という分離はある程度存在していました。この世代分離が、おそらく最終的には問題となったのでしょう。それがまさしく、人々の団結を阻んで分離する手段となったのです。72年の選挙で、マクガヴァンがニクソンに対抗してうまくことを運べなかった理由のひとつです。ニクソンは言いました。「あのバカな若者たちを見ろ、あなたは彼らとは違うだろう」と。あなた……。「あなた」とは誰のことでしょう？　そう、中年の、中流のアメリカ人のことです。またしても「中流」という幻想が現れましたね。実際には中流など存在していません。それにもかかわらず、中流は実際には「反－意識」の形式として機能します。そして、これはカウンターカルチャーが標的としたものでもありました。カウンターカルチャーは、こうした中流幻想に対抗するものとして自己定義していたのですから。とはいえ、カウンターカルチャー側のこうした自己認識もまた、優位な立場を獲得し、社会を支配する力を十分に獲得していくためには問題含みだったようです。

それはともかく、前に進むために考えてみたいことがあります。さまざまな文化的次元についてです。カウンターカルチャーはブルジョワ文化のなかで展開しますが、そのなかで、わたしたちはどうすれば、完全に変化した後の世界を想像することができるのでしょうか？　これについてわたしは、アメリカの黒人アーティストを通して考えてみたいと思います。黒人アーティストたちの成功が、アメリカ社会の人種力学を実際に変化させたのです。くりかえしますが、状況はけっして解決されませんでした。けれども文化によって、実世界にラディカルな変化が起こせるかもしれないのです。

とはいえ、どういった文化が変化を可能にするのでしょうか？　どういった文化ならそれを維持することができるのでしょうか？　これもまた、考え始めるべき問題です。重要なのは、あらゆることがうまくいくような、なんらかの理念が現実化したユートピアへと向かおうとする活動家の自由を奪わないことです。過去においては失敗しました。うまくいきませんでした。断絶の瞬間がありました。でも、かすかな光もあったのです。違った可能性があったかもしれない、そういう感覚がなにかありました。けれどもそれは光のある方へは進まなかった。いやむしろ、そのとき感じられた震えが、まさに文化的所産へと変化したのです。文化的所産だけが残され、それが冷めきった商品となり、個人的に消費されるものとして売り出されたのです。変化の時代における文化の弁証法的性質には、つねにこうした部分があります。文化はある意味で闘争に力を与えましたが、別の意味では、商品化へと向かう状況を醸成してもいたのです。そして、とりわけ、60年代のカウンターカルチャーのなかで現在も残っているのは、商品化された遺物たちです。かつて闘争に参加していたものの遺物が、商品としてノスタルジー的にパッケージ化され、もはやかつてのような特徴は失われてしまっています。そこにはいかなる光も見出せません。現在わたしたちが商品にアクセスするとき、闘争とはもう起こってしまったもの、また消滅した何か、として受け入れられているのです。

　これはある意味で、わたしたちが話題にしていたもの、つまりカウィーが新しい「ムード」と名づけていたものと関係します。ムードとは何でしょう？　ムード、それは文化的な変化です。個人主義と「わたしの10年」に向かう変化、「わたし」という観点で考え、「選択」という観点から考えることへと向かう変化です。個人的な選択が、集団的な変化といったものよりも優先されるのです。

　何がこうしたムードを導くのでしょうか？　こうしたムードに至る状況をすでにいろいろ見てきましたから、状況はずっと維持されるはずだ、と考えるかもしれません。

　こんなふうに考えてみましょうか。ある人物について、あるところではあるアイデンティティ、つまり白人の労働者階級に属していると考え、けれども同時に、そうした人たちを個人として考えてみる。するとどうなるでしょうか？　すでに答えのようなものはあります。そう、これは階級をアイデンティティへと部分的にゆがめることになります。つまり、すでに言ったように、アイデンティティはそのとき、わたしたちが認識し所有している、決まった一連の財産となります。財産が個人のアイデンティティに見合うものだという考えは、共通の利益や闘争から関心をそらせて、個人的な主体性の方を見つめる眼差しへと向きを変えさせるのです。

わたしたちはみな、この階級的アイデンティティに属するものとして、確固たる特質を共有しています。けれども、その枠内では、自分自身のやり方でしか主体性を発展させることができません。わたしたちが共通の利益によって定義されることもなければ、共通の利益を発展させることを通じた現状の克服によって定義されることもありません。

カウィーの筋書きの帰結を描き出してみました。寓話的なものとして描いたつもりです。彼の筋書きのなかで、わたしたちはどうなったでしょう？「個人的なものへ引きこもり、日々の対立が煮詰められた鍋からは散発的な反抗が沸き起こる」[11]、こんな感じで幻覚から覚めるのでしょうか？

社会を乗り越えようとする新しい力の布置へと近づいていくにつれて、ラディカルな拡散状況、エネルギー低下、幻滅、自己中心主義、引きこもりといった状況に陥っていきました。これは数年のあいだに劇的に起こった逆転現象です。70年代初頭に、こうした困難のピークが訪れ、そして即座に消失しました。

わたしはこのテキストにリビドー的な次元の作用が働くことを期待して、このテキストを講義で扱うことにしました。欲望の問題……、いやむしろ別の問題なのかもしれませんが、リビドーと欲望は異なると考えています。リビドーとは、何を求めるかということのみならず、なぜそれを求めるか、でもあります。その意味では、リビドーの原因は「対象」です。対象によって何が掻き立てられるのでしょうか？　数々の闘争は、カウンターカルチャーによって、欲望の新しい形式を生産するものとして統合されます。このことは初回に扱いました。アップルの広告などを話題にして、欲望の形式がもつ「吸収する力」について話しました。この力はまさしく個人化を促すもので、あらゆる欲望を、「より成功した個人になりたい」という欲望へと変形させます。ですが、このテキストで提起されたものは、異なる種類の欲望、異なる種類のリビドー、変化した世界への欲望の幽霊でもあります。文化における表現は、政治的闘争に力を与えるけれど、それは多くの面で、実際の政治的闘争がもちうる力よりも強力だと言えそうです。まさしくそのために、文化における表現は、なんとか政治的闘争を生き延びて、実際の出来事の後でも懐古的な形で商品化され得るのです。

学生7　すいません、最後のところ、もう一度説明していただけますか？

MF　できるかどうかわかりません！（笑）何を言ってましたっけ？

　文化における表現は変化の可能性をもっているので、懐古的なものとして商品化されうる。これがまさに、文化における表現が強力だった理由なのです。なぜなら、商品化されたとき、変化のためのエネルギーが、残留したリビドーのようなものになるからです。闘争のための条件がもはや存在しないときでも、そのリビドー、変化を内包したリビドーに、なおも働きかけることが可能なのです。それは果てしなく訴え続けるに違いありません。資本はつねに「革命的なもの」の方へ進んでいきます。「革命」という言葉は、今や商品化の鍵です。なんだかみなさん呆然と見てますね。でも、そういう商品をひんぱんに目にしませんか? 「革命《レボリューション》」という単語が商品として使用されているのでは? レストランの名前とかに。[12] 揺動、変化、創造性などのあらゆるものに訴えることが、広告の肝です。これについてはボルタンスキーとシャピロによる『資本主義の新たな精神』のなかで議論されています。みなさんおそらく読んでいないでしょうから、少しお話ししておきます。この本はこうした議論のための重要なテキストです。浩瀚《こうかん》な本で、必要以上に長大な感じですが、そこでの議論の多くが、まさしく、いかにしてカウンターカルチャーの勢力が弱まり、変化し、転向してしまったかについてのものなのです。カウンターカルチャーは単に負けたのではなく、資本主義の核となる構造に統合されてしまいました。その結果、創造性、自己の再発明といったものが、今やその核に必須のものとなったのです。つまり、カウンターカルチャーは資本主義の現在の形を写す鏡となりました。資本主義はカウンターカルチャーの中身を単に打ち負かすのではなく、それを代謝して変化させ、それを吸収し、自らの目的のために変形します。これについては、リオタールのテキストを用いて、来週から考えていきたいと思います。

欲望とマルクス主義のあいだには緊張が、潜在的には生産的なものとなる緊張が存在しています。「マルクスという名の欲望」です。マルクス主義のなかにある欲望とはなんでしょう?

労働者階級のなかでリビドーや欲望はどういった役割を果たすのでしょう？　リオタールがスキャンダラスな仕方で示したのは、労働者階級のなかにも資本主義的欲望が存在していたということです。そして確かにこれが鍵です。人々が、どの程度、資本主義を「欲望している」のでしょう？　逆に言えば、人々は、どの程度、ポスト資本主義を「欲望している」のでしょう？　最初に言ったことでもありますが、もし欲望が資本によって独占されるのであれば、どうなるでしょう？　わたしたちが必要としている変化はけっして起こることはないでしょう。そうでないとすれば、わたしたちは一方で理想の政治的プロジェクトをもちつつ、他方で欲望ももっているので、政治的なプロジェクトを実現させるためには自らの欲望を抑えなくてはならなくなります。これは高度な問題をはらんでいるとお伝えしておきます。

　ひょっとしたら、これはカウンターカルチャーのなかで見たものと正反対なのかもしれません。カウンターカルチャーのなかには、「わたしたちにはただ欲望だけが必要だ」といった内容のものがありましたが、これは１９７２年の選挙でマクガヴァンをめぐって起こったことだと思います。カウンターカルチャーにとっての欲望の力とは、「そう、わたしたちは組織的な労働などいらない」と述べるものでした。一方、組織化された労働は「いや、わたしたちには欲望の力などいらない。そんなものはいらない。それは混乱をもたらす。それは団結や固い意志、現存する労働制度の組織的な力を損なう」と言います。この両者の緊張関係、および両者を一緒に考えることの失敗も、今日お話ししたかったことのひとつです。両者を一緒に考えることには、何らかの意味があったのです。なんてよい考えなんだ、と思います。あのとき、組織化された労働とカウンターカルチャー的なリビドーを統合できたかもしれなかったし、それには何らかの意味があったのです。当時、束の間だけだったかもしれないけれども、可能なことでした。ですから、今わたしが伝えたいのは、ポスト資本主義的な欲望とは、両者の結びつきを、両者の接合を維持し続けるようなものだということです。

この理論については、来週少し戻って考えることにしましょう。簡単だけど、難しいことです。

来週のテキストを紹介してもらう人を決めていませんでした。来週どなたか、リオタールを紹介してくれませんか？**（学生がひとり手を上げる）**他の人、いいですか？　誰か他の人、別の角度から紹介してみませんか？　いいですかね？　それでは終わります。

はい、みなさんどうもありがとう。

（訳注1）自分が属するアイデンティティの文化・慣習・価値観を至上のものとする立場。

（訳注2）原語はhyperstition。「ハイパースティション」「超信」とも訳される。ニック・ランドによって用いられた造語。迷信（superstition）が単なる信念であるのに対し、超存は自己実現する力を備えた預言ないしは予言を意味するものであり、ランドは現代の科学技術と文化の連関のなかに、こうした預言性を見出している。ランドによれば、過去を現実化するこの力は一種のポジティヴ・フィードバック回路であり、資本主義社会の進展と非常に緊密な親和性をもつ。過去の虚構上のイメージを呼び出し、現実化する力とも解される。なお、コフーンによる編者解説の注3も参照のこと。

第5講
リビドー的マルクス主義

2016年12月5日

MF さあ、リオタールは理解できましたか？（担当学生が何か言おうとする）あなたが担当だとわかっていますよ。他にこのテキストから何か思うことがあった人は？

学生1 難解でした。

MF 難しかったですか？ 今まで読んできたものよりも難しかったですか？ ルカーチほどではないと思いますが。

学生1 そうですね。わからないところは……。

MF 誘導尋問になりましたが。

学生1 なかで完全に迷ったような感じで。

MF そうですか、同じような感想の人はいますか？

（みなしゃべる）

学生1　リオタールは皮肉を言っているんですかね？

MF　なるほど、一緒に考えていくために、引用箇所をいくつかピックアップしておきました。でも、まずは担当の人の発表を聞きましょう。

（学生が大きな声で長い導入を話す。リオタールのテキストのなかのいくつかの概念や特徴を以下のように要約する。「強度」へと向かうリオタールの力とマルクスの著作のなかに見られる情緒。マルクスのテキストの二項対立的な記述と、それに対して、まるでデリダのように格闘するリオタール。リオタールは理論家の男性老人であると同時に恋する少女であり、このことによってマルクス主義が「奇妙でバイセクシャル的なアッサンブラージュ」に変えられていること。

リオタール自身によって「悪書」と言われている『リビドー経済』は、深淵な理論による複雑なテキストであると同時に、侵犯とエロスの文学作品としても読める。１９７０年代半ば以降のポスト構造主義的な枠内で、リオタールはマルクス主義をバタイユ的な見方で捉えるからだ。哲学的文体およびジャンルと文学的なそれとのあいだの奇妙な関係によって、リオタールのこのテキストは極めて難解である

と同時に魅力的なものとなっている）

MF　本当に難しいテキストでしたが、うまく大きな問いを引き出してくれました。

　わたしがポイントだと思った箇所を見てみましょう。思うに、それは投げかけられた主たる課題であって、この講義でのちに扱ういくつかのテキストでも取り上げられることになります。テキストのいくつかの節です。１１１ページの真ん中の段落、および１１５ページから始まる段落です。

> しかし、「それが権力と支配、搾取と絶滅さえ、生み出すのである」、とあなたは言うだろう。そのことは完全に本当であるが、だがそれはまたマゾヒズムを生み出すのであり、一般工員の、彼の仕事および機械との奇妙な身体的調停［＝アレンジメント］を生み出すのであって、その身体的調停はとてもしばしばヒステリー装置を思い起こさせるものであり、それはまた、ある住民全体の絶滅を生産することもできるのである。たとえば、イギリスのプロレタリアートを見よ、資本が、すなわち彼らの労働が彼らの身体をどうしたかを見よ。しかしあなたは、それはそうであり、さもなくば死ぬことであった、とわたしに言うだろう。「しかし、つねにそうするか［＝エスであるか］死ぬかしかないのだ」、これがリビドー経済の法である。

いや、そうではない、法ではない。これは暫定的な、きわめて暫定的な、叫びの形をとった欲望の強度の定義なのである。「そうなるか死ぬか」とは、そうであり、かつ死につつあるということである。死はつねにそれの〔＝エスの〕なかにある。内側の皮のように、木の実の固い皮のように、だがその代価としての死ではなく、逆にそれを支払い不可能なものにするものとしての死である。また、たぶんあなたは、「そうする〔＝エスである〕か死か」を二者択一だと思っているだろう？　そしてもし労働者がそうする方を選んだら、もし彼らが機械の奴隷になったら、つまり機械のための機械となり、機械にファックされてしまうファックのやり手〔＝機械によってだめにされた軽蔑すべき者〕となったら、それも8時間、12時間、一日、一年一年そうなるのだとしたら、それは彼らがそうなるように強制され、拘束されたからなのか、彼らが生きることに執着していたからなのか？　死は二者択一の選択肢ではない。死はそうすることの〔＝エスの〕一部であり、そうすることのなかに〔＝エスのなかに〕享楽があることを証言している。イギリスの失業者は生き延びるために労働者になったわけではない。彼らは「断固として己を堅持せよ、そしてわたしに唾を吐け」と言いながら［MF　わたしはこの箇所が大好きです！（笑）］、ヒステリックでマゾヒスティックな消尽を享受していた。鉱山や鋳造所、工場のような地獄の場所にとどまることがどれほど消耗することであっても、彼らはそれを享受していた。つまり、自分たちに実際に課せられていた有機的身体を破壊す

> る狂気を享受していたし、農民の伝統がつくり出して彼らに与えていた自らの人格的アイデンティティが解体されることを享受していたし、家族や村落の解体も享受していたし、朝や晩の郊外やパブでの新しい途方もない匿名性を享受した。[1]

いいですかね。この箇所はある意味で、この講義全体のエピグラフとなるかもしれません。少なくともいくつかの側面では確実にそうです。これは加速主義をめぐる問題と大いに関係しています。そして欲望と資本主義との関係も導くものです。この箇所は単に、資本主義が農民の身体に、なにかまったく不快なものとして課せられているということを言っているのでしょうか。それとも、固有の欲望を生み出すものとして課せられている、あるいは、ここでリオタールが述べているような「忍耐の形式」として課せられている、ということなのでしょうか？　さらにリオタールは「いやいや、そうなのだ！　資本主義に内在するこういった忍耐の形式が存在しているのだ！」と言いたいようですね。ですが、プロレタリアートとは、こういった農民と同じではありません。プロレタリアート、産業社会のプロレタリアートは、ある意味で、旧世界の解体を享受するなかで生産されるものなのです。

そうなると、ここでポイントとなるのは——実際にこの章を通して繰り返されますが——、「資本の外部」という概念を覆している何か、です。転覆の運動がつくられ続けています。たとえば、この運動はボードリヤールに逆らう運動です。ボードリヤールについては後で見ましょう。1976年のテキストである『象徴交換と死』をのちほど参照します。議論の一部を紹介しましょうか。そうですね、ボードリヤールは一種の原始主義者です。つまり、ボードリヤールが言っていることですが、彼はリオタールと同じマルクス主義の議論にのっとっているものの、いくつかの点で、リオタール以上にマルクス主義者です。ボードリヤールは、等価交換を批判する考えを変えようとしません。どういうことか。マルクスの考えでは、資本主義ではあらゆるものが等価値につくられます。これが資本の本質、ですよね？　物質Xに等しい資本の仮想的な量が存在します。これが、資本主義のシステムにモノを参入させる仕組みです。これに対して、ボードリヤールは彼が「象徴交換」と呼ぶものを対置しました。リオタールも言っていますが、象徴交換とは、贈与と交換についてのモースの議論にも由来しています。モースとは？　マルセル・モースです。贈物の交換について、いわゆる原始社会で見られる実践についての研究でした。ポトラッチの研究について、聞いたことがあるという人はいますか？[2]　ああ、いるようですね。基本的に、ポトラッチとは儀礼的な贈与の形態で、しばしば潜在的に（それほど潜在的ではないときもありますが）攻撃性を伴います。相手に与える贈り物がどんどんエスカレートしていって、ときには「これ以上の贈り物があるか？」と言って、村すべてを焼き払うことすらあります。

ポイントは、この贈物交換において等価物は存在しないということです。等価値の法則が存在しません。もしわたしがあなたに何かをあげて、あなたが別のもので返すとする。そのとき、それらを等価値にする尺度は何でしょうか？　そんなものはありません。これがボードリヤールの言っていることです。これは贈与の論理です。等価値の法則とはまったく関係がありません。原始社会のそういった部分は、資本主義と完全に対称関係に置かれます。けれども、リオタールは資本主義の外部を見出そうとするいかなる試みも拒絶します。あらゆるものが原始的であるか、あるいは原始的なものなど何もないか。資本主義それ自体が原始的であるのか……。資本主義を転覆する領域はないのです。資本主義の限界を超えたところには何もありません。リオタールは１０８ページの最後でそう述べています。

> つまり、わたしたちに未開社会など存在しないと述べさせる第一の事態が存在する。これはつまり、資本に属するもの（あるいは政治経済）と秩序破壊に属するもの（リビドー経済）との分割がつねにうまくつくり出されることができるような外部の基準は、たとえそれが内在的なものであるとしても、けっして存在しないということである。欲望が明確に読解可能なものになるような基準、欲望に固有の経済がかき乱されることがないような基準はけっして存在しない。そして以下のこともはっきり理解すべきである。「かき乱される」とは、異質の悪

い審級によって妨害され汚染されることを意味しない。これは単に疎外が引き起こす問題にすぎない。[3]

ここにはリオタールが拒絶しようとしているものがあります、いいですか？　それは「疎外」という概念です。「ある疎外されない領域についての空想」とリオタールは言います[4]。ある種の二元論に基づけば、純粋な秩序破壊の領域、資本主義に汚染されない原始の領域がある、ということになります。しかし、そんな領域はありません。そんな空間はない。それがこのテキストがはなつ容赦ないメッセージです。リオタールがこのように、未開社会はこれまでただ一度も存在しなかった、そして今でもそんなものは確実に存在しないと考えたのかどうかは、はっきりしません。資本主義に汚染されずに機能していたであろうものにはアクセスできないのです。そしてこれが同じく意味するのは、革命的なものも外部には存在しないということです。

これは衝撃的なテキストです。今回の講義は「リビドー的マルクス主義」というタイトルですが、実際このテキストは、欲望による革命について書かれたものではまったくないのです。ボードリヤールのような、リオタールが親密なパートナーだとみなしていた人たちや、左派一般に対する、容赦ない暴力以上のことが書かれています。

先ほど紹介されたように、このテキストは１９７４年に刊行されました。68年5月から6年後です。当時起こった大事件からはずいぶん後のことです。さまざまなことがごった返しになってからずいぶん経ってのことですね。このことが、このテキストの基本的な雰囲気を彩っていて、個人的には、いろいろな意味で、もう2年早く刊行されてほしかったのですが……。このテキストは68年への応答として、あるいは、よりはっきり言えば、『アンチ・オイディプス』への応答として読むことが可能です。ドゥルーズ&ガタリによる『アンチ・オイディプス』は、68年に発表された偉大な書物であり、この年の5月に起こった多くの出来事を理論的な点から解読し解釈したものです。

当然のように68年5月を話題にしましたが、大抵の人はご存じでしょう。革命を求める動きがフランスで起こり、労働者と学生が一緒になり、街頭を埋め尽くし、まさに革命は間近だという気分でした。そんなふうにことは運ばなかったのですが。右派が力を強めるなど、バックラッシュも起こりました。68年5月に起こったことを右派が取り込んだことで、新自由主義的秩序とそれに続くものが始まった、あるいはそうしたものが打ち立てられた、そう述べる人もいます。

わたしが挙げたリーディングリストのなかにドゥルーズ&ガタリのものが入っていないのはある意味倒錯的ですが、『アンチ・オイディプス』は、その不在のなかに存在しているのです。

ドゥルーズ&ガタリは68年に起こった一連の出来事を理論化しました。欲望と革命が同時に進行するという考え、そして左派的なものが加味されたカウンターカルチャー的な風潮があった、という考えです。そして「主体」という語が実際に適切かどうかはともかく、革命的主体について、ある種異なる考えも提起しています。加速主義を取り上げる際にも参照すると思いますが、『アンチ・オイディプス』でもっとも知られているのは、「資本主義から逃れることなどできない」という一節です。世界市場から身を引くことはできない、だからそのプロセスを加速させる、ドゥルーズ&ガタリはそう言います。曖昧なことでも有名な一節です。この本は、マルクーゼとフランクフルト学派の後で、フロイトとマルクスを一緒に合わせて考えるもうひとつの試みです。そして、マルクーゼと同じく、欲望ないしはリビドーが、文明への不満と必ずしも対にならないという立場をとります。フロイトの大いなる悲観主義の本質は「文明が存在する限り不満が生じる」という定式にあります。なぜ不満が生じるのか？　なぜなら、マルクーゼのところでわたしたちが確認したように、欲望は、労働を必要とする生の構造とけっして釣り合うものではないからです。こうした意味での労働には、欲望の鎮圧が伴います。そして、その他のあらゆる抑圧がその後に生じるのです。

　ここまでいいでしょうか。リオタール、ボードリヤール、マルクーゼ、ドゥルーズ&ガタリ、こうした人たちがしているのは、資本主義を転覆させる試みであり、リビドーについて、そしてリビドーと政治の関係について再考する試みだと考えられます。そして、もしわたしたちの社会が必然的に欲望と労働の調和［そして相互妨害］に基づいていなかったとしたら、社会はどのようなものになるのか、それを考える試みです。

思うに、リオタールもわたしたちもまだ、資本主義の転覆という点について、ポジティヴな見通しを得られずにいます。少なくとも、この章ではそうです。別の章では実際どうなのかはわかりません。ある点においてはニーチェに対してある種皮肉を述べているにもかかわらず、むしろ非常にニーチェ的なテキストであり、さらにドゥルーズ&ガタリの影響も感じさせます。ドゥルーズ&ガタリからの影響は、たとえば内在性へ向かう傾向、内在的な方向の強調に見られます。それは一種のフラットさに向かう傾向であり、二元論や、二項に分裂させる考えに逆らって、唯一の平面が存在するという考えに向かうものです。たとえば「原初のもの」と「現代のもの」といったさまざまな二項対立に抗する考えです。そこにはまた、「批判［＝批評］の拒否」という観点もあるように思えます。批判の拒否も、またある種ニーチェ的な考えであり、ドゥルーズ&ガタリ的思考です。〈強度＝ゼロ〉という考えもまた、ドゥルーズ&ガタリのものですね。

学生2　（質問はよく聞こえない。おそらくリオタールの奇妙で曖昧な概念である「大いなるゼロ」についてだと思われる）

MF　確かに、それはドゥルーズ&ガタリの「器官なき身体」と似ていると思います。「大いなるゼロ」は可能性の最大値の地点であり、存在と不在というよりは、ゼロおよびゼロとの関係での強度が存在するという考え方です。ドゥルーズ&ガタリが器官なき身体について語るときもこれと似ています。これは、純粋な潜在性であるような何か、という概念です。わたしたちが数え上げるとき、背景になっている出来事、つまり、ゼロとの関係で強度を数えるということです。

学生3　つまりプラトー（訳注1）のようなものですか？

MF　ゼロがですか？　そうですね、そう考えることもできます。けれども、ゼロとはわたしたちがゼロについて考えるそのやり方そのものです。ゼロとは、実際に存在している何かが存在していない地点です。強度を目盛りで考えてみてください。温度の強度でもなんでもいいです。ゼロとは温度の不在であると同時に、温度をあらわすのに参照されます。それはつまり、一種の温度です。ゼロは温度です。温度の欠如であると同時に、他のあらゆる温度がそこから数えられるものです。これがゼロについての考え方だと思います。

学生4　器官なき身体も同じでしょうか？

MF　そうです。器官なき身体と近いと思います。

学生4　そうなると、つまりは現前しているけれど、現前していないようなものだと……。

MF　そう。ですからモノがゼロのとき、それらは、けっして……。

学生2　（質問はよく聞こえない。リオタールの特異な概念について尋ねている）

MF　おそらく、リオタールが「ゼロ」という語を用いている箇所を見ればいいのではないでしょうか。（教室の学生はテキストから適切な個別例を探している様子）今回読んでみて、以前考えていたものとは違っていることに気づきました。

学生3　この本には、用語集がついているので、よければ読みましょうか。

MF　そうですね、用語集も本文と同じくらい複雑ですが。

学生3　用語集の「大いなるゼロ」の定義です。大いなるゼロは「リビドー的な帯の上にある特定の、だが執拗な装置を知らせる審級に対してリオタールが与えた名称[5]」であると。「リビドー的な帯」も別のところで定義されています。

> リビドー的な帯は内部と外部（見かけと本質、記号と意味されるもの）とをもった劇場的な量のなかに織り込まれている。つまり内部は究極的には外部で起こっていることの観点から考察される。もっとも重要な外部の形象化である大いなるゼロは、イデアからなるプラトンの世界、神、生産の真なる様態、ファルスなどを包括する一般的な用語として用いられる。これらの審級すべては、その違いはあるにせよ、バーの速度が遅くなることの結果であり、帯を

通過して、ひとたび量の内在性に閉じ込められてしまうと、それ自体が欠けているように見えてしまう別の場所へと向かう、そうした強度に関係している。かくして、大いなるゼロとは、帯の上で同時に起こったことの現在の複雑性を「存在と不在の部屋」に還元する空虚な中心のことである。大いなるゼロの説明において、リオタールはあらゆる意味の理論は基本的に「ニヒリズム的」であることを示そうとしている。[6]

（沈黙）

MF　そういうことです。

（みな笑う）

学生3　引用の中間部分に「大いなるゼロは、イデアからなるプラトンの世界、神、生産の真なる様態、ファルスなどを包括する一般的な用語として用いられる」とありますが、これはひょっとしたら外部を示しているのではないでしょうか。リオタールがつねに逆らおうとしていた外部ではないかと。よくわからないのですが。

ＭＦ　はい、それは大いなるゼロのドゥルーズ＆ガタリ版理解ですね。あなたのように読めば、大いなるゼロは、あらゆるこうした理論において外部の点として退けられる何かということになります。これらの理論では外部は内部と分離可能です。この章にはあまり出てこないのですが、わたしはこの複雑な構造すべて、つまりリビドー的な帯などに関する内容すべてを避けようと努めました。なぜかと言えば、率直に言って、この考えを緻密に理解することがまったくできなかったからです（笑）。けれども、大いなるゼロとともに、リビドー的な帯は外部を立ち上げる方法となる。そう、外部とはつまり、生産の真なる様態やイデアの世界などですが、それらは外部と内部との緊張関係を安定化させるものであり、それが意味するのは……。

　要するに、リオタールが提起しようとしているのは、内部と外部との区別が存在しない空間です。リオタールは、内部と外部という見かけと、見かけと現実自体という区別がどこにあるのかを同時に説明しようとしています。彼は、その区別がどこから来るのかを説明しようとし、同時に、それが最終的にはどのようにして存在しないのかも説明しようとします。最終的に存在するのは、強度の単一平面、ただそれだけです。これがリオタールがあらましを語ろうとしていたリビドー地図作成です。しかし一方で、外部と内部との区別、超越と内在の区別、モノが目下さまざまに存在する空間と革命的外部との区別が存在するということでもあります。モノは絶え間なく現れ続けます。しかしどのようにしてそうなるのでしょうか？　絶え間なく現れる仕組みとは一体なんでしょうか？　これこそリオタールが、極めて複雑なこの著作内で最終的に説明しようとしていることなのです。

学生2　訳者はイントロダクションで、フランス語から英語への翻訳によってこの言語のスタイルがいかにして生じたのか、明確に語ろうとしています。（聞こえない）けれどもこのテキストはわたしたちが今まで読んできたものとかなり違っています。議論のなかでリオタールがおこなったあらゆる主張は未完成なのに、彼の議論を理解する方が、最終的な主張である「プロレタリアートは苦しみを欲望する」を理解するよりもはるかに難解なのです。リオタールはこの点を補強するために、記号論やその他の多くの議論を掘り下げていますが、わたしには半分も理解できません。

MF　プロレタリアートの欲望に関する議論が理解できないということですか？

学生2　ひとつの例ですが、そうです。

MF　なるほど。

学生2　わたしたちが読んだ段落もそうですが、それ自体がリビドー的で、情熱的です。それには同調できます。けれども議論自体の意味には、ついていけません。議論を追っても何も見えないし、なんとも言えない感じで。

（聞こえない）

MF　そうですね。

質問はすべて議論についてですかね？　ここで、それを議論であると言うことに少しためらいがあります。あなたは「議論」と言いますね。けれども、このテキストで起こっていることを「議論」と呼ぶのは本当に正しいのでしょうか。おそらくわたしは、必ずしもそのテキストを議論という観点から読んでいなかったという前提があって、「間違って読んだ」のです。どういう観点からかと言うと……。

では、文字通りに考えてみましょう。文字通りなら、リオタールはこう言っています。「わたしはマルクスを解釈するつもりはない」と。リオタールはマルクスを解釈しようとはしません。マルクスを批判しようともしません。そうでないとすれば、リオタールは、何をしているのでしょう？　そう、リオタールはマルクス主義のテキストのなかの特定の強度を扱おうとしています。そして彼はマルクスを読む、かつマルクスのなかにあるものを読み込むいくつかの支配的な方法に従いつつも、またそれに逆らおうとします。ここが問題となるところです。その問題はテキストの最後まで残り続けます。これは最初に老人男性マルクスと少女マルクスの対立として現れ出ます。老人男性マルクスとは何でしょうか。

学生2　理論家？　それとも物書きですか？

MF　そうですね。一種の書き手であり検察官という形象です。これは資本に反対しているマルクスです。偉大なる検事マルクス。これがわたしたちの考える最初の対立であり、マルクス主義におけるなんらかの傾向を描き出す方法です。では少女マルクスとは何でしょうか？　老人男性マルクスが資本に対して申し立てをする検事ならば、少女マルクスの方は何でしょう？

学生3　資本に魅了される側でしょうか？　資本に誘惑される存在？

MF　え、本当に？　そうは思いません。それは少女マルクスが何であるか以上のことを言ってしまっていると思います。

学生4　資本の邪悪さによって攻撃されているマルクスですか？　マルクスの別の部分なのかも？

MF　はい。どちらもマルクスです。

学生2　（質問が聞こえない）

MF　そうですね、でも、98ページだとどうなっていますか？

若く無垢な少女マルクスは言う。わかるでしょう、わたしは恋することに恋しているの。こ

> の産業的で勤勉なばかげたことをやめなきゃいけない。これはわたしを不安にさせる、わたしは（非）有機的な［＝生まれついた］身体に戻りたい。少女マルクスは偉大な髭面の学者に引き継がれる。それは、その学者が「もうそれ［＝産業的な勤勉なばかげたこと］を止めることはできない」というテーゼを打ち立てるためかもしれないし、憐れむべき者たち（少女マルクスはその一員だ）の弁護人として、彼の革命的な結論を証言するためかもしれない。彼は、彼女に、彼が必要としている完全なこの身体、この子どもを授けるためかもしれない。少なくとも肉からなる子どもの分身とも言える言葉からなる子どもを授けるためかもしれない。その子どもはプロレタリアートの子どもであり、社会主義の子どもである。けれども、ああ、だが学者は少女にこの子どもを授けない。少女はけっして「完成した作品」をもたないであろう。自らの面前に「完全なる」著作を手にすることはないだろう。彼女の前で、そして彼女のなかでは苦悩が増大していくだろう。なぜなら彼女は、彼の研究の最中に、その研究が果てしないものである限りにおいて奇妙な「享楽」を発見するだろうからだ。それは衝動［＝欲動］の具体化および「延期」によるその解放に由来するものと同じ享楽である。[7]

ここには鍵となる対立があります。少女は「それ［＝産業的で勤勉なばかげたこと］」を終わらせたいと望んでいます。先ほど述べたように、この対立は、テキストを通じて生じる解決しがたいことの一部をなしています。少女マルクスは一種ナイーヴな存在です。彼女は本当に資本主義を憎み、それを終わらせたいと望んでいます。一方、老人男性マルクスは資本主義に対して申し立てをします。そして両者はともにプロレタリアートの革命的主体であるはずの子どもをもつべきでした。しかし、この子どもは生まれなかった。なぜなら老人男性マルクスは資本に対する申し立てをけっして遂行しないからです。

　ことは延期されます。まだ到来しません。けっしてやってくることはありません。申し立てが終了することはないのです。

学生4　リオタール自身も、そのことを自身の著作と関係づけていたのでは……。

MF　そうです。つまり、マルクスの著作はけっして終わらないのです。[8]

　これはひとつのなぞ、衝動で……。ああ、これはマルクスの著作に対するコメントですよ。マルクスの著作は資本に対する申し立てを終わらせるものというより、その申し立てを超えたものです。ある意味で、実践へと舵を切るものであり、資本に対する理論以上のものです。資本に対して申し立てをするマルクスと、資本それ自体のあいだに、ある種共犯関係があります。

学生2　つまりリオタールによれば、マルクスは、あるいはマルクス主義は、資本主義を楽しんでいて、それを終わらせることはない、そうなってしまうと批判の文化が失われるからだ、そういうことでしょうか。

MF　はい、そう思います。そういう部分もあります。マルクスが批判対象を追い払うことを際限なく延期することは、同時に、批判はけっして終わらせられないということを意味しているのです。批判はけっして終わらない、これは実際には、資本を追い払う作業をけっしてはじめられないことを意味します。そしてその逆も然り、ですよね？

学生2　そうなると、少女は何の行為主体なのでしょう？

MF　そうですね、少女はある意味で、同じものの別の部分ではないかと。それは同じもののからなる別のものです。全体ではない、この不安定な身体の一部です。「(非)有機的」なものに関わる別のものです。なんらかの全体に戻ろうという欲望を有した身体です。しかし全体は存在しません。分割されない身体などないのです。それは、自然など存在しないということと同じです。純粋な領域は存在しません。純粋で、汚染されていない領域などありえません。分裂した、共約不可能な複数の身体があるのみで、全体や統一などへと向かうことはできないのです。絶対に。マルクス自身もこの汚染された領域における、こうした身体の別の例となります。

学生5　少女マルクスもまた、マルクスの著作のなかにある革命の夢を表しているのでしょうか？

MF　わたしはそう理解しています。でもそれは、あまりに無邪気な夢じゃありませんか？「もう終わりにしましょう。もう終わったんです」なんて。

　鍵となる主張はまた繰り返され、そこに議論があるならば、議論の一部となっているようです。その主張とは、「外部なし［＝外部は存在しない］」という概念です。表面、深さ、容量にではなく情動によって定義される、すなわち情動と強度という点から定義されるさまざまな種類の怪物的な身体の下に、ただひとつの強度の平面が存在するわけではありません。あたかも表面の下に理解可能なさらに深い見かけが存在するかのような、そうしたものではないわけです。そうではなく、複数の身体を、複数の強度を、複数の情動をそれ自体として見つめる。これが鍵です。

　確実に、この章全体が伝えるのは、「こうしたものに外部は存在しない」というメッセージです。そうだとすれば、プロレタリアートに外部の位置を割り当てることはできません。リオタールは内部と外部の区別をまったく求めません。内部と外部の区別とは、ある種問題含みの劇場型の表象であって、リオタールはこれを強度と情動のモデルによって乗り越えようとしているのです。[9]

　したがって、プロレタリアートを考えるひとつのやり方は、それを純粋に人工的な実体として考えるというものです。けれども、自然が存在しないわけですから、ある意味ではあらゆるものが人工的になります。文化に対立するものとしての自然という概念は、両者の区別を何度となく刻みつけようとしますが、リオタールはこの章を通じて何度となく切り捨てようとしていました。

> 政治経済体制がリビドー的であることを認識したくない人であれば誰に対しても起こることだが、その人物は、欲望があらゆる生産や労働、価値法則への不誠実な書き換えから免れている外在化された領域についての同様な空想を、別の言葉で再生産することになる。これは疎外されない領域についての空想である。[10]

これはリオタールが１０７ページで言っていることです。「疎外されない領域という空想」とは、まさにわたしが取り上げた箇所に関係することで、この章で強調したいことのひとつです。「疎外されない領域という空想は存在しない」、その通り。ですから、わたしたちがポスト資本主義的政治を探し求めているとすれば——そして、この段階でリオタールがそれを探すのは、どれほど困難だったことでしょう……。

リオタールはさまざまな左派団体に巻き込まれていました。そのうちのいくつかについては、彼はこの章で言及しつつ馬鹿にしています。けれどもその点では、リオタールは少々行き過ぎていて、実際に存在する左派の立場を拒絶する態度は、人間嫌いとでも言えるようなものです。この態度では、政治的な変化のための積極的なプログラムを進めることは絶対にできないと思います。そしておそらく、それゆえに、リオタールはそれを「リビドー的マルクス主義」と名づけたのです。リビドー的マルクス主義はある問題を提示しています。この場合、もし転覆させる領域がないとして、それでも疎外されない領域という空想に固執するならば、変化しようとする政治がどのようなものでありえるか、またどのようなものになるかについて、明確に説明することができるのでしょうか？　この問題こそが、テキストの特殊な難解さや議論の複雑さを超えて、少なくともテキストの中核にある、わたしはそう思っています。

学生3　リオタールが言うように、もし転覆する領域がなければ、オルタナティヴもありません。つまりリオタールは資本主義リアリズムを考えていた、と。

MF　そうではありません。そうは言ってないと思います。彼が言っているのは、「ラディカルな外部という観点から向こう側を概念化することはできない、それはわたしたちが今いる場所と共通するものを何ももっていないのだから」ということではないですか。わたしたちが資本に従わざるを得ないと言っているのではなく、それ以上のことが提起されていると思いませんか？

学生3　つまり、どの程度かはともかく、オルタナティヴは資本主義の内部にあるということですか？　わたしたちは資本主義の内側からオルタナティヴを見つけなければならない、と。

MF　それが完全に正しいとは思いませんが。これを読んだ他の人がどう思うかはわかりません。リオタールがそう言っているとは思えないけど。

学生3　いえ、わたしもリオタールがそう言っているとは思っていません。けれども外部が存在しないのにオルタナティヴがあるとすれば、それは必然的に内部にあるのでは、あるいは内部から出発する必要があるのでは、と。

学生6　加速主義者のようですね……。

学生3　はい、そのことを考えています。

MF　そうですね、たしかにこの著作はその方向に進みます。「資本に汚されていない向こう側は存在しない」とは、物事がつねにそれが現在ある状態であらねばならない、ということではありません。おそらく暗黙のメッセージとしてあるのは、わたしたちが今いる場所から出て、変化を想像しなければならない、ということではないでしょうか。汚染されていない領域、疎外されていない領域などを探し求める誘惑に屈するべきではありません。資本に完全に浸った状態から始めなければならないのです。

学生2　このテキストを通じて道を見つけるのがいつになるのか、またどうやってわたしたちがオルタナティヴなやり方や内容に屈するのか、あるいは屈しないでいられるのか、こうしたことを理解するためには、リオタールがドゥルーズ＆ガタリとどう区別されるかを考えるのが重要だと思いました。完全に理解はできませんが、どのようにしてリオタールが異なる仕方で加速主義のアジェンダに貢献したのかを理解することは重要ではないかと。異なるとは、ドゥルーズ＆ガタリとは違うという意味です。また、内在性の強度を増して資本主義の内部から道を開くという考えは、ドゥルーズ＆ガタリとは異なっています。

MF　はい、確かにそこはドゥルーズ＆ガタリとは違います。

学生2　ですから、リオタールがどれだけドゥルーズ＆ガタリと違うのかが重要なんです（笑）。

MF　そうですね、わたしの知る限り、その違いはリオタールが資本主義のオルタナティヴを思考することについてのあらゆるポジティヴな試みから身をひいているところにあります。ですよね？　少なくともこの章ではそうです。ドゥルーズ＆ガタリは革命と革命の力について語ろうとしていました。けれども二人は伝統的なマルクス主義者の理解とは異なる仕方でそれを考えたかっただけなのです。そうでなければ、きっと、資本の完全な外部を仮定するモデルとは異なる仕方で。

　外部を仮定するこのモデルは、疎外というひとつのドラマ全体のことでもあります。疎外あるいは非疎外という観点から思考する完全なやり方があり、あるいは疎外に関係するすべてを拒絶し、強度と傾向性の観点から考えるやり方がある、ですよね？　後者の傾向性とは加速的な傾向のことです。

けれども、『アンチ・オイディプス』と『リビドー経済』とのあいだにはひとつの違いがある、とわたしは思います。『アンチ・オイディプス』には前向き《ポジティヴ》な傾向があるが、リオタールにはそれがありません。わたしが見落としたのかもしれませんし、他の人がどう考えているかはわかりません。リオタールはおそらく診断の実践のようなことをしているのでしょう。文字を通じた診断行為です。リオタールは作家としてのマルクスを読んでいます。ある意味で文学的読解です。リオタールはマルクスのなかの修辞や比喩、概念的形象などを引きますが、それについて註解を加えるよりはむしろ、独自の文学的な想像世界を通じてそれを構成していきます。それこそがこのテキストであり、リビドー的な帯、ゼロといった多様な事柄すべてをめぐる複雑な機械仕掛けとなっているのです。

リオタールのテキストが『アンチ・オイディプス』よりもある意味モダンなものに思える理由は、そこに何かが欠けているからです……。いや確かに、リオタールの著作は、60年代、70年代以降の当時の雰囲気に、本当にフィットしていて、その時期に明確に問題とされたものが背景にあると思えます。その問題とは、資本へと沈み込むこと、いかなる外部も不在であること、あるいは今や労働者階級を資本から分離された外部の存在として考えることが不可能になったことです。そしてこうした問題はとりわけ、わたしたちが初回の講義の最初で扱った、リーバイスジーンズのＣＭなどの例に見られる欲望の問題という観点から提起されるのです。いいですか、リーバイスはバージョンの違う問題です。そこに外部はありません。人々がリーバイスを望まないようなソビエトという領域はないのです。ここで言っていることは、ソーセージ・パティとか、何にでも当てはまります。プロレタリアートはリーバイスを欲しがるのと同じようにソーセージ・パティを欲しがります。とはいえ、リオタールはこうした問題について実際には答えをもっていないように思えます。というかむしろ、「この問題に直面せねばならない」と言っている感じです。これが認識されねばならない、と。そしてわたしたちは、そこからどこに向かうのでしょうか？　リオタールは答えていないと思えませんか？

学生3　答えていないと思います。

学生7　わたしはよくわからないです。正確に読めていないからでしょう。けれども、終わりの方になると少し調子が変わってきませんか？　本当に最後のところ、１４８から１４９ページにかけて、リオタールは、正確には解決とは言えませんが、かすかにポジティヴな一組の概念を提示して、話を始めています。まず、リオタールは余暇時間の拡張と労働時間の削減というマルクスの概念について語ります。そしてそこから興味深いくだりが始まりますよね。いえ、読み間違いをしているのかもしれませんが。

MF　間違ってないと思いますよ！

学生7　それでしたら、その文章を少し読んでみます。

MF　どの箇所か教えてもらえますか？

学生7　148ページの終わりと、それから149ページの最初の2文です。

そして、あなたのよく知っているように、追加資本の形成を、いわゆる労働力の使用価値と交換価値の形而上学的差異、すなわち唯一剰余価値の起源となっている差異に納得のいくような形で帰することは、不可能になった。そうではなくて、追加資本の形成は、一般的には、システム内のどこかにある不均衡またはポテンシャルの差異を必要とするだけであって、そのような差異は、システムが孤立したものではありえず、新たなエネルギー備蓄をより多くの商品に転化するために、たえずそうしたエネルギー備蓄からエネルギーを引き出さなくてはならない、ということを証言していると同時に、そのシステムの外枠を印づけているのである。おそらく、システムは、最初は人間のエネルギーを利用し「なければならなかった」のであるが、そのことはシステムにとって本質的なことではない。貧者のための検事であるあなたが理解している意味においては、システムは搾取のあと後まで十分に生きながらえることができるのであり、他のあらゆる複合的な自然のシステムと同様に、システムが自らのエネルギーを引き出す生命的・物理的・化学的な状況《コンテクスト》との物質代謝関係のなかで不可逆な優越性のみを要請するのである。[11]

先生がそれを批判と呼ぶかどうかはわかりませんが、いかにして剰余価値がつくられるかというこの抽象的な定式——ご存じの、労働力と交換価値の定式ですが——これに対する批判に取りかかるより前に、リオタールはこうした抽象的な考えから距離を置くことを望んでいて、こうした考えの背後すべてにひそむリビドー的強度という概念を打ち出そうとしました。そしてリオタールは、こうしたリビドー的強度は、最初は人間のエネルギーに由来したのかもしれないが、必ずしもそうでなくてもいいのだ、と言います。

わたしが読み違っているだけかもしれませんが、これは一種の加速主義的な局面です。これはリオタールにおけるもっとも加速主義的な文章だと思いますし、人間から最初に生じるが、しかし機械などどこか他のところからも生じるような、資本におけるリビドー的強度を彼は指摘しています。さらにその前のページ、あるいは後のページでは、リオタールがテクノロジーや機械化について言及していた箇所があったように思えます。それらはリビドー的強度の異なる源なのかもしれません。

どうでしょう、間違っているかもしれませんが。

ＭＦ　読み間違いではないと思います。このテキストの難解な部分をさらに際立たせてくれました。これはなおもマルクスの読解だといえるでしょうか？　あるいは、これは政治的プログラムのモデルなのでしょうか？　わたしの言っている意味がわかりますか？

学生７　はい、でもリオタールの考えと、リオタールのマルクス読解を切り離すのは難しいと思います。

ＭＦ　そうですね。ほかにも、マルクスの修辞やほとんど文学的と言っていいような比喩をリオタールが援用していたりするので、切り離すのは難しいですね。

とはいえ、あなたの考えは正しいし、それはリオタールの思考に潜在していたひとつのプログラムだったのかもしれません。

ここまででいいでしょうか。精読するに値する他の箇所をいくつかピックアップしておきました。とはいえ、ちょっとしくじったかもしれません。テキストを選んだ理由にその原因があるような気がしますが……、つまりテキストを綿密な議論を形づくるものというより、一連の問題提起だと考えていまして、でもそれは間違いかなと。ある意味で、リオタールが言っていることの多くは、つまりリオタールを現代的なものにしているものは、まさに資本主義リアリズムの時代において自明になるのです。そう、彼が論じている事柄は自明になり始めています。70年代なら、人々は資本主義を乗り越えるための根拠として原始社会の概念に訴えることができたのかもしれません。資本主義を克服することを、どう考えればいいのか？　たしかに、おそらくボードリヤールのように、原始社会の方に向きなおって、儀礼化された贈物の交換形態を資本主義に替わるものとして考えるかもしれません。外部のラディカルな空間を探し求めるかもしれません。90年代までは――リオタールのテキストが英語に翻訳されたのも90年代だったと思うのですが――それは非常に重要なことでした。その時代まで、原始へと退却する可能性が問題化されるなんていう感覚は、実際に存在しなかったのですから。

　これについて何か付け加える議論はありますか？　基礎になっているのはこうした主張ですよね？　なんらかの基礎であるように思います。原始社会は存在しない、それはあらゆる政治経済がリビドー的であることと同じです。リオタールがこのことを論じたかどうかはわかりません。論じましたかね？　これはリオタールが言っているあらゆることの基礎です。わたしが読み間違っているのかもしれませんが。

学生2　記号や象徴交換、ボードリヤールの考えの基礎について語っている段落すべては、どう機能しているのでしょうか？　こうした段落では何が語られているのでしょう？　まったく理解できなくて……。

　わたしは、スルネックとウィリアムズの『未来を発明する』のことを考えました。最初の講義のとき読んだものです。そこでの提案や議論を参照するべきでしょうか？　この本では提案されたことが非常に丁寧に議論されていたからです。彼らの議論は、リオタールのこうした考えに比べてナイーヴすぎると考えるべきなのでしょうか？　リオタールのこうした考えが、今日までどれほど強力に残っているでしょうか？　たとえば、『未来を発明する』に隠された提案、あるいはもっと一般的に言えば加速主義は、こうしたペシミズムとニヒリズムを経てもなお進めることができると考えていいのでしょうか？

MF　ペシミズムとニヒリズムは、このテキストに関係するきわめて興味深い問題です。リオタールはつねに批判と否定性とを拒絶したいと思っていたのですから。彼は肯定する側に立っていました。これはニーチェ的なものだとわたしは思います。ニーチェはいつも肯定に向かおうとしていたけれど、つねに何かを攻撃していました。こうした意味で、ニーチェと似ています。リオタールも同様のことをしているのではないでしょうか。リオタールは批判を拒絶しますが、しかし、彼がしていることはすべて批判のようでもあります。それによって込み入った議論となります。ボードリヤールとの複雑な関係などもそれによるものでしょう。

　続けますよ。『未来を発明する』は、まさしくリオタールが提起した問題に関するものだと言えましょう。それは、「外部への安易なアクセスなど存在しない」、あるいは「アクセスポイントになりえない」という問題、「資本に汚染されていない既存の空間は簡単にかつはっきりとは存在していない」という問題です。とはいえ、テキストとしては、両者はかなり異なる類いのものではないでしょうか。思うに、外部に関することは論点の一部です。『リビドー経済』の難しさのひとつは、論点がさまざまなレベルにわたっていることです。すでに言いましたが、そのひとつのレベルとして、リオタールの読解をどう読むのか、というものがあります。リオタール独自の文学的表現をどう読むのか、ということです。彼の文学的表現、および彼が異なる種類の形象を構成するそのやり方についてです。リオタールはその手法を比喩的と名づけようとはしません。比喩とは既製品だ、とでも言うのでしょうか。とにかくそう呼ぶことを望みません。このことも含めて、もう少し考えていきましょう。リオタールはまさしく、こうしたことすべてをやってのけます。これは、「わたしたちは何を変えるか、いかにして変えるか、どのようにして未来を発明するか」ということに関する直線的で計画的なテキストとはまったく異なっています。それでも、リオタールが提起している問題に対して、『未来を発明する』が回答を開始していることは確かです。リオタールの問題は特定の観点から提起されています。仮にリオタール自身が答えたいと望んでも、答えることができた問いなのかはわからないですが、とにかく彼はある固有の問題をわたしたちに示しています。彼が思う、他のあらゆる理論の不十分さを指摘しようと試みるのです。

学生4　一点、非常に興味深いことがあります。このテキストは、記号作用のシステムについて多くを述べていて、また、ある意味では、どのようにしてそのシステムが実際は存在不可能であるかについて、多くのことを述べているように感じました。このことは、とりわけリオタールがラカンに言及するとき明らかです。リオタールを引用します。「ラカンが、愛するということは、もっていないものを与えることである、と述べるとき、そのことは彼にとって、去勢されていることを忘れること、を意味する」[12]。それからリオタールはラカンの「コミュニケーションの理論」における「情動」について議論を進めます。その理論は、「〈主体の哲学〉全体を自らといっしょに運ぶものであり、つまり、自己領有化によってとりつかれ、またコミュニケーション理論も明らかに一個の経済的理論である以上、所有にもとりつかれている〈身体の哲学〉を、自らといっしょに運ぶものなのである」[13]。この箇所は、「すべては数の問題である」、と読めるのです（笑）。

MF　それは数の問題になるのですか？

学生4　そう思います。リオタールが示しているのは、彼が言っていることのなかに数々の強度が存在するということだと。

MF　シニフィアンというよりは強度のモデルで考える問題だと言っているように思えます。フェルディナン・ド・ソシュールの分析した古典的な方法においては、シニフィアンは示差的なものですが、強度は程度の問題ですよね。つまり、シニフィアンは他のシニフィアンとの関係において意味をもつ、しかし強度には量があります。強度は量に関するものですよね？　数についてというよりむしろ……、それだと意味をなしますかね？　強度とは、ドゥルーズ&ガタリの表現を用いるなら、「強度を内包した量である」[14]とされます。リオタールは物事をこのレベルまで押し上げることを望んでいます。シニフィアンとシニフィエに関するポスト構造主義的な分析においてシニフィアンに見出される存在と不在のパトスを彼は必要としません。けれども、これは別の問題です。こうした資本の内実について集中的に考えるために、次のくだりを見てみましょう。113ページです。

> 最後にまた、そのような享楽——わたしはプロレタリアの享楽について述べている——が、もっとも厳しくもっとも強度をもった反逆を少しも排除するものではない、ということを理解しなければならない。その享楽は耐え難いものである。労働者たちが反逆し、機械を破壊し、責任者たちを不法監禁し、派遣代理人を追い出そうとするのは［…］、自分たちの尊厳を再びかち取るためではない。［…］耐えうるか、あるいは耐ええないもろもろのリビドー的態勢があり、一挙に備給が撤収されるような備給された諸態勢があり、また、もろもろのエネルギーが大いなるジグソーパズルの他のもろもろの切片の上を通過していき、享楽の、すなわち強度化の、新たな諸断片と新たな諸様態を創出する。リビドー的な尊厳も、［…］リビドー的な友愛も存在せず、コミュニケーションなしのもろもろのリビドー的接触が存在するので

ある。[15]

くりかえしますが、わたしはこの発言を、左派的な言説による訴えや調子を拒絶するものだとみなしています。

「享楽」はラカンの用語ですが、バルトによっても理論化されていますね。享楽とリビドーは尊厳と対立します。

114ページには、量についての文章がまたあります。

> 何本もの鉄の棒、何トンもの精液、何デジベルもの肉の軋む音と仕事場の騒音、それらのより多く、さらにもっとより多く――、その〈より多く〉はそのものとして備給されうるし、資本において備給されている。そして、その〈より多く〉がまったくつまらないことであり――われわれとしてはそのことを完全に受け容れる――、またその〈より多く〉が広場での政治的議論やペロポネソス戦争とまったく同じように虚しいものである、ということを認めねばならないだけでなく、とりわけその〈より多く〉が生産にかかわる問題でさえない、ということを認めなければならない。それらの「生産物」は生産されたものではなく、ここで、資本において大切なことは、それらの生産物が耐え忍ばれたものであり、しかも量において

耐え忍ばれたものである、ということである。それ自体ですでに強度への動機になっているのは、まさに量、課せられた数であり、量の質的な変異などではなく、まったくそうではなく、サドにあっては受けた打擲のものすごい数、要求される不自然な姿勢と奸計の数、徴用された犠牲者の数［である］[16]。

量そのものが動因であり、強度の生産者です。そしてこれが、リオタールがこの章で説明しようとしている、資本とプロレタリアートのサドマゾ的読解でもあるのです。プロレタリアートにはマゾヒスト的欲望が伴います。資本の強度に従い続けるという享楽が伴います。

資本はこのようなサド的な意味で理解されます。強度の量、そして量そのものが重要な意味をもちます。量とは、実際に起こっていることの上にただかぶさっているだけのものではなく、量それ自体が出来事のための動機となるのです。

１１５から１１６ページにある別の箇所では、リオタールは今日のわたしたちが直面している問題を提示しています。ソーセージ・パティの箇所です（笑）。

政治的な知識人であるあなたがたは、なぜプロレタリアートに心を傾けるのか？　何にたいする憐憫からそうするのか？　プロレタリアならばあなたがたを憎むのが、わたしには理解できる。その場合、あなたがたはブルジョワであり、ほっそりした手をした特権的な人間であるがゆえに、あなたがたを憎む必要があるようになるのではなく、そうではなくてあなたがたを憎む必要があるようになるのは、語るべき唯一の重要な事柄をあなたがたが敢えて語ろうとしないからなのだ。つまり、あなたがたが、クソな資本［＝資本の精液］を飲み込む享楽があるということを、あえて語らずにいるからなのだ。クソな資本とは、資本の原材料であり、金属棒であり、発泡スチロールであり、書物であり、ソーセージ・パティだったりするが、それらではち切れそうになるまで何トンものそれらを飲み込むことによって、享楽することができるということを、あなたがたが敢えて語ろうとしないからである——そして、この享楽はまた、手と性器と頭を使って労働するプロレタリアという資本化された者の欲望においても生起することでもあるのに、そういうことを語る代わりに、実にあなたがたの方は自ら人間たち［＝男たち］の頭［＝指導者］となるからでもある。ヒモ連中のリーダーとなり、あなたがたは身を乗り出して、こう語るからでもある。ああしかし、そんなことは疎外に由来するのであって、それは立派なことなどではなく、待ってください、君たちを救おうとしているし、隷属に対するそうした悪い愛着から君たちを解き放そうと努力しているし、君たちに尊厳を取りもどさせようとしている、と。そしてそのようにして、政治的知識人であるあなたがたは、道学者［＝道徳主義者］というもっとも卑しい側に身を置き、資本化された者

> であるわれわれの欲望が完全に無視され、禁じられ、踏みにじられることを欲望する。あなたがたは罪人たちを相手にする司祭のごときものになるのであって、わたしたちの隷属的な諸強度はあなたがたを恐れさせ、「この状態を耐えるために、あいつらはどれほど苦しまねばならないことか！」と自分たちに言って聞かせなければならない。なるほど資本化された者としてのわれわれが苦しむことはもちろんであるが、そのことは、われわれが享楽しない、ということを意味するのではなく、あなたたちが治療法——だが何にたいする、いったい何にたいする治療法なのか——としてわれわれに差し出すことができると思っているものも、それほどわれわれに嫌悪感を抱かせるわけではない、ということを意味するのではない。われわれの方はその治療法とそれが処方するワセリンもひどく嫌っており、われわれは、あなたたちがこの上なく愚かなことと判断する量的な過剰によってくたばる方を好むのである。だから、われわれの自発性が反逆することもまた期待してはならない。[17]

この著作の偉大なるくだりです！

この著作、すなわちリオタール自身におけるリビドー経済は概して、何が政治的変化をもたらすかということについて、ほとんどすべての既存の左翼モデルに対する憎悪に関係するものなのです。それは特定の政治的プロジェクトに関係するものではありません。（わたしがこのテキストの鍵となるメッセージをきわめて単純なレベルで取り上げただけかもしれませんが）。既存の左派のプロジェクトはすべて不適切であり、それも、何度も繰り返された同一の理由によってそうなのです。つまり左派は、資本化された者の欲望を真剣に取り上げていないのです。彼らはそうすることを拒絶し、それに従って道徳主義を書き換え続けます。そしてその書き換えのなかで、彼らは内部と外部の区別、内在と超越の区別、資本と資本の外部の区別を訴え続けます。外部とは資本化に妨げられない純粋なものである、として。

けれども資本から自由であるためには、欲望から自由である必要があるのでは！　これこそリオタールが語り続けていた問題ではないでしょうか？　資本を理解するためには、マルクスだけではなく、サドと一緒にマルクスを理解する必要があるのです[18]。それが量に関する重要な点です。サドには、数千発もの殴打とか、そういったもののすべてがあります。リオタールは、サドにおける快楽の量的な次元と、資本が数量化するやり方において現れるさまざまな量とをアナロジーに置いて考えます、いや、ひょっとしたらアナロジー以上のものかもしれません。リオタールはつねに、こうして欲望と資本をともに召集せよと主張し続けています。

学生2　理解できているかどうか確認させてください。欲望から解放されることとは、欲望するわたしたちの力を引っ込めるのではなく、欲望における快楽と苦しみにおける快楽との区別を脱するということでしょうか。

MF　そうです、それが正解だと思います。のみならず、それはとても重要なことです。その区別から離れることが重要なのです。

欲望や快楽についての単純な功利主義的モデルは脇に投げ捨てなければなりません。功利主義的な考えによれば、わたしたちは苦痛を避け、快楽の方に向かうことになります。わたしたちは快を追求し、苦痛を避けるために動く。ここには、サドからフロイトに至るまでの考えがごっそり抜け落ちています。とりわけ、サドとフロイトは、こうしたことが当てはまらないことを暴こうと試みています。苦であるものに対する複雑な誘惑が存在するのです。苦しんでいることが、また快楽を与えることもあり得ます。重要なポイントです。これは本当に重要な点で、まさに含蓄に満ちています。

いいですか、そこにはさまざまな意味が隠されています。苦しみと欲望がともに織り込まれ、それがまた、資本主義についての複雑な一連の問いかけを提起している、ですよね？　たとえ資本主義があなたを苦しめているとしても、あなたはまたその苦しみを楽しんでもいる、どういうことなのでしょうか？

学生８　そうなるように定められているということですか？

MF　はい。そう定められています。けれどもリビドーとの関係だけでそうなっているわけではありません。ソーセージ・パティを食べる快楽や、そういった類のあらゆる快楽がありますが、服従し、人工的なものに従い、幻滅するというリビドーもまた存在しているのです。

学生2　そのリビドーがまさしく、先ほどの質問をわたしたちに考えさせないようにしている当のものではないでしょうか？　少なくとも実践的な意味においては。リオタールは実践的に解釈されうることは何も書かないように試みていたように思います。このテキストは、市街での政治実践用に翻案されたマルクスのテキストとは違います。リオタールは自分のテキストによって実践が起こることを望んではいません。また、こうした批判は、『資本論』それ自体の根本に関わるものであるとも思います。リオタールは自身のテキストで、『資本論』とまったく同じことを試みています。今まで書かれたあらゆるものはテキストであり、その後でより実践的なものへと翻訳されるのだと明白に述べることによって。このことは章の最初の部分に書かれています。強度の平面とは、書かれたものの平面そのものです。わたしは「この書物のエコノミー」についての章を見ました[19]。読んではいませんが、そう推測できます。

MF　これもいい質問ですね。興味深い問題を提起してくれました。もし強度の平面が書かれたものであるならば、これによって、物事は最終的に、程度の差こそあれ、強度になるのではないでしょうか？　なぜなら、書かれたものはあらゆるものを生み出すのですから。ある意味で、あなたが言っていることとは、書かれたものが（あなたによれば）純粋な内在である、ということです。書かれたものは、それ自体の内にある何かについてのものではない。書かれたものは、より深い参照関係をもたない強度の渦なのだ、と。

　これが書かれたものに強度を与えます。しかし同時に、それが書かれたものでしかない、ということも意味しています。それは何についてのものでもありません。何ものにもつながっていません。たとえ特別に強度のある類のテキストであっても、ある意味では単なるテキストです。ある種の二重性が、背後に隠れていると思います。可能性に満ちた、面白い問題です。けれどもこの二重性はリオタール自らの欲望がもつ問題、あるいはその行き詰まりを強調してしまっているのではないかと思うのです。

　リオタールは、ここで、見事なまでに質に閉じ込められているように見えます。なんであれあらゆる形態の左翼思想の拒絶、理論の超越論的機能の拒絶、すなわち、内容のいかんによらない理論ないしは書かれたものという観念の拒絶、こうしたものは、この一連の否定か遮断を経て、最終的に自己循環的な書き物か、あるいはリオタールが言うところの自己正当化的な強度の循環となります。これが、テキストそれ自体の、あるいはその無力さや使えなさの、栄光ある自律性と充足性を示しているのでしょうか？　テキスト自体を超えて何もできないという事実を？

　ああ、だいぶ終わりに近づいてきました……。

　今回のテキストからみなさんに取り上げてほしかったのは、欲望と資本主義の複雑さについての諸問題であって、とりわけ70年代という歴史的瞬間におけるその複雑さでした。そのときから、わたしたちは欲望が資本主義に内在するものだと考え始めたのです。しかしですよ、欲望は資本主義にさえ内在していなくて、労働に内在しているのです。ある種の資本主義的な欲望が、労働者階級に内在しています。どうすればいいのでしょうか？　欲望を拒絶すればいいのか？　道徳化すればいいのか？　しないほうがいいのか？

リオタールは明白に、資本主義的な欲望を拒絶すべきではないし、それを道徳化すべきではないと考えています。けれども、道徳化に替わるはっきりしたモデルをリオタールが抱いていたとは思えません。リオタールは、少なくともこうした欲望を斟酌する、あるいはそれをうまく扱うやり方があるにちがいないと示唆しているようです。別のレベルでは、それ以上のことさえできるかもしれません。ともすれば、わたしたちはこの欲望を祝福して受け入れねばならないということもありえます。

結局のところ、わたしがこのテキストのなかに読んでいるものは、左翼理論の行き詰まりと関係しています。けれどもこれは、より大規模な行き詰まりそのものです。このテキストは、行き詰まりから脱出する道を指示するものではありません。なぜなら、「転覆させる領域など存在しない」、「外部など存在しない」と言い続けることで、脱出する道があるという結論を禁じているからでもあります。

　でも、リオタールの考えは過去のどこから来たのでしょうか？　未来のどこに向かっているのでしょうか？　たとえリオタールが自分の考えはニヒリズムではないと考えているとしても、わたしたちは結局ニヒリズムが演じられる場所にたどり着いてしまいます。テキストそれ自体も、たとえそれが、リオタールが望んだように強度の自己推進的循環とみなされるとしても、それ自体極めてニヒリズム的です。テキストの意図を超えた用途はないのでしょうか？

　そこでわたしが提案したいのは、このテキストには診断的な用途があるということです。このテキストは数々の行き詰まりを指し示すものです。いまだに未解決で、今日のあらゆる種類の困難を突きつけてくる数々の問題を指し示しています。「疎外という概念は、疎外されていない世界を含意している、疎外されない世界を回復させるために闘争せねばならない」という古い単純なモデルをリオタールは拒絶します。わたしたちはこのモデルを断念し、こう言うのです。「疎外されていない世界、資本によって汚染されていない世界というファンタジーは放棄しましょう」と。わたしたちには何が残されるでしょうか？　この問いに対する回答は、混乱した難しい、また過剰であるか不完全なものでしかありません。

学生9　そうとう議論が遠いところまで進んだように思えますが、たしかにそれがリオタールの意図かもしれないと思えます。ニーチェが「真実などない、解釈のみが存在する」と述べたとおっしゃっていましたね。ですからひょっとすると、こうした状況を超えていこうとするリオタールの指摘は、解釈から抜け出すことを狙っていたのかもしれません。自分で思うほどその箇所をしっかりと読めていないかもしれませんが、リオタールは最初に、マルクスの解釈は聖書とかそういったものの解釈と似ていると指摘しています。そして、こうした「あらゆるものはテキストである」というデリダ的な領域に入ってしまえば、テキストを超えるものは存在しません。たとえ解釈が政治的実践であるとしても、解釈はつねにテキストだからです。

ひょっとしたらフーコーが『作者とは何か？』で述べたのと同時期かもしれませんが、解釈を超えて進む唯一の道は、リオタールのこのテキストのなかのマルクスとフロイトという2人の重要な作者にあるのではないでしょうか。なぜなら、フロイトとマルクスの両者は、新しい別の言説を発見したからで、それは要するに、2人が、あるテキストを何度も何度も何度もくりかえしてつくり直す新しいやり方を創造したからです。

リオタールは、これがマルクスに対する最後のテキストになると言いたいのではないでしょうか。なぜなら、「大いなるゼロ」の定義は、ドゥルーズのライプニッツおよびモナド読解に非常によく似ているからです。外部は内部であり、何度も何度もくりかえし織り込まれている［＝襞《ひだ》］という読解です。[20] 外部と内部はつねに変化するもので、固定されていません。外部は内部となることができるし、内部は外部となることができる。つまり結局のところ、内部や外部といったものは存在しない、ということです。ですから外部と内部を取り除き、解釈を取り除くことが、資本主義を超えるための始まりを意味するのではないでしょうか？　そんなふうに考えられるのでは、と。問題に対する政治的な実践や解決を求めるのではなく、問題を解決するに至るスタート地点を示すものとして考えられる、ということです。

MF　いやいや、面白いですね。解釈の彼方へと向かう問題は、真実の彼方へと向かう問題と同等だということですね。とはいえ、テキストにはつねに2つのレベルが存在しています。リオタールが実際にやっていることを見ますと、彼はそれでも解釈を提示し続けています。とはいえ、わかりやすい解釈を用いずに、特有の文学的比喩表現を用いていますが。たとえば、マルクスの著作を分析するときも、マルクスには2つの傾向があって、ひとつは批判へと向かう傾向、もうひとつは、資本主義から完全に脱却することを目指すより小さな傾向がある、という言い方はしません。代わりに、老人男性マルクスと少女マルクスを仕立て上げて、ほかもそんな調子です。これは「解釈」というよりは、マルクスの著作のなかのある種の傾向をリオタールの書物のなかで登場人物へと「翻訳」したものですが、それでも、なんらかのレベルの解釈と言えると思います。

　強度という幻想があります。実際は超越的なものである二次的なレベルから逃げ出し、解釈ではなく量的な強度のレベルで単純に作動することを目指す幻想です。こんなことが可能でしょうか？　しかし、これがリオタールのテキストの読み方なのではないでしょうか？

実際にはそれは不可能だとわたしには思えます。わたしたちは今なお、なんらかの意味で、解釈の領域のなかにいるし、それと同様に批判の領域のなかにいます。けれども批判の否認と解釈の否認は、権利としては興味深いものです。それは別種の書き物を生み出すのですから。

（いらいらして）オーケー、いいでしょう（笑）。何かが進んだことを願っています。

次回はもう少し簡単な内容を扱います。アウトノミアです。どなたか、クリスマス休暇の後に、アウトノミアと労働の拒否について紹介してもらえませんか？

（学生の志願者あり）

はいはい、これは短いものですから、おそらく他のテキストも読むことができると思います。誰かソバーンを読んできてくれる人は？

（学生の志願者あり）

チュートリアルを希望していて申し込んでいない人はいますか？

（沈黙）

はい、それでは一月にこの論文で何を話すか、みなさん理解したということでいいでしょうか？　大丈夫ですかね？　いつでもメールで問い合わせてください。

（教室から人が立ち去る物音と声）

（訳注1）ドゥルーズ＆ガタリ『千のプラトー』における主要概念のひとつで、グレゴリー・ベイトソンに由来する。プラトーとは連続的で自ら振動する強度を内包した領域であり、絶頂の点や外部のゴールを目指して発展するものではない。すなわちプラトーとは、外部の要請によらず、あらゆる潜在的なものとの関係において浮上する個体的な特異性のことを指す。「器官なき身体」もまたひとつのプラトーであり、自身を開放するための内在的な論理をもつ強度の領域とされる。

編者解説

悲惨な月曜の朝はもうたくさんだ

マット・コフーン

残酷博覧会

未完の著作である『アシッド・コミュニズム』で、晩年のマーク・フィッシャーは1960年代と70年代のカウンターカルチャーを肯定的に批評し、友人やファンを驚かせた。フィッシャーはポストパンク、ジャングルミュージック、あるいは現代の実験的なポップミュージックを広く好んでいたからだ。

フィッシャーは以前、カウンターカルチャーの伝説に対して容赦ない批判を浴びせていた。たとえば、彼の*k-punk*ブログでは、「ヒッピーは基本的には中流階級の男性の現象」で、「快楽主義的な幼稚さ」があると言明されている[1]。フィッシャーにとって、ヒッピーのだらしない性格、「体にあっていない服、だらしない身なり、ドラッグによる、ぼやけきってサイケデリックでファシスト的な語り口、こういったことは官能的なものへの軽蔑を示していた」[2]。彼にとってこれ以上の大罪はなかった。ヒッピーたちは、自分たちで考え出した『ボディー・スナッチャーズの侵略』(訳注1)的シナリオに陥っているかのようであり、思慮もなく快感原則に受動的に屈服するという罪を犯していて、「こうした「幸せ」の代償として、芯のない、陽気なポッド・ピープル的情動喪失があり、それがあらゆる自主性を犠牲にする」[3]。

フィッシャーにとっては、ケミカルか別の手段かはともかく、自らトリップして忘我の状態になることは資本主義的な作業であった。この作業はあたかも、フロイト的「反復強迫」に駆り立てられて、資本主義のおこなう認知的取り込みをその内側から人工的に実行するかのようなことであり、生物としての人間に、「人間を衰弱させるがけっして完全に破壊しない寄生虫を探し出し、それと同一化する顕著な傾向がある」[4]ことを証明するものであった。他方で、とりわけ*k-punk*ブログ上に見られることだが、フィッシャーは別の道も示していた。それはシャワーを浴びる回数を減らすとか喫煙量を増やすといった表面的な原始尊重ではないし、ポジティヴだが空虚な肯定に基づいたニューエイジ的過剰信頼とも別のものだ。わたしたちが解放を説くサイケデリックな夢をまじめに受け取るなら、そしてそこに、現代との関わりを何らかもたせたいなら、頭からドラッグを振り払わなければ何も達成できないのだと認識しなければならない。これは道徳的な指摘ではなく、非常に政治的な指摘だった。のみならずそのポイントは、「頭を使って脱け出すこと」、つまり「サイケデリック理性」を適用することによって脱け出すことであり、「自分で自分の脳をエクスタシーの状態にもっていくこと」だった。[5]

フィッシャーは17世紀の哲学者バルーフ・デ・スピノザを読むことで新しい道をつくり出した。スピノザの哲学のなかでは、この「サイケデリック理性」は出番待ちの状態で、幕が上がるのを待っていた。「スピノザは哲学界のプリンスで、実際、必要とされる唯一の哲学者だ」と彼は書いている。[6] ドゥルーズ＆ガタリ、フロイトとラカン以前に、近代という寄生的悪魔や資本主義的自我を人の心から追い払う鍵を握っていたのはスピノザだった。フィッシャーは次のように言う。「スピノザは、後年マルクスの思考の第一原理となるものを当然とみなしていた。その原理とは、世界を解釈するよりも世界を変える方がより重要である、というものだ」と。スピノザは「３００年以上前に、実質的には精神分析」に等しい反省に基づく倫理のプロジェクトを構築することによって、世界の変革を試みていたのだ。[7] フィッシャーはさらに続ける。

日常心理学によれば、情動は還元不可能なほど神秘的であり、ある程度以上分析するには曖昧で不分明すぎるとされている。他方、スピノザは、幸福とは情動のエンジニアリングの結果であると主張する。それはまさしく、学び実践されるべき学知なのだ。一般的な知恵とも通じるところだが、スピノザは、ひとつの存在に幸福をもたらすものが他のものにとって毒でありうることを明らかに理解している。いかなる存在であれ、その第一にしてもっとも重要な動因は、存在に固執しようとするそのものの意志である、とスピノザは言う。ある存在が自己の最良の利益関心に反して行動を始め、自身を壊してしまうとき——それは悲しいことに、スピノザの見るところ、人間がつねにやっていることなのだが、——そのようなとき、その存在は外の力によって支配されてしまっている。自由であり幸福であるということには、こうした侵略者を追い払い、理性に従って行動することが必要なのだ。[8]

こうした意味において、フィッシャーのブログ空間のスローガンは、すでにわたしたちは資本主義リアリズムの閉域から逃れるために必要なものをすべて所有していると論じるものであった。資本主義リアリズムの観念的な拘束により、わたしたちは卑屈になり、想像力を奪われている。外部からの侵略者は、わたしたちの精神、身体、そして今日のわたしたちの存在の自己実現を妨害している。アシッドやエクスタシーといったドラッグは、ある程度精神を緩めるかもしれないが、それは人間の主体（理性的に思考する能力、政治的な行為可能性）というさらに明晰な実存的領域という、もうひとつの部分を見えなくさせ、その部分が朽ちて萎んでいく。フィッシャーは、それゆえ、ドラッグは「使用説明書のない脱出キットのようなものだ」と論じる。[9] また、「MDMA［＝エクスタシー］を摂取することはWindowsを改良するようなものだ。下手な修繕屋であるティンカー・ビル・ゲイツがどれほど費用を投じても、DOSというがたついた構造の上に建てられている以上、Windowsはクソだ[10]」とも述べる。あらゆるドラッグはすべて、あまりに束の間のものでしかないということだ。「エクスタシーを使っても、毎度クソみたいなことになって終わるだろう、なぜなら人間のOSを取り外して解体することはできないのだから」[11]。ドラッグは愉しいかもしれないが、物事の大きな構造においては、「ドラッグじゃうまくいかない、物事をいっそう悪くするだけだ……」。そう昔の歌［= The Verveの「The Drugs Don't Work」］も物語っている。

しかしながら、ヒッピーたちが「権力を得るために無気力で快楽主義的な朦朧とした状態から目覚めた」とき、「ヒッピーたちは自分たちの官能的な側面に軽蔑を示した」とフィッシャーは続け、政治的には機能しないことが判明しても、カウンターカルチャーの美学やその文化的な力が長いあいだ残っていたことを指摘する。[12] 文化的な観点で言えば、こうした局面は長く影を落としている。ポストパンクの新しい官能性が結果的に敗北したとき、フィッシャーは１９９０年代の文化的なヤッピーたちと、この「官能的なものに反する感受性」から生まれる憎悪を結びつけている。若いイギリスのアーティストの縮図であるこのヤッピーたちとともに、ブリットポップの「男の子らしさ」の力が生み出された。

こういうふうにもち出されると、カウンターカルチャーのネガティヴな足跡が広く流布していることは否定し難い。最初は、たとえばビートルズのジョン・レノンからオアシスのリアム・

ギャラガーの共通点は、丸縁のサングラスを似たように愛好しているくらいだと思えていたが、実際には、カウンターカルチャーの受動性という行き詰まり、あるいは、フィッシャーの言う「なあ、それはすべて精神の問題だ」という感受性は、ブリットポップ的快楽主義の「ぼやけて、かすんで、酔っ払って、疑い深く、キザな」バイブスの背後にある推進力であり、それはかつての粗野なボヘミアンの麻薬パーティーにとって受動性が推進力となっていたのと同じことだったのだ。[13]

このことは、アシッド的な俗世界を描いた歌に目を向ければ、直ちに明らかとなる。ビートルズの「ルーシー・イン・ザ・スカイ・ウィズ・ダイアモンズ」（１９６７）とオアシスの「シャンペン・スーパーノヴァ」（１９９５）の２曲だ。30年近くあいだがあいていて、（政治的にも）異なる２つの世界から生まれた曲だが、それにもかかわらず、サイケデリックな憂鬱が２つの曲を結びつけている。同じような幽霊的でメランコリックな転移が、ジョン・レノンとオノ・ヨーコの１９６９年のパフォーマンス《平和のためのベッド・イン》と、——その朽ちた残骸のようにして１９９８年にテート・ギャラリーという陰鬱なホワイト・キューブから再出現した——トレイシー・エミンの作品《マイ・ベッド》とのあいだに見受けられる。

90年代資本主義の憂鬱のもとでの、60年代のこの表面的なくりかえしは、前世紀の「世紀病」的デカダンスと似ている。ずっと以前の夢が、悪夢のようにぎこちなく死体解剖されるが、そこには近代を準備する自己意識の覚醒が欠けている。この意味で、ブリットポップとはまさしく残酷博覧会だ。新自由主義の幽霊とゾンビの行列が展示され、それがサイケなもの［＝心(psyche)］に取り憑き、後を付け回しているのである。

サイケデリック理性の抽象的恍惚

フィッシャーがブログを書いていた時期、とりわけ２００４年の８月は生産的な時期だったが、この時期のテキストには「軽く適当な」ものなど何もなかった。そう言っておくのがおそらく正しい。当時の彼の批評は皮肉的で、ときには概してネガティヴなものだった。だとすると、このマーク・フィッシャーが、どのようにして『アシッド・コミュニズム』のマーク・フィッシャーに変身したのだろうか？　２０００年代半ばからの媚びない価値判断はあるが、のちにフィッシャーはカウンターカルチャー全般に対する意見を和らげたように思える。とはいえ、この変身は、傍目に見るほど極端なものではなかった。むしろフィッシャーは、この変身を自分に課し、皮肉な批評や仕事を経由して、ポジティヴな政治的プロジェクトを打ち立てようとした。スピノザ的「サイケデリック理性」を中心に据えたプロジェクトである。

こうしたプロジェクトを打ち立てる過程で、フィッシャーはカウンターカルチャーのなかの文化的・美的な最良の作品がもつ——少なくともそのもともとの社会的政治的文脈のなかにはあった——政治的なポテンシャルを正しく評価し始めた。こうしたポテンシャルは、ピンク・フロイドのブルジョワ的なコンサートにおけるシュルリアリスム的抽象のなかには見つからない。これはこれで、今日ではノスタルジックで非政治的なものとして、別の目的に供されているとしても。ブルジョワ的なものとは違って、カウンターカルチャーのポテンシャルは、階級意識とサイケデリックな意識のあいだに橋を架け、階級意識と集団意識のあいだに橋を架けた文化産物のなかに明らかに見出されるものであった。そのポテンシャルは、そのときが来るまで、抑えこまれるか捨て去られるかしていた。[14]

たとえば、『アシッド・コミュニズム』の序文で、フィッシャーはキンクスの「サニー・アフタヌーン」とビートルズの「アイム・オンリー・スリーピング」を擁護している。どちらの曲も1966年にリリースされたものだ。

> ［それらの歌は］日常の傍や、そこから離れたところ、あるいはそれを越えて漂う視点から、日々の暮らしでの不安な、そして夢のような労働［を捉えていた］。朝寝坊の住民が高い窓から人混みの交差点をのぞき、その人のベッドは優しく揺れるボートとなる。終わる必要のない日曜日の午後によって捨て去られた、霧と霜に満ちた月曜日の朝。あるいは、曲がりく

ねった貴族的な邸宅群を占拠している労働者階級の夢想家たちは、差し迫った仕事をその高台から気軽に見下していて、もう二度と仕事など始めようとはしない。[15]

そこには、ＢＢＣラジオ４の一般リスナーたちが、けっして終わることのない静寂の日曜日を求めて見る夢なんかとは比べものにならないような、もっとそれ以上の政治的挑発が存在していた。より一般的な表現を使うと、フィッシャーは、以前からずっと、ラディカルな政治的メッセージがポピュラーカルチャーを通じて集団意識に秘密裏に送り届けられることに関心を抱いていた。彼はポップカルチャーが多幸感の伝染によって人々を惹きつけるのみならず、過去の資本主義の快楽原則を新しく取り込み、それをより深い何か、より集団的な無意識へと流入させ、表面的なものに対して蹴りを喰らわせ、抗議の叫びを上げさせる、そうしたあり方にもまた興味を抱いていた。

だが多くの疑問が残る。これがもっとも重要なことだが、マークは、そうしたポテンシャルがなぜ消え去ってしまったのかを探究していた。のちに彼が述べるように、支配層は労働者階級がヒッピーになることを恐れていただけだ。だが、なぜか？　カウンターカルチャーのなかの何が支配層を脅かしたのか？　脅かされた結果、急成長する新自由主義的秩序は、敵意をもちつつも新しい集団意識を接収することが必要だとみなしたのだろうか？　そして、かつて阻止されたカウンターカルチャーのポテンシャルのいくつかが新しく表明されたとして、それはなおも、今日の資本主義リアリズムの支配層を脅かすものたり得るのだろうか？

こうした問いによって築かれるサイケデリックな見方は、今なお肯定されねばならないものだ。ある意味、そこにはサイケデリックなものの休眠中の「機能」がある。だがそれは現在の瞬間においてもわたしたちに関係ある仕方で残っているような、馴染みの「美的な」形態ではない。美的なものとの関連はすべて脇に置くとしても、単語そのものが、単なる表面上のものではない、精神の深いところの表明を意味として内包している。現代英語における接頭辞「psyche」と、「表明《マニフェスト》」や「顕現」を意味する、より耳障りなギリシャ語根「dēlos」との変則的な結合からなる「サイケデリック（psychedelic）」という単語は、精神のなかにあるものをマニフェストするものである。ここでもまた、マルクスのスピノザ主義的なアダージョが響き渡っている。つまり、わたしたちは世界を解釈するために蟄居するのではなく、世界を変えるために戦わねばならない、ということだ。だが、これは解釈とマニフェストを対立させるものではない。解釈もマニフェストになるべく、つねに最善を尽くさねばならない。

そうなると、新しいサイケデリック文化は、別の方法で政治に影響を与えなければならない。それは、わたしたちが期待するようなものではないかもしれない。実際、あまりにも馴染み深く見えるものは警戒すべきだ。今日のサイケデリックなものに美的な意味合いがあるとしても、それは完全に拒絶されるべきものであるとさえ言える。フィッシャーはかつて、カウンターカルチャー的なサイケデリックなものの明らかな先駆者であるシュルレアリスムについて、次のように書いている。「パンクと同じく、シュルレアリスムは、それが美的なスタイルに還元されるやいなや死んでしまう。妄想のプログラムとして具体的に説明されると、それは再び生を失う（反権威主義的で、明確な指揮系統をもたず伝播していくネットワークとなったとき、パンクが生を失ったのとまったく同じことだ）」[16]。

カウンターカルチャーを丁寧に扱う理由はここにある。現代、カウンターカルチャーがロマン主義的対象として扱われるにもかかわらず、いや、おそらくはそれゆえに、文化的革命によって政治的革命が成し遂げられつつある最後の時期だという気がする。文化は迅速に発展し続けるが、政治は遅く、なかなかそれについていけない。だがしかし、現代の政治支配の状態においてもまだ、熱狂できる大きなチャンスは存在している。『アシッド・コミュニズム』の序文で、フィッシャーは次のように結論する。「もちろん、革命が起こらなかったことはわたしたちも知っている。けれども、革命の物質的な条件は、１９７７年よりも、21世紀の現在の方がいっそう整っている」[17]。カウンターカルチャーのポテンシャルを単純に称揚するのではなく、フィッシャーは、なぜそれが失敗したのか、そして今日そこからいかにして学べるのかを問いかける。彼は続ける。

それ以来、あらゆる認識を超えて変わったのは、実存的で感情的な雰囲気である。人々は、たとえオートメーションが自分たちの仕事を奪っていると聞かされても、労働の悲しみを甘んじて受け入れている。わたしたちは70年代のオプティミズムを取り戻さなければならない。それと同時に、わたしたちは自信を落胆へとコンバートするために資本が配置したあらゆる機械を丁寧に分析しなければならない。意識の収縮のプロセスがいかに作用したのかを理解することが、その状態をひっくり返すための第一歩なのである。[18]

このエッセイは連続ドラマのような終わり方をしている。そしてプロセスを理解しようというこの呼びかけは、見たところロードマップもないまま消えていく。２０１７年1月のフィッシャーの死後、『アシッド・コミュニズム』の論点は、著者とともに失われたと推測されている。だが、知的好奇心の強い読者にとって、考えるべきパン屑が世界中にまだ無数に散りばめられている。おそらく、取るべき最良の方法は、フィッシャーのよく知られた戦略をフィッシャー自身の思考に適用することだ。つまり、『アシッド・コミュニズム』のプロジェクトがいかに現れたのかを理解することが、それを再構成するための第一歩となる。

こうした戦略は、人がはじめに想定するほど熟考を要するものではない。ライター・批評家としてのキャリアを通じて書かれたフィッシャーの多様な論考は、当時の彼が検討することを期待されていた多くのテーマや主題を反映している。そうしたものに加えて、フィッシャーの大学院での最後の講義「ポスト資本主義の欲望」が、２０１６年度（２０１６／２０１７）にロンドン大学ゴールドスミス・カレッジでおこなわれることになった。

新しい年、新しいあなた

２０１６年度の開始時に、ゴールドスミスの視覚文化学科では数々の変化があった。この変化はあらゆる人に影響をおよぼしたが、とりわけマーク・フィッシャーとクドゥオ・エッシュン（Kodwo Eshun）にとっては大きなものがあった。この年より前、二人は視聴覚文化専攻の大学院修士課程を指導するために召集された。端的に言えば、その課程は「ユビキタス・メディアの時代に、音声とイメージの関係をどのように考えるか？」を問うものだった。しかしながら、大学内でいくつかの行政的な変革があったことにより、比較的小さな他の専攻と共に、視聴覚文化専攻は現代芸術理論という既存の修士課程に統合された。

エッシュンとフィッシャーにとって、この変化は損失と受け止められかねないものであった。だが2人は、これを新しいことを始める機会と捉え、視聴覚文化専攻の焦点を残しつつ、自分たちの目下の関心を反映した別々の授業を開講した。エッシュンは地理詩学（Geopoetics）セミナーを開講した。レザ・ネガレスタニによる、難解で名高い２００８年の著作『サイクロノペディア[19]（*Cyclonopedia*）』を15週かけて精読するというものだ。フィッシャーは「ポスト資本主義の欲望」を開講した。欲望と資本主義との残酷でもつれあった関係を検討し、資本主義から逃げ出す試みにおいて、どの程度欲望が役に立ち、また同時にわたしたちを制限するのかを考えるセミナーであった。この授業はフィッシャーの次の著作のための試みだったと見なすこともできる。それは今となっては有名な未完の著作、『アシッド・コミュニズム』という仮題がつけられた著作である。

授業の名前はフィッシャーが２０１２年に発表した論考「ポスト・フォーディズムの時代における欲望と政治との関係」からとられている。[20]保守派の政治家ルイーズ・メンシュが、イギリスのテレビ番組で２０１０年のオキュパイ運動の参加者のあからさまな偽善をからかったことを真剣に取り上げた論考だ。メンシュは、参加者たちがスターバックスで並び、iPhoneから政治的内容をツイートしていることをからかっているが、フィッシャーは、メンシュの態度に真剣に応答すべきだと論じる。メンシュの皮肉がたとえ表面的だったとしても、彼女の批判には深いレベルで考えるべきことが含まれていると示唆している。ポスト資本主義に向けたわたしたちの欲望が、つねに－すでに、資本主義それ自体によって捕捉され、無力化されているとして、それはどの程度そうなのだろうか？　わたしたちは、どのようにして「信用を原資とする消費財への欲望の激化[21]」と戦うべきなのか？　戦ってみるべきなのか？　フィッシャーにとって、この問いに対する答えは、メンシュが示したような、資本主義以前の原始状態に戻ろうとする反動的な闘争ではありえない。「消費的資本主義のリビドー的誘惑は、単にリビドーを減退させる没リビドーではなく、対抗《カウンター》リビドーと出会う」必要がある、とフィッシャーは述べる[22]。

　フィッシャーはこの必要性を証明するために、論争を巻き起こした彼の前任の講師ニック・ランドによる「反マルクス」的著作、とりわけ「機械的欲望」という論考（訳注2）にアプローチする。ランドはそのテキストで、彼にとって決定的であった90年代のサイバーパンク的ムードを漂わせながら、レプリカントへの一種の生成変化、つまり資本主義の諸力に内在するものへの生成変化を提唱する。ランドにとっては、「滑稽な修行僧のなかには欲望を介した商品との関わりを批判的理性によって乗り越えられると主張する者が少数いるとしても、資本と欲望とが無関係でいられるはずはないし、両者が内在的な矛盾によって支えられること」はもはやあり得ない。ランドの考えでは、資本とは「本質ではなく傾向なのである[23]」。資本主義は今日も持続する、とランドは述べる。なぜなら、エディプス期以前の子宮のなかの静寂さに戻るために努力するという人間存在に生得的なニヒリズムを肯定するラカンの死の欲動と同じように、サイバースペースは「すでにわたしたちの皮膚の下にあり」、そこから退却することは、存在しない想像上の前資本主義へと退却することになるからだ。[24] 資本主義から逃れる機会は、母のなかへと這って戻っていくことに等しい。そういったわけで、わたしたちの欲望を資本主義から分離することは、いまだに健康な近代の主体のなかに手術用のスプレッダーを突っ込むことになる。つまり、生得的に非合理なそうした努力に対して理性を適用することは、よい手段とは言えない。

ランドは理性の適用を否定するが、これはフィッシャーの立場と明らかに対立する。また、現代の左派にとって、ランドの判断は概して悪魔的なものに映るかもしれない。だが、左派がランドの判断を無視していたのは怠慢である、フィッシャーはそう考える。

対抗リビドーを資本主義的欲望に適用することによって、こうした批判にカウンターを食らわせる、あるいはそれを倫理的な観点から説明するやり方、すなわちポスト資本主義的な欲望が、フィッシャーの連続講義に隠された推進力となるべきものであった。たとえば、第一講では、フィッシャーはこうした系統的な問いを刷新し、もう一度メンシュの挑発的な発言から始めている。同時に、彼自身がそれに対して出した回答は、『アシッド・コミュニズム』上でいくつか答えたものでもあるが、しかしまだ未解決の緊張状態にある。けれども、フィッシャーが『アシッド・コミュニズム』の序文で警告していたのとまさに同じように、フィッシャーと学生たちは、対抗リビドーの未来へと目を向ける前に、なぜかつての対抗リビドーが現実の社会変革を成し遂げ実現させることに失敗したのかをまず確かめる必要があった。

最初の数回の講義は混み入った理論やジャーナリスティックなもの、あるいはポップカルチャーの歴史といった多様な文献を読むことを通して、こうした問いに答えようと試みるものであった。たとえば、第２講では、急速に出現しつつあるカウンターカルチャーにフロイトの精神分析が驚くべき影響を与えたであろうことを述べながら、その時代の対照的な２つの観点を取り上げる。ひとつは１９５５年のフランクフルト学派の哲学者ヘルベルト・マルクーゼのものであり、もうひとつは１９８１年のフェミニズムのエッセイスト・音楽批評家であったエレン・ウィリスのものだ。一緒に取り上げることによって、２つの論考は、カウンターカルチャーの挫折についての忌まわしい死後報告を述べるのみならず、カウンターカルチャーが現れようとするまさに直前からその時代を捉えるための洞察力を与えた。

両者は狼狽するほど対照的なものだ。マルクーゼのテキストは60年以上前と変わらず活気に満ちていた。けれどもウィリスによる批判もまた、わたしたちの現在と深いところで響き合った。フィッシャーは２０１３年に『*e-flux Journal*』に書いた論考で次のように述べている。

60年代のカウンターカルチャーは、いまや一連の「アイコン」的な美学的残骸へと還元されてしまったかもしれない。もはやあまりに知られすぎて、絶え間なく流通し、歴史なきものとなっている。政治的な内実も剝ぎ取られてしまっている。だがウィリスの著作は左派の挫折を痛切に思い起こさせる。ウィリスが１９８１年の書籍『かすかな光（*Beginning to See the Light*）』の序文で書いていることだが、社会主義本流で体験した権威主義と国家統制主義が、まったく自分に合わないことに、彼女はしばしば気づいていた。彼女が聞いている音楽は自由を主張するのに、社会主義は中央集権と国家統制に関わるものに思えた。カウンターカルチャーがどのようにして新自由主義の右派によって再吸収されたのかという顚末は、今となってはよく知られた話だ。けれども、この話の背後には、カウンターカルチャーが声を与えようとしていた新しい欲望の形を前にして、自分たちを変えることができなかった左派の無能さがある。[25]

こうした批判は、この時期以降のフィッシャーの著作のなかにいくつも見出される。たとえば、２０１３年は、今となっては悪評高い論考「ヴァンパイア城からの脱出」が発表された年でもある。ウィリスが１９７０年代の暗黒の側面から描き出したものが、21世紀の左派の希望や夢をむしばみ続けている、フィッシャーはそう考えた。

１９７０年代初頭のアメリカにおける労働組合とカウンターカルチャーの不和に始まり、

1997年のイギリスの副首相ジョン・プレスコットによる発言「わたしたちは今やみな中流階級だ」にいたる20世紀の後半は、少なくともフィッシャーの頭のなかでは、文化的政治的なあらゆる言説における階級構造の解体として定義された。しかしながら、21世紀に階級はカムバックを果たす。2000年代初頭に登場した音楽ジャンルであるグライムが主流となり人気を博したことから始まって、2011年にはオーウェン・ジョーンズの書物『チャヴ』が出版されたように、イギリスでは新しい階級意識がさまざまな形態をとって現れようとしていた。不幸なことに、この階級意識は、フィッシャーが「道徳左派によって醸成されたマッカーサー主義的熱狂の雰囲気」と言っていたものを打破するために闘争を続けていた。[26]

「ヴァンパイア城からの脱出」でのフィッシャーの口調は怒りと苛立ち、失望とフラストレーションに満ちていた。この論考はたしかに脱出口ではあったが、ソーシャル・メディアからの脱出口に過ぎなかった。この論考に対する、少なくともある筋からの反応が原因となり、一般読者は、フィッシャーは左派が愛しんでいたものすべてに背中を向けたように感じたらしい。これもフィッシャーによる別の視点からの批判だと言えるかもしれない。今日のアイデンティタリアン闘争によって階級を解体するならば、資本主義はもはや敵ではない。だがその代わりに、われわれはみな、無力であるにもかかわらず、あまりにも互いに反目し合っている。

当時の政治情勢に対するフィッシャーの批判は全体的にネガティヴなものである。

ネット荒らし《トロール》たちがエネルギーを吸い取るヴァンパイアとして生息し、ソーシャル・メディア、とりわけTwitterを用いて、あらゆる政治的集団の出現を萎えさせていたように感じたらしい。*k-punk*ブログに現れる灰色のヴァンパイアたち――すなわち「直接エネルギーを吸い取るのではなく、プロジェクトを妨害することを餌にしている」[27]コメント欄荒らしたち――のさまざまな姿と呼応させながら、フィッシャーは独善的なアイデンティタリアンの場であるソーシャル・メディアを非難した。数十年にわたるもっともエキサイティングなポップカルチャーの変化が、この空間において損なわれてしまうことが決定されていたように感じられていた。多くの者がフィッシャーの考えを真っ向から否定したが、ブレグジットの国民投票およびジェレミー・コービンのリーダーシップの欠如によって、フィッシャーの正しさは数年のあいだに証明された。とりわけ、コービンの件は、イギリスにおける左派政治を潜在的な次元で変化させた。左派の政治は外部からのみならず内部からも一貫して侵食されることになる。

　この政治的な免疫疾患によって被ったダメージは、あらゆる面で重大であり、とりわけ何よりも階級意識に対して甚大なダメージを与えた。「階級意識は脆くはかないものだ」とフィッシャーは述べる。だが、こうした事態と戦う最良の方法は、このことを話題としてもち続けることだと言う。さらにフィッシャーは、「アカデミーと文化産業を牛耳るプチブルは、話を逸らし論点を先取るなど、あらゆる手段を用いてその話題がもち上がるのを避ける。もしそれが話題にのぼったら、それを話題に上げることはおそろしく無礼なことであり、礼儀に反するものだと思うように仕向ける」[28]と続ける。こうした憤慨はつねに存在し続けている。しかし、階級意識がつねにしつこく攻撃を受けるという事実こそが、まさしく階級意識が政治的な力を秘めていると思わせてくれる。不幸なことに、フィッシャーの「ヴァンパイア城」は英語圏で広まり、フィッシャーが批判したかったソーシャル・メディアの炎上装置に火をつけてしまった。自分自身で注意を呼びかけていた重罪を犯してしまったのは、フィッシャーの完全な失敗だと書く者たちもいた。ジェンダー意識や人種意識、あるいはアイデンティティに関わるその他のマイノリティに属する意識から階級意識を分離させたことがその罪だと指摘された。だが、のちにフィッシャーがきわめて慎重に強調したように、彼の実際の立場はそれとは正反対のものだった。

意識の立ち上げ

フィッシャーはのちに、「ヴァンパイア城からの脱出」のなかでおこなった否定的な批判を、「意識」を立ち上げるためのポジティヴなプロジェクトへと転換し、非常に論争的な仕方で構成されていたその議論をさらに洗練する。これは講義「ポスト資本主義の欲望」の第3講でフィッシャーが述べたプロジェクトと同じものだ。

１９６０年代および70年代の第２波フェミニズム運動のなかでポピュラーになった「意識の立ち上げ」とは、人々が集団生活を送る上で生じる数々の不平等を強調する集団討論の実践に対して与えられる名称であった。これは必然的な過程である。なぜなら、フィッシャーが「ポスト資本主義の欲望」のなかで論じているように、ある人の物質的存在についての意識は、存在しているにもかかわらず、直接その人にとって明らかなものではない。しかしそれとは異なり、不平等の構造における自分の「位置」についての意識は、それが資本主義のなかであれ、家父長制のなかであれ、白人至上主義のなかであれ、つくり出される必要がある。それはけっして所与のものではない。そのような意識を構築する方法としては、同じような物質的存在を共有する他者の参加が最適なのである。

政治組織「プランＣ」について書かれた論考は、意識の立ち上げのような集団的な実践からなおも引き出すことができる、サイケデリックなポテンシャルについて書かれている。フィッシャーはそこで次のように述べる。

> ある人の意識を立ち上げることとは、その人がかつて知らなかった数々の事実について意識することだけではない。そうではなく、それは世界との全体的な関係を変化させることである。

ここで問題となっている意識は、すでに存在している諸事情からなる意識ではない。意識の立ち上げとは、むしろ生産されるものだ。それは新しい主体を創造する。闘争の担い手であるとともに、そのために闘争がなされる「わたしたち」を創造するのだ。それと同時に、意識の立ち上げは、「対象＝物体」に、世界それ自体に干渉する。そこでは世界はもう、性質がすでに決定されている静止したあいまいな状態としてではなく、変化可能なものとして理解される。この変化は知識を必要とする。それは自発性や意志を通じて生じるものでもなければ、断絶した複数の出来事の経験によって生じるものでもないし、周縁にいるだけで生じるものでもない。[29]

現在「闘争の担い手」は至る所にいるが、何のために闘争がなされるのかという点は散逸していて不明瞭である。政治的意識の様態のなかには、資本主義それ自体にとらえられ、連帯を創造するのではなく、まさしく連帯を粉々にするために用いられてきたというケースさえあるように思われる。たとえば、個々人が、誰がもっとも特権を得ているのかをTwitter上で口論し、お互いに反目している場合、本当の敵である資本主義自身は完全に免責されている。フィッシャーの願いは、こうした新しく立ち上がってきた意識の形式が、まだ断片化しているとはいえ、いわゆる「アイデンティティ・ポリティクス」のもとで増殖し、以前から分断されていた階級意識を包摂する共通の土壌を見つけることがまだできるのではないか、というものであった。この新しい集団意識は、資本主義という全体性システムの詳細をよりよく把握する手段として、マイノリティ闘争という有機的な意識を打ち立てる。フィッシャーが２００９年の著書『資本主義リアリズム』内で「要求される主体、すなわち集合的主体」[30]と名付けていたものを左派がつくり出すためには、こうした意識が必要だった。驚くべきベストセラーとなった『資本主義リアリズム』の刊行から10年近く経った後で、フィッシャーは集合的主体という概念をさらに展開し、「集団意識」という語を好むようになったのではないだろうか。

「プランC」についての論考に話を戻すと、フィッシャーが個人の背後にある意識という考えを拡張する必要に迫られ、それを引き続き洗練させていったのは、この論考内でのことだ。フィッシャーは次のように書いている。

> 意識の立ち上げは、あらゆる種類の服従してきた集団によって用いられてきたので、おそらく今は（単に）階級意識について語るよりも、服従してきた人々の集団意識について語る方がよいだろう。服従している集団の意識とは、第一に、服従を製造する（文化的、政治的、実存的）機械装置についての意識である。それは支配集団を標準化し、服従している人々の側に劣等感をつくり出す。しかし第二に、それはまた、服従している集団の潜在性についての意

識でもある。潜在性は、この集団の十分に高められた意識の状態によって決定される。[31]

残念ながら、「ヴァンパイア城からの脱出」が酷い仕方で受容された後の数年間で、この服従している者たちの集団意識は収縮し続けた。労働党のコービンの時代のはじめには復活しそうに見えた。だが、ブレグジットという大失敗が、支配的になりつつあったこの意識が現れるというあらゆる望みを摘みとった。ブレグジットがこれまでになく、この意識をどの程度引きずり下ろしたのか、フィッシャーは生きて見ることはなかったが、それでも彼は、その瞬間に先駆けて、ブレグジット的状況に対する巧みな襲撃を強調し続けた。まさしくオーウェン・ジョーンズが２０１１年にやったように、正しい瞬間、正しい例に光を当てて輝かせることができれば、国民国家を新自由主義的昏睡状態から目覚めさせることができるかもしれない、フィッシャーはそう望んでいた。

一例として、２０１４年に、フィッシャーは議論を呼んだドキュメンタリー・シリーズの「ベネフィッツ・ストリート」を取り上げたことがある。このシリーズはバーミンガムにあるジェイムズ・ターナー通りの住民の暮らしを追ったもので、この通りはイギリスで一番生活保護受給世帯が多いと言われていた。『ニュー・ヒューマニスト』誌に執筆する際に、フィッシャーは、この番組はその性質上「ブルジョワの眼差し」がデフォルトになっていて、「その視線によって、労働者階級が、中流階級と比べて欠落した存在とみなされている」と論じた。「さらに」、とフィッシャーは続けて述べる。「この欠落が非常に道徳的な観点から理解されている。欠落は労働者階級における資産や機会の欠落、ではなく、努力や意志の不足として説明されているのだ[32]」。

この意味で、「ベネフィッツ・ストリート」は、進化を続ける資本主義リアリズムの性質の、さらにいっそう有害な変化を描いた番組だった。資本主義が「リアリスト」たちによって町のなかでの単なるゲームとしてみなされた、というだけではない。その中心にある幻想の主体の眼差し、すなわち永遠の青春を謳歌する「中流階級」の眼差しが、今や主体のデフォルトの位置として広まり、解釈されている。フィッシャーは90年代の「わたしたちは今やみな中流階級である」という発言を拒絶したかもしれないが、テレビのスクリーンはこの現実を静かに、ファンファーレもなしに配信し続けている。暗黙の、しかし馴染み深いメッセージがそこにはある。「オルタナティヴなどない[33]」というメッセージだ。

己を堅持せよ、そしてわたしに唾を吐け

主体のデフォルトとしての中流階級の存在が強化されることは、クリスマス休暇前の最後の

『ポスト資本主義の欲望』のなかでフィッシャーから厳しく批判されることになる。そこでは、労働者階級が抑圧のなかでなんとか楽しみを見つけようとすることが課題となるが、これは本能的な幻滅を引き起こしかねない暗いユーモアだろう。（フィッシャーの前任者の講師であるニック・ランドによっても提案されているこの問題は、ここで再び不吉な響きをもたらしている。）

難解で悪名高いリオタールの１９７４年の著作『リビドー経済』を声に出して読みながら、フィッシャーはこの著作のなかでもっとも議論をよぶ箇所を享受している。その箇所はまるで、ジェイムズ・ターナー通りに投げかけられる眼差しをリオタールが予見しているようでもある。「クソな資本とは、資本の原材料であり、金属棒であり、発泡スチロールであり、書物であり、ソーセージ・パティだったりするが、それらではち切れそうになるまで何トンものそれらを飲み込むことによって、享楽ができるということを、［…］敢えて語ろうとしない」[34]プロデューサーたちのことを、ここでフィッシャーはこっぴどく批判している。リオタールは、次のように述べている。

イギリスの失業者は生き延びるために労働者になったわけではない。彼らは「断固として己を堅持せよ、そしてわたしに唾を吐け」と言いながら、ヒステリックでマゾヒスティックな消尽を享受していた。鉱山や鋳造所、工場のような地獄の場所にとどまることがどれほど消耗することであっても、彼らはそれを享受していた。つまり、自分たちに実際に課せられていた有機的身体を破壊する狂気を享受していたし、農民の伝統がつくり出して彼らに与えていた自らの人格的アイデンティティが解体されることを享受していたし、家族や村落の解体も享受していたし、朝や晩の郊外やパブでの新しい途方もない匿名性を享受した。[35]

フィッシャーは長いあいだ、リオタールの議論を、死ぬほど真剣な暗いユーモアも含めて、すべて引き受けていた。たとえば、２０１０年の論考「ターミネーター vs.アバター」のなかで、フィッシャーはリオタールの挑発を21世紀に向けてアップデートしている。

> 郊外やパブでの匿名性を捨てて、農民的な自然のぬかるみに戻りたいと思う者は手を上げろ。前資本主義的領土である家族や村に本当に戻りたいと思う者はいるか？　さらに言おう。自然の全体性を取り戻したいという欲望が後期資本主義の外部にあるはずだと本当に信じていて、それが資本主義的なリビドーの下部構造と完全に一体化した要素などではないと思っている者は手を上げろ。[36]

21世紀の労働者階級は、20世紀と同様に、彼らの従属的な欲望、あるいは従属への欲望と絡まり合っている。けれども、このあからさまに矛盾したサドマゾ的な欲望にも使用法がないわけではない。フィッシャーが続けて言うように、「リオタールの「わたしは酔っぱらいたいんだ」という欲望からそれほど離れていない、もっと下部の方には、憎悪、怒り、フラストレーションの否定がある。満足もなければ、面白さも、未来もない。左派がもう一度接触しなくてはならない否定性の源はこうしたものではないだろうか[37]」。

現在の左派は概してこうしたものに応じていないだろうし、フィッシャー自身もこの後の数年で否定性への強い欲求を弱めたかもしれない。けれども発展するカウンターカルチャーが、その時代の政治の激しい変化をくりかえし予見したのとまったく同じように、リオタールの挑発も、同時代の音楽や文化のなかに多く要約されているのがわかる。実際、文化的なヘゲモニーが否定性として再編されるのでないとすれば、何がカウンターカルチャーになるのだろうか？

現時点のわたしたちにも多くの例があるが、その炎を精神としてもっとも明確に引き継いだアーティストにスリーフォード・モッズがいる。彼らの音楽からにじみ出てくる怒りは、経済的なフラストレーションと性的なそれとが、リオタールが最初に『リビドー経済』の徹底的に侵犯的な理論のなかで論争も辞さずに推し進めたやり方で混ざり合ったものだ。たとえば2008年の曲「求職者（Jobseeker）」では、ヴォーカリストのジェイソン・ウィリアムソンがスピーカーを通してあなたにまとわりついて唾を吐きかけ、悪意に満ちた内面を独白する。表面的な同情を示す職業安定所の役人に対して、彼が吐露したいことが歌われている。

「さて、ウィリアムソンさん、あなたが前回ここで失業登録してから、有給の職を見つけるために何かしましたか?」知るか！ 家の近所をぶらぶらしてオナニーしてたよ。俺が知りたいのは、なぜあんたがコーヒーを出してくれないのかということだよ。俺が登録したのは11時10分だ。今は12時だ。そしてあんたたちのなかには嫌な臭いのする奴がいて、そいつらは死刑だな。「ウィリアムソンさん、あなたの職歴はとても印象的です。あなたが昔、非常に有名なで3つのマネージャー職に就いていたことを今確認しました。こういった職には戻りたくないということでしょうか?」なんだって、またあのクソな場所を奪うことになるのか。あんたも、一日中あんたを見つめる二十代の連中を山ほど相手してるよな。俺がそんなところに戻るとでも思うか[38]?

この求職者は、抑圧されて運がない人の道徳的な姿を拒む。これは批評家から賞賛を受けたケン・ローチによる２０１６年の映画『わたしは、ダニエル・ブレイク』でのダニエル・ブレイクの人物像の裏返しだ。同情を介して意識を立ち上げるのでもなく、フィクションによって福祉国家イギリスの悲惨な現実を描くのでもなく、支配されている階級の恥辱を瓶に詰め、それを武器にし、殺伐さを手段にすることでウィリアムソンは意識を立ち上げる。スリーフォード・モッズによるケン・ローチ的イメージの拒絶が、ケン・ローチのような形の政治的意識を「拒否している」と言いたいわけではない。スリーフォード・モッズは単に、システムからはじかれ、そしてその状態を好むという、プロレタリアート的主体の裏側にあるイメージを示している。「求職者」はリオタールによる、「わたしは酔っぱらいたいんだ」という欲望を再活性化していて、ある意味、この不安定な従属によって、労働者階級がシステムにとっての脅威になることを主張している。「中流階級のたしなみなんてクソくらえ！　俺が欲望として追い求めたいのは……」。

　ここでもまた、フィッシャーのサイケデリック理性には、果たすべき役割がある。なぜなら、60年代のビートルズによる「ベッドにいて、上流に向かい浮かぶ（Stay in bed, float up stream)」という反労働の倫理は、かつてないほどに、今日の労働者階級の手の届くところにあるからだ。ジョンとヨーコにとって十分だったものは、今日の求職者にとっても確かに十分なものだ。ベッド・インの場所は、ヒルトン・ホテルのスイートルームではなく、グランサムのアパートの方がずっといいのではないだろうか？

　2014年に『ワイアー』誌に書かれたレビュー内で、フィッシャーはスリーフォード・

モッズのリリースから2曲を取り上げ、現在でもこうした潜在的な感情にアクセス可能か考えている。ウィリアムソンによって声を与えられた不満は「今やイギリスの至る所にあるが、しかしその大部分は私的なものにとどまっている、それはアルコールや抗鬱剤によって弱められるか、コメント欄に書かれた何も生み出さない悪意や、ソーシャル・メディアでの空虚な怒りに行き着くだけだ[39]」とフィッシャーは書く。けれどもそれこそが「不平不満を政治的活動へと変えるものなど何もないと痛切に気づいている階級意識が強調していることだ[40]」。「ウィリアムソンが述べた怒りと苛立ちに、誰が触れることができるというのか？　この悪感情を新しい政治的プロジェクトに変換できるとしたら、いったい誰か[41]？」そういった多くの問いが残される。化学物質によって鈍らされたこの不満を理解し、支配者たちめがけてそれを放つことができるのは、いったい誰なのだろうか？

　ある意味、この不満は、より広範な運動を焚きつけることだけはできるだろう。しかし、もし運動の炎が、それによって声を与えたい人々の想像力に気づかなかったとしたら、その運動は無力ということになるのだろうか？　２０１６年の後半に学生たちとともにリオタールについて話しながら、フィッシャーはリオタールの「質に閉じ込められた栄光」を評価しながら、しかし同時に、リオタールがわめき散らす辛辣な文句も「テキストそれ自体の、あるいはその無力さや使えなさの、栄光ある自律性と充足性」ではないかと問う。こうした問いは、今日の文化にも取り憑き続けている。そして、もしそれが文化に取り憑いているならば、同じものがまた政治に取り憑いていることも避けられないことだ。政治の強さが文化から現れてこない限り、わたしたちは同じ種類のネガティヴ・フィードバック・ループから脱け出せないかもしれない。

プロセスを加速させる

フィッシャーの「ポスト資本主義の欲望」は、『アシッド・コミュニズム』の序文と同じく、こうしたことを捉えるための道筋を定めようとする試みである。どちらのテキストも、もし資本主義を超えていきたいと本当に望むなら、わたしたちには何が求められるのか、と問いかけるものだ。この問いに対する提案は、連続講義では5回目から見られる。わたしたちは、快感原則を超えて、レトロとパスティッシュからなる文化を超えて、集団意識の執拗な解体を超えて、資本主義リアリズムを超えて、加速しなければならない、というものだ。この意味で、フィッシャーは、学生たちに、基礎から徹底して、左派加速主義の新しい実践を説明しようと試みている。

加速主義は講義を通じてしばしば言及されている。フィッシャーはこの概念が、「この講義におそらくもっとも大きな影響を与えているものかもしれない」とさえ主張している。けれども、２０２０年という見晴らしの効く位置から見ると、加速主義の登場は、さらに進んだ状況を説明する根拠となっている。

こんにち加速主義は不当な非難を浴びている。加速主義という言葉は、オーストラリアの白人至上主義者であり大量殺人の犯罪者、ブレントン・タラントによる２０１９年の犯行声明で嫌悪を伴う形で現れたことで、極右との（おそらくは致命的な）結びつきが暗示された。その後、この加速主義という哲学の目的について、一般的に次のように理解されている。つまり、資本主義（あるいは、より一般的に言えば「現状の体制」）はほとんど機能しなくなっていて、支持できないほど矛盾に満ちたものとなっている。したがって、わたしたちは資本主義のメカニズム（あるいはその「現状の体制」）を、それが不可避な破滅に至るまで加速させるべきだ、というものだ。この立場は、さらに雑に（しかし、しばしば）「物事は一時悪化してからよりよいものとなる」とさえ解される。しかしながら、哲学者ピート・ウルフェンデールが２０１５年に記していることだが、「これは、あらゆる人が今までとってきた立場ではない[42]」。本当のところ、加速主義者の立場とは、物事は悪くなるだけだというあり方に対する批判なのだ。資本主義の危機であれ、抗議による危機であれ、つまり２００７年から２００８年の金融危機であれ、それに続くオキュパイ運動であれ、危機はもはや変化をもたらさない。否定性は古いものを破壊するが、新しいものを生み出すわけではない。

ベンジャミン・ノイズが２０１０年の『否定的なものの持続[43]（*The Persistence of the Negative*）』において１９６８年5月以降の大陸哲学を批判してつくり出した加速主義という語が、のちにマーク・フィッシャーによって理解され、そして倒錯的でありながらも肯定されたのは、こうした考えが精神のなかにあったからだ。ノイズの著作は、概して、いかに大陸哲学が否定性の肯定に取り憑かれていたのかについての批判であった。フィッシャーは、巧みにトロール的な仕方で、ノイズによる否定的なものの批判を支持した。後から判断するなら、これはフィッシャーの誤りだったかもしれないが、良くも悪くも加速主義という語は相反する立場を奇妙に結合させるものになった。

フィッシャーはおそらくこの用語を換骨奪胎して、ノイズの一見寛容な立場は、否定と肯定との複雑な関係を軽視したものであり、それは間違いだったと証明しようとした。ノイズが混乱したものをほどこうと試みたのに対して、フィッシャーはあらゆる側面を肯定した。それはあたかも、ノイズの目論みそれ自体が否定的なものの物象化だったのであり、ノイズが批判したいと望んでいた当の問題を拡大させてしまっている、と述べているようであった。それにもかかわらず、フィッシャーは、この肯定と否定の負のフィードバック・ループが21世紀における憑在論的な「フリーズ状態」のもっとも主要な原因であったという考え方には同調していた。

実際、２００７年から２００８年の金融危機以降、加速主義をめぐる言説もオンライン上で発表されていたし、それによれば、左派および左派による抗議運動は現実の変化を成し遂げることなどまったく不可能なように感じられていた。ノイズが哲学的意味での否定性がどの程度まで持ちこたえられるのかを案じていたのに対して、フィッシャーの懸念は、この否定性が今やどのように政治的に危機を迎えているのか、ということにあった。フィッシャーは否定性の存在を懸念していたのではなく、その無力さを懸念していた。加速主義に関するフィッシャーの論考は、いかにしてこの危機を乗り越えられるかについての実践的な戦略を打ち立てようとするものだった。[44]

　したがって、加速主義は、フィッシャーたちによって、憑在論の活発すぎる従兄弟だとみなされ、また、資本主義下での技術の進歩によって増し続ける速度を分析するものだとみなされた。この分析は、この速度が人間の文化的生産と主体性の生産にどのくらい影響するのかを理解しようとしたものである。[45] こうした加速主義者の書き手たちは、資本主義が急加速しながら高速で発達していく一方で、資本主義と同時代の主体であるわたしたちは自分たちが中に閉じ込められているシステムについていくことができないということに気づいた。結果として、文化は失速し、システム自体に負荷を残し、システムは表面的な手段を通じてわたしたちの欲望を和らげることで対応しながら、それによってわたしたちは歴史の終わりに閉じ込められ、停滞する。ノイズが批判した大陸哲学者たちは、非常にポストモダン的なこの状況を防ぐことができなかったのかもしれない。だがフィッシャーにとって、資本主義システムの優位を理由に彼らを非難することは無益だった。少なくとも哲学的な意味では、のちにフィッシャーが「半狂乱の状態」と描写した状態のなかで、わたしたちが停滞したまま閉塞し続けているということに、これほどまでに迫った者は誰もいなかった。

　こうしたことがあったにもかかわらず、現在なされている加速主義への批判の大部分は、ノイズの主要な議論に由来している。加速主義の理論を批判的な眼差しで取り上げたノイズは、それが「もし資本主義が自らを解体する力を生み出すものであるならば、必要なことは、資本主義自体を急激化させることである。より悪くなるほど、より良くなる」[46]という信念を匿っているとし、その問題を明確に説明した。ノイズはこれを大陸哲学的な加速主義の傾向として述べた。そしてこれこそ、極右が人種戦争を奨励するために用いた傾向なのである。のちにピート・ウルフェンデールは、今まで誰もこうした立場をとらなかったと論じた。ウルフェンデールは、加速主義が、その新しく肯定される様態においては、「あらゆる意味において、資本主義の諸矛盾を加速させることと関係がない。加速されているものが何であれ、そして加速主義に関するシビアで重要な意見の相違はあれども、それは矛盾ではない。また、この加速がいかなる変移を目指すものであろうとも、それは社会の崩壊を目指すものではない[47]」ということを明らかにしようと試みたのである。しかしながら、今や、加速主義者的な常套句に対するこうした反論は、あまりにしばしば無視されてしまう。ノイズの批判によって大陸哲学は格下げされたが、それは最悪の意味で肯定され、少なくとも一般大衆の言説のレベルでは最悪のものが勝利を収めてしまったのである。

歴史になること

「ポスト資本主義の欲望」内で論じられている他の内容を考えてみると、フィッシャーにとっては歴史のプロセスこそが加速されねばならなかったのではないか。たとえばフランシス・フクヤマの１９９２年の有名なテキスト『歴史の終わり』を思い出すこともできる。フクヤマはそこで、「歴史」としての出来事の終わりを述べるのではなく、究極のイデオロギーとしての資本主義の勝利を宣言した。歴史の明らかな物象化と現在のわたしたちの憑在論的な状態は、資本主義の勝利の副産物なのである。

この論点は、フィッシャーの第３講の背景にある。そこではフィッシャーはハンガリーの哲学者ジェルジ・ルカーチの１９２３年の著作『歴史と階級意識』を参照する。フィッシャーはこの書籍のタイトルの後半にある単語［意識］に注目したが、ルカーチは意識の高まりの終わりなきプロセスと、歴史のなかにいる人間に無媒介に与えられる自己意識、すなわち表層的で固定された自己意識とを区別する。結局のところ、歴史は勝者によって書かれるということは、わたしたちの誰もが知っている。ルカーチにとって、資本主義による歴史の物象化は資本主義が自らの地位を固めるための中心戦略のひとつなのである。ルカーチは次のように書いている。

このように、資本主義のなかに生活するすべての人間にとっては、物象化こそ必然的な直接的現実であるとすれば、この物象化を克服することは、具体的に生じてくる発展全体の矛盾に具体的に関わり、この発展全体に対する矛盾の内在的意味を意識化することによって、物象化された定在の構造を実践的に打破しようとする傾向を、たえずくり返し新たに再生産すること以外の形態ではありえないのである。[48]

自分のことを加速主義者だとみなしている人の多くは、矛盾を激化することがゲームの目的であると考えている。しかしそうではない。ルカーチが明らかにしたように、もしわたしたちが違うように行動したいならば、わたしたちは諸矛盾をその全体性のなかで理解しなければならない。この議論はまたもやフィッシャーのサイケデリック理性の前触れとなる。ルカーチが書いていることだが、歴史は変わりやすいということを覚えておかねばならない。歴史とは、かつてヘーゲルが理論化したような「合理主義的体系が認識する限界」[49]ではない。

ルカーチの考えによれば、このことは、人間の歴史が自然の歴史と異なることを意味している。わたしたちの歴史は、現在のわたしたちの状況によってイデオロギー的な影響を受ける。地質学的な歴史、以前から「人新世」と言われて目下議論を呼んでいるものをめぐる歴史はそうではない。戦争、選挙、文化などの人間の歴史における出来事は、地球の地質学的な地層のなかに埋まった化石とは異なる。資本主義はきっと、化石もひとつの事例であると考えるようわたしたちに懇願してくるかもしれないけれども。[50] 対照的に、歴史とは、過去としてわたしたちの背後に横たわっているものではなく、現在わたしたちとともに、ここで起こっていることだ。歴史とはわたしたち自身の生成の物語であり、そしてそうした立場を維持するためには、歴史もまた、自らの生成プロセスに関わらねばならない。ルカーチは次のように書いている。「生成がまさに歴史のなかで、歴史的生成のなかで、質的に新しいものの不断の生成のなかで見いだされ、このようにしてはじめて、事物の典型的な秩序と結合が見いだされるのである」[51]。物事が変化したそのとき、ただ歴史が起こる、ルカーチはそう述べる。では物事を変化させる真の力をもっているのは誰なのか？ それはプロレタリアートだけだ。ルカーチは、歴史とは、すなわち真の歴史とは、「人間の定在をかたちづくっている対象性諸形態をたえず変革する歴史なのである」と書いている。[52] 歴史とは「人間自身の行為の——もちろん従来は意識されなかった——産物であり［…］人間活動の諸形態または人間の自分自身（自然および他の人間）との関係がそこで変革される過程の次々に続く連続なのである」[53]。

しかしながら、現在のポストモダン的時代に考慮すべきなのは、一般的に労働者階級が、物象化した歴史をどの程度好んでいて、そうした歴史の語りの確かさと、それゆえ非常に読解しやすい状態にあるわたしたちの存在の位置づけをどの程度享楽しているのか、ということだ。この問題はとりわけリオタールに——すなわちノイズによる批判においても、フィッシャーによる加速主義の主張においてもそびえ立つ人物——に深く関わっている。関連するウルフェンデールの論考に戻ると、哲学の主たる先駆者による有害な理論をマッピングするなかで、リオタールの「試みはマルクス主義と精神分析を結合しようとするもので、多くの問題があるが、しかしそれは欲望の概念と疎外の概念を重要な仕方で問題化している」[54]と彼は述べる。ウルフェンデールによれば、リオタールの議論は、ルイーズ・メンシュの皮肉な批判を30年以上先取りした（そしてそれを拒絶した）ものである。つまり、「純粋で、真正で、自然で前資本主義的な、戻るべき生活の形式」など存在しないし、だからわたしたちは「資本主義のもとで生み出されてきた生活と欲望の形式を、単にその生みの親が資本主義であることだけを理由に否定してはならないのだ」[55]。とはいえ、これは活発な議論を始めるための出発点だ。ポスト資本主義の社会がどのようなものになるかについては、まだヴィジョンが定まっていない。２０１０

年代半ばにウェブ上で展開された加速主義者の言説をのちに特徴づけることになる「分裂」を予言しつつ、ウルフェンデールはポスト資本主義社会に対してわたしたちがどのように考えるかについて、次のように述べる。

> そうした考えは、資本主義の破壊的で抑圧的な傾向を倒錯的に祝福することに陥る可能性がある（リオタール、君のことだよ）。けれども、それは同時に、わたしたちがいかにしてわたしたちの欲望と自己自身を構築するのかということについての、よりよい自己意識を求めるものともなる（フーコー、君の瞳に乾杯）。それは多くの左派の言説のなかに予期せぬ仕方で漏れ出している、ノスタルジックな偽の意識という罠に落ちることを拒否する率直な判断である。[56]

ここにおいても、フィッシャーのサイケデリック理性が加速主義とともに頭をもたげている。その理性はブロードチャーチ［＝自由神学的なリベラル教会派］的であることを自認しつつ、資本主義的近代の非現実性に包囲されながらも、現実に存在している人間の自由を生み出すことができるあり方に取り組んでいる。スピノザが宣言していたことでもある。

ルカーチにとって、必要なものは明白だったように思える。加速主義者たちが「唯一の出口は通り抜けることだ」と言うとき、彼らは唯一の出口は前にあると考えている。時間および歴史における前方、先のことだ。物象化された過去に戻ることはない。戻ろうと試みることは、資本主義の信奉者たちがわたしたちに望んでいる運命を認めることになる。他の加速主義者のグループと一致するところがほとんどないかもしれないが、ルカーチ的な意味では、加速化されるべきプロセスは歴史なのである。

マーク・フィッシャーは何をしたか？

約束されていたフィッシャーの思考のさらなる展開は、不幸なことに、悲劇的に中断されることになる。２０１６年のクリスマス休暇の後、フィッシャーの新年の連続講義は再開することがなかった。結果的に最後となったリオタールについての講義はほろ苦い。解決されたことはほとんどない。だが、この5回の講義とわたしたちとの関わりをたどっただけでも、新しい知識を手に入れた気がしてくる。そして実際にわたしたちは、わたしたちが現在生きている状況や、かつて生きてきたさまざまな状況について、新しい意識を手に入れている。

第6回目の講義は70年代後半のイタリアのアウトノミア運動を考察する予定だった。とりわけ、フィッシャーは学生に、ニコラス・ソバーンの２００３年の著作『ドゥルーズ、マルクス、そして政治』の一章を読んでくるよう伝えていた。フィッシャーはその本の第5章にある「労働の拒否という政治」を焦点化するつもりだったが、ソバーンのテキストもまた、偉大な思想家による現実化しなかった計画についてのものだったという事実を考えると興味深い。

１９９５年に死去する前、ジル・ドゥルーズは、彼の最後の著作は『マルクスの偉大さ』というものになるだろうと述べていた。タイトルはいまだに魅力的だ。ドゥルーズの、おそらくは正当的でないマルクス理解は、とりわけ多くの学者にとって、ドゥルーズの著作の政治的な受容につきまとうものだったからだ。けれども、ソバーンが言うように、マルクスについての最後の著作という、この果たされなかった約束が、「ドゥルーズの全著作と魅力的な問いを柔軟に開放した[57]」のだ。

ドゥルーズにとって、彼の哲学上の取り組みの基礎にあったのは、マルクスの解釈というより、むしろマルクスとの共鳴だった。ならば、この差異と複雑性の哲学者は、どのようにマルクスの「偉大さ」を構成したのだろうか？　ドゥルーズは、彼自身とマルクスのあいだに、どのような関係を打ち立てようとしたのだろう？　そして、どのような新しい力線が現れたのだろう？　こうした問いに取り組み、その重要性を示しながら、エリック・アリエズは次のように述べる。「そう考えると、ドゥルーズが最後に計画した著作を執筆できなかったことがどれほど惜しむべきことであったかが理解されよう」。だが、この悲しみは非生産的なものではない。なぜなら、アリエズも提案しているように、欠落した書籍によって、ドゥルーズの仕事との新しい関係が生まれるからだ。まさしくその不在が、ドゥルーズのテキストを通した「ヴァーチャル・マルクス」との関係を導いてくれる[58]……。

同じような仕方で、『アシッド・コミュニズム』の幽霊が、生産的な姿でフィッシャーの思考に覆いかぶさるようにそびえたっている。これらの講義が集められ、今回のような形で刊行されたのはこうした理由による。それぞれの討論は種類豊富な道具箱のように機能し、好奇心のある人たちの手で無限の用途を提供するだろうし、それはまた、フィッシャーが構想していた「ヴァーチャル・コミュニズム」との関係を想起させるだろう。こんな形で思考を刊行するのは確かにフィッシャーの意図ではなかった。彼の著作があらゆるプロジェクトのために引き続き活用されているときも、本人以上に彼の考えを明らかにできる者はいない。そして、フィッシャーの考えは、それを解説する者を確かに必要としている思考なのである。

一例を挙げると、２０１７年後半のイギリスで、『アシッド・コミュニズム』は、労働党直轄の穏健な左派（soft left）によって取り上げられた。この左派集団は、レイヴとヒッピーが一緒になったノスタルジアと『アシッド・コミュニズム』を結びつけることによって、民主主義的社会主義の復活を推進しようと試み、フィッシャーがもっとも疑わしく思っていたヒッピー文化ともう一度結びつこうとまで呼びかけていた。当時の状況をよりしっかり説明するために「アシッド・コービー主義」とのちに名づけられたこの運動は、新しい集団意識を立ち上げる必要性を主張するなど、多くの点でフィッシャーの問題意識に忠実であった。けれどもそこにはまた、再起するカウンターカルチャーを主張するなど、フィッシャーの目には有害に映る多くの性質もあった。[59]この運動もまた、フィッシャーのあらゆる著作のなかにある中心的問題、つまり、「否定的なものの危機」という問題を考慮できていなかった。集団的喜びも、個人的なメランコリーも、もし両者が何も生み出せないのであれば、集団的喜びは個人的メランコリーに対する表面的な慰めでしかない。両者にともに介入する道を、すなわち複雑に絡み合った全体性に介入する道を見つける必要があり、それによってわたしたちは前進できる。フィッシャーの弁証法的サイケデリック・プロジェクトに見られる、この緊張に満ちた核心を無視してしまうと、死後のあらゆる「アシッド・コミュニズム」には、「民衆政治」にさえなれない運命しか待っていない。そして、もし最初の5回の講義内容が拠り所になるとしても、フィッシャーは読者のために、さらに多くのものを準備していたことは間違いない。

　こうした考えのもと、この講義が有益なリソースとなって、すでに流布していたもの以上に、『アシッド・コミュニズム』プロジェクトのより広い基礎を与えることをわたしたちは望んでいる。『アシッド・コミュニズム』に対する興味が、これほどまでに文字量の少ない、特に未完成のものによってかき立てられたことには驚かされる。これはフィッシャーの草稿が明晰であることの証明であり、テキストが完成しているかどうかは気にならないということだ。ここに集められたテキストも同じように「草稿」とラベル付けされているかもしれないが、ひとつのイントロダクション以上のものとなっている。ここではアリアドネの糸のような(部分的な)解決が示されていて、そしてフィッシャーなき後も探索を続けることが切に求められている。

こうした提案を不快に思う人もいるかもしれない。あまりに早すぎる死の後でフィッシャーの思考への関心が高まっていった理由は、疑いなく、フィッシャーのガイドとしての能力、資本主義の奇妙で気味の悪い「ゾーン」を横断する「ストーカー」(訳注3)としての彼の能力にある。２０１７年以前の彼の仕事をよく知らない人たちでさえ、ウェブの読者がくりかえし表明していたのと同じ感情を抱くだろう。ガイドし、情報を伝え、わたしたちに自信を与え、笑わせてくれる「マーク・フィッシャーがいてくれたらなぁ」という感情を。とはいえ、フィッシャーがリオタールやスリーフォード・モッズについて投げた問いは、彼の伝説にインスパイアされた人たちのみならず、彼自身が考えようとしていたことにも関係していることは、それぞれの場合で明らかだ。フィッシャーが表現した怒りや苛立ちを将来扱うのは誰だろうか? また、彼が同じようにつくり出した喜びとエナジーを、将来誰が扱うのだろうか? この問いに対する答えは、個人的なものではなく、集団的なものになるだろう。フィッシャー自身は答えなかった。だが、それに答えるであろう、まだ見ぬ人たちがいる。

（訳注１）『ボディ・スナッチャーズの侵略』（１９５６年）は、ジャック・フィニィのＳＦ小説『盗まれた街（The Body Snatchers）』（１９５４）を映画化したものである。人類が宇宙から来た謎の生命体に乗っ取られ、ポッド・ピープル（さや人間）という見た目がそっくりな無気力な存在へと入れ替わっていくという物語。

（訳注２）サイバネティクスとパンクを結合した造語で、１９８０年前後に始まるＳＦジャンルの総称を指す。代表的な作品として、ウィリアム・ギブソンによる小説『ニュー・ロマンサー』（１９８４）、リドリー・スコットによる映画『ブレードランナー』（１９８２）や、大友克洋による漫画『ＡＫＩＲＡ』（１９８２-１９９０）などがある。情報テクノロジーなどが発展した近未来の世界を舞台に、その世界の下層に生きる人々が織りなす犯罪や事件などを題材にしたものが多い。

（訳注３）『ストーカー』は、ソ連の映画監督アンドレイ・タルコフスキーによって監督された１９７９年の映画作品。とある小国内の「ゾーン」と呼ばれる閉鎖地域にある「願いが叶う部屋」を探すために、「作家」と「教授」が侵入を試みる物語である。「ストーカー（密猟者）」は、「ゾーン」に侵入する探索者を案内する人物を指す。

訳者解説

not me...it's not me stating off, ...you're starting off and not me...

Postcapitalist Desire, p.78

「わたしじゃなく（not me）」――この文句は本書『ポスト資本主義の欲望』に収められている初回の講義の最後に、マーク・フィッシャーが数度くりかえした言葉だ。学生に資料の要約を担当させるために発したこの言葉は、今となっては異なる響きをもって聞こえる。もちろんその理由は、資本主義下の閉塞を解明しその打破を目論むフィッシャーの思考が、彼本人の死によって唐突に中断されてしまったことによる。

残された講義内容、講座の成立や中断の経緯など、詳細については編者マット・コフーンによる編者解説に詳しい。この講義録では、のちに（『アシッド・コミュニズム』（仮題）として）まとめられるはずだった着想や蓄積が、多くの試行錯誤や脱線も含めて、手つかずの、生の形で収められている。『資本主義リアリズム』のような完成された著作とは少し異なる、起伏に富んだ思考を、フィッシャーの実に人間味のある語り口とともに楽しんでいただければ、訳者としてこれ以上の喜びはない。

　ここでは、詳細な解説にかえて、訳文を捻りつつ思いついたことを簡単に書き留めておこうと思う。

＊　＊　＊

　フィッシャーの有名な概念のひとつに「憑在論（hauntology）」がある。概念の由来はデリダにあると本人も別のところで述べているが、[1]フィッシャーは、過去が現在に取り憑き、現在を過去の写し絵のように変えてしまうロジカル・タイプとしてこの概念を提出している。そして現状を見る限り、その見立ては今でもそれほど間違ってはいない。

　憑在論の時代の特徴は、「新しい」ものではなく、「アップグレード」されたものが現れる点にある。フィッシャーは、２０２０年以降開催される東京オリンピックや大阪万博を、また、過去の名作が「アップグレード」された近作映画の数々（たとえばスピルバーグによる『ウエストサイド物語』など）を、どういう思いで眺めることになったのだろう。iPhoneXXを想像することは可能かもしれない。だが、iPhoneに取って代わるまったく新しい別のものを想像することは難しくなっている、わたしたちはそういう状況にいるように思える。

憑在論の時代は、実体のないノスタルジーに取り憑かれる傾向がある。Vaporwave[2]、あるいは「シティポップ」などを、そうした兆候として捉えることもできるだろう。“Make America Great Again”を叫ぶ妙な髪型のアメリカ人が現れた当初は、ある意味で平和であった。しかしロシアの老政治家が、まさしく「取り憑かれた」かのような言動を振り撒きながら、東西が激しく対立する冷戦時代への回帰を促すような軍事行動をやめないとき、事態は笑えないレベルにまで進行したことに気づく。

　未来は過去の反復でしかないのか。けれども、仮にそうであるとしても、取り憑く亡霊がただひとつである必然性はどこにもない。現在の亡霊に対抗しそれを無化できる、異なる亡霊を呼び出してみることは可能だろうか。フィッシャーはドゥルーズ&ガタリを組み込み、ルカーチを読み込み、リオタールに取り組む。それは自らの血肉をつくった過去の思想を召喚し、格闘することだろう。脱-憑在論として考えるならば、本書でのフィッシャーの思考は、既存の亡霊を祓うために、その正体を徹底的に暴きつつ、別の亡霊の可能性を探る試みに思える。とはいえ、フィッシャーがそこからどういう線を引こうとしていたのか、残念ながらはっきりとはわからない。「わたしじゃなく……始めるのはあなたです、わたしじゃありません……」ということになってしまった。

　ここでは少しだけ、フィッシャーに倣いつつ、そのバトンをつないでみよう。過去を振り払う知恵として、フィッシャーが開いたまま残した概念のひとつに「サイケデリック理性」がある。１９５０年代のマルクーゼと70年代のエレン・ウィリスのあいだでカウンターカルチャーを考えたフィッシャーのように（本書第2講）――この概念をある種「挟み撃ち」的に考えてみる。２０１０年代に出されたフィッシャーのカウンターカルチャー論と、その少し前、時代が90年代にさしかかろうとする直前に刊行された、もうひとつの議論を噛み合わせることができそうだ。ごくごく簡単に述べることしかできないが、そこから「サイケデリック理性」の姿が一瞬のぞくような気がする。

フィッシャーのサイケデリック理性とは、概念的にはスピノザ哲学から着想を得たもので、カウンターカルチャー最盛期にその文化を通じて束の間達成されたものだという。端的に言えばそれは、「精神を率直に表明すること」を意味する。社会的なものの拘束、すなわち資本主義リアリズムを打ち破るための精神の解放は、それはドラッグではなく、理性の機能によってなされねばならない、フィッシャーはそう考えたようだ。そしてこの「理性」は、どうやらカント的な理性――自我の表象をつねに介在させながら思考を構築していくそれ――とは相当異なる様相を呈しているように思える。２００４年の*k-punk*ブログのなかで、サイケデリック理性は、ＡＰＥ（Alien Parasite Entity）と呼ばれる自我の存在を解体し、それを組み替えることによって、まったく新しい抽象的な快を導く「冷めた合理主義的プログラム（Cold Rationalist

Program)」だと説明されている。[3] だがそれから10年以上経った『講義』においては、フィッシャーはいささかシンプルにその存在を提案するにとどまり、それが実際にどのようなものであるのかは明かされないまま、講義が中断されてしまう。

サイケデリック理性、すなわちカウンターカルチャーの「知的」本質と、その覚醒の条件は何か――フィッシャーの投げかけた問いはこういう形に変奏することができる。この「精神／ソウル」のあり方を考えるために、たとえば次のような言葉がヒントにならないだろうか。

> 《意味》は《自己》からも《文化》からも、独立しては存在しない。カウンターカルチャーは、整いすぎた意味体系からの離脱が、単なる願望としてではなく、現実において進展した現象だった。しかし、社会的な型版にしっかりはめられていない〈夢〉の浮遊は、いつも狂気に開かれている。

> 意味を生きる時の住人は、意味のカオスに耐え続けることはできない。

右の二つは１９８９年に岩波書店から出版された佐藤良明『ラバー・ソウルの弾みかた』内の一節である。[4] 佐藤は、この著作で、既存の意味体系に収まらない「意味」を発見し、それを解放する力をカウンターカルチャーのなかに認め、その力の源を歴史的・理論的に遡る。佐藤にとって、この力は安定を供給するものではない。むしろそこで開かれる解放には、「夢」「狂気」といった状態をつねに伴うことが暗示されていた。だが、フィッシャーを経由した読者ならば、ここで佐藤が述べているカウンターカルチャーの力が、60年代の思考の最良の可能性がひとつの形をとったものであることがわかるだろう。それは資本主義社会における物象化を経由することなく（たとえばゲバラがTシャツのプリントやカフェの内装のポスターなどになることなく）、ポスト資本主義的な方へと伸びていく力だ。それは「意味のカオス」を生きるための知を模索し、つくり上げる力だ。佐藤も参照しているグレゴリー・ベイトソンの言葉を借りるならば、この解放の力の源は、「ハート（心）にある、リーズン（理性）とは異なるリーズン（知）」ということになる。既存の意味体系、そしてセマンティックな歴史的構造を飛び越え、ハートが揺れ動き、ソウルが震える。そんな経験は、少なく見積もってもごく最近まで、まだ近代人にも可能だったようなのだ。

　哲学的に唐突にまとめるならば――それはベイトソンとスピノザをひとまず目をつぶって合算することだが――「サイケデリック理性」に期待されているのは、欲望と知と――そしてもう一項として、おそらく――「愛／暴力」との、いまだ完成されていない三位一体ということになる。この観点から再びフィッシャーと佐藤とを交差させるなら、「ホーム」へと戻ったジョン・レノンやマーヴィン・ゲイを貫いた銃弾とはなんだったのか、と考えなければならなくなる。１９８０年代の初頭、「70年代の終わり」に、何が起こったのか（ボブ・マーリーやイアン・カーティスの死も！）。知と欲望は、愛を複数の死体に変えて飛び去り、別の「流れ」に乗ってしまったのではないか？……等々（階級や意識の問題を、文化と合わせて考えるべきなのは言うまでもないとして）。

　そしてもちろん、１９７０年代前半の日本に生まれた自分がこの問いを引き受けるならば、たとえばフィッシャー的にはレノンのエピゴーネンでしかないオアシスによる「ドント・ルックバック・イン・アンガー」（１９９５）が、いかなる意味でジョン・オズボーンやデヴィッド・ボウイから隔たったものであるのかを探りつつ、それが２０２０年代の日本で藤本タツキのもと、可能世界の合言葉として呼び出され、『ルックバック』として作品化されるに至った状況も考えなければいけない（自らを撃った１９９４年のカート・コバーンを呼び出す必要もありそうだ）。それは「アップグレード」か否か、そうでないならば何なのか。文化産業の歴史としてではなく、かすかなバイブスをなんとか伝える絶滅寸前メディアとしてのポピュラーカルチャーの生と転生はまだ十分に描かれていない。誰かが、わたしが、あなたが、「始めなければならない」ようだ。

＊　＊　＊

この翻訳企画を持ちかけてくれたのは、当時左右社で編集として勤務されていた野村玲央さんである。氏の力強い申し出がなければ拙訳として世に出ることはなかった。現在は左右社を退社され、フリーで編集をされていると聞いた。心からのお礼をお伝えするとともに、またどこかでお会いできることを切に願っている。左右社の代表である小柳学さんは、当方がこの重要な著作の訳を引き受けることを直ちに快諾してくださった。左右社の錚々たる本格的な出版物を支える、包容力に満ちた温厚な氏の人柄は、困難な作業を粘り強く進める原動力となった。そして、なかなか進まない訳業を後押しし、拙い自分の日本語をスムーズに読めるレベルにまで引き上げてくれたのは、左右社の担当編集の梅原志歩さんである。複数回にわたる校正のすべてに目を通し、とんでもないミスから細かい表現まですべてに手を入れてくれた梅原さんの仕事がなければ、フィッシャーの仕事の真価は八割方損なわれていたことだろう。どれだけ感謝したらいいかわからない、としか言いようがないくらい感謝している。また、神戸大学大学院の中田帆波さんには、フランス滞在中の訳者に代わって多くの資料を複写転送してもらうなど大いにお世話になった。

畏れ多くも佐藤良明先生の一節をここで引用することになったが、訳者が学部学生の頃から、佐藤先生の音楽や文学、つまりは「文化」へのアプローチは格別魅力的なものとして映っていた。ほんの数行引いただけなので、むしろ失礼なことになってないかと思いヒヤヒヤしている。ベイトソンを経由してポピュラーカルチャーの力学に迫るその「弾み方」には（しかも約30年前の著作で!・）、まさに近年ドゥルーズから「ポップ哲学」を抽出しようとしているローラン・ド・ステールあたりはきっと面食らうことだろう。大いなる学恩に最大限の感謝を伝えつつ、それに少しでも報いるべくまた考えを続けていきたく思う。また同時に、いちいち名をあげることは控えるが、この時代をともに生きた友人や大切な人々、現在ともに生きるそうした人たちすべてに、感謝とエールを送りたい。日本では、90年代までは確実にあった何かが失われてから、20年近くの停滞期があったように思う。残されたフィッシャーの思考の断片が、SurviveからSurvibeへ、生の響きを変調させてくれることを願っている。

大橋完太郎

〔1〕 Mark Fisher, "Hauntology, Nostalgia and Lost Futures: Interviewed by Valerio Mannucci and Valerio Mattioli for NERO (2014)", *k-punk*, Repeater Books, London, 2018, pp. 683-689.

〔2〕 Vaporwaveとは２０１０年代にインターネット上で現れた音楽・映像のコンテンツの一潮流を指す。１９８０〜90年代の広告映像にハウスやテクノ、あるいは穏やかな電子音楽が重ねられ、独自のノスタルジックな世界を作り出していることが特徴とされる。

〔3〕 Mark Fisher, "Psychedelic Reason", *k-punk* BLOG. <https://k-punk.org/psychedelic-reason/>

〔4〕 佐藤良明『ラバーソウルの弾み方』ちくま学芸文庫、１９９４年、１５７ページ（初版：岩波書店、１９８９年）。

10. “Chant No. 1 (I Don’t Need This Pressure On)” by Spandau Ballet (Diamond, 1982)

11. “Stoned Love” by The Supremes (New Ways but Love Stays, 1970)

12. “Psychedelic Shack” by The Temptations (Psychedelic Shack, 1970)

13. “Off the Wall” by Michael Jackson (Off the Wall, 1979)

14. “Can’t Stop Playing (Makes Me High)” by Dr Kucho! & Gregor Salt (2015)

15. “Lost in Music (Special 1984 Nile Rogers Remix)” by Sister Sledge (1984)

16. “At Last I Am Free” by Chic (C’est Chic, 1978)

怒りと悲しみからみんなの喜びへ……けっして終わらない労働から果てしない自由の時間へ

今こそ全員にベーシックインカムを！

k-punk, 2015 年 7 月 18 日

こうした意味で、このミックスとは、それぞれの曲の美的な形式を越えた政治的な役割を強調している。全体として見たとき、このミックスは、脳を快楽に満ちた怒りの状態へと触発する。商品化された諸ジャンルのアナログレコードというあの物質がきわめて時宜に適った仕方で現実にコレクションされ、それ以来ずっと、美的な瞬間をきらめかせ続けている。美的なものの具体化というこのプロセスにもかかわらず、これらの曲が約束する自由はソウルフルなままであり、励ましに満ちたソウル・ミュージックが鳴り響き、従属させられた身体が現代的な自己満足から引きずりおろされる。このミックスは 2008 年から 1978 年へと遡っていくように見えるかもしれない。だがそこでのメッセージは未来の方を向いている。複数のオルタナティヴが存在する。複数の明日が存在している。変わるべき世界がある。

1. "Jobseeker" by Sleaford Mods (The Mekon, 2008)
2. "House in the Country" by The Kinks (Face to Face, 1966)
3. "Rat Race" by The Specials (The Specials, 1979)
4. "Too Much Work Load" by Singers & Players (Revenge of the Underdog, 1982)
5. "Boss Man" by Rhythm & Sound (See Mi Yah, 2005)
6. "Tethered to my Hot-Spot" by eMMplekz (Your Crate Has Changed, 2013)
7. "Smithers-Jones" by The Jam (Setting Sons, 1979)
8. "I'm Gonna Tear Your Playhouse Down" by Ann Peebles (I Can't Stand the Rain, 1974)
9. "Spaceship" by Kanye West feat. GLC and Consequence (The College Dropout, 2004)

k-punk ブログで、彼が永遠に沈黙する前の最後から２番目の投稿で、彼は適切なことに「悲惨な月曜の朝はもうたくさんだ」と名付けた音楽のミックスリストを紹介している。このタイトルは未完成の著作『アシッド・コミュニズム』でも利用されている。この文句は「月曜日が嫌いなんじゃない、仕事が嫌いなんだ」という古い反資本主義的格言を新しいポジティヴな観点から書き直したものだ。フィッシャーの人生との直接の関係で言えば、この文句には二重の意味がある。ひとつは、彼が労働の終わりを求めていたこと、そしてもうひとつは、これは密かにリオタール的だと気づいたことだが、それにもかかわらず、フィッシャーは学生たちとともに働く［＝学ぶ］ことを愛していたということだ。学生たちもまた、フィッシャーとともに学ぶことを愛していた。こうしたことを心のなかで理解していたのだろう、フィッシャーの学生たちは、1月半ばの彼の死を悼む月曜の朝に、このミックスリストを聞くことにした。

このミックスは、それにふさわしく、スリーフォード・モッズの「jobseeker」から始まる。カウンターカルチャーの隆盛と衰退を経験する前に、サイケデリック・ポップがダブに取って代わられ、ダブはディスコに取って代わられる。21世紀の労働者階級の怒りを収めた圧力鍋のような数々の曲が、つながっては方向を変え、1978年のシックの幸福に満ちた「At Last I Am Free」でフェードアウトしていく。

このミックスは強壮剤であり、時系列的には過去として示された意識改革の様態ではあるが、そこでは今日における政治的な怒りが、カウンターカルチャーの文化的な喜びともう一度接点をもっている。だがこのミックスは、失われた瞬間をノスタルジー的に望むものではない。これらの歌が、文化的な産物がいまだに存在し、曲が表すポテンシャルをわたしたちが自由に聴けるという事実を、単純に利用しているにすぎない。

付録2　トラックリスト「悲惨な月曜の朝はもうたくさんだ」

フィッシャーの死を聞いたゴールドスミス・カレッジの多くの学生やスタッフにとって、フィッシャーが一連の講義のなかで説明し始めていた社会的政治的な無力感は避け難いものであった。講義のなかで主張されていたラディカルな解体に挑戦する強い欲望は、ほとんど直接的に当時の大学を襲っていた抑うつ的な不感症というローカルな危機に対して表明されていた。蔓延する精神的な危機のなかでは、フィッシャーの自殺も残念ながら例外的な出来事ではなかった。

幸運な偶然というべきか、この深くネガティヴな瞬間が屈折した肯定の響きを帯びるようになったのは、フィッシャーが死んだ後の最初の月曜の朝のことだった。

「ポスト資本主義の欲望」は、どれも月曜朝9時からの1限目に開講されていた。第6回目の講義は開かれなかった。だが13日の金曜日のフィッシャーの死の報せが週末にかけて大学中に広まると、多くの学生が、とにかく2017年1月16日の朝、教室に顔を出そうと決めた。

20人のクラスの2倍、いやひょっとしたら3倍もの人数の、よく見る顔もそうでない者も、学部生も大学院生も、みなが絶望的に悲惨な月曜の朝に集まって、フィッシャーがドアを開けて入って来て大風呂敷の話を開陳するのを待っていた。沈黙のうちにしばらく時間が流れ、かわりに即席の試聴会がはじまった。

大学行政のスケジュールのなかで任意に設定されたものに過ぎなかったとはいえ、フィッシャーの講義のタイミングに、いっそう深い意味を見ないでいることは難しかった。フィッシャーによる有名な

第 14 講：タッチスクリーン・キャプチャー

Lecture Fourteen: Touchscreen Capture

・Jean Baudrillard, “The Tactile and the Digital” and “The Hyperrealism of Simulation” in *Symbolic Exchange and Death* (London, Thousand Oaks and New Delhi: SAGE, 1993), pp. 61–75［ジャン・ボードリヤール『象徴交換と死』今村仁司・塚原史訳、ちくま学芸文庫、1992 年］.

・Franco “Bifo” Berardi, “Info-Labour and ‘Precar- ization’” in *Precarious Rhapsody* (London: Minor Compositions, 2009), pp. 30–54.

第 15 講：プロメテウス再生

Lecture Fifteen: Reinventing Prometheus

・Laboria Cuboniks, “Manifesto on Xenofeminism: A Politics for Alienation” (2015), available at http:// www.laboriacuboniks.net/#zero

・Helen Hester, “Promethean Labours and Domestic Realism”, available at https://www.academia. edu/11571359/Promethean_Labours_and_ Domestic_Realism

Reader (Falmouth: Urbanomic, 2014), pp. 109–130.

- Sadie Plant, all sections from "Cyborg Manifestos" through to "Cocoons" in *Zeros and Ones: Digital Women and the New Technocultur*e (London: Fourth Estate, 1998), pp. 58–81.

第 11 講：加速主義

Lecture Eleven: Accelerationism

- Fredric Jameson, "Utopia as Replication" in *Valences of the Dialectic* (London and New York: Verso, 2009), pp. 410–435.
- Nick Land, "Machinic Desire" in *Fanged Noumena: Collected Writings 1987-2007* (Falmouth: Urbanomic, 2012), pp. 319–344.

第 12 講：ネットワークへの不満（1）：ハートとネグリ

Lecture Twelve: The Network and Its Discontents (1): Hardt and Negri

- Michael Hardt and Antonio Negi, "Beyond Capital?" in *Commonwealth* (Cambridge, Mass. and London: Harvard University Press, 2009), pp. 263–324［アントニオ・ネグリ、マイケル・ハート『コモンウェルス――〈帝国〉を超える革命論（上・下）』水嶋一憲監修、幾島幸子・古賀祥子訳、東京：NHK 出版、2012 年］.

第 13 講：ネットワークへの不満（2）：ピア・ツー・ピア

Lecture Thirteen: The Network and Its Discontents (2): Peer to Peer

- Michel Bauwens, "Peer to Peer: From Technology to Politics" in Jan Servaes and Nico Carpentier (eds.), *Towards a Sustainable Information Society: Decon- structing WSIS* (Bristol: Intellect, 2006), pp. 151–168.
- Jodi Dean, "The Common and the Commons" in *The Communist Horizon* (London and New York: Verso, 2012), pp. 119–156.

岩波書店、2011 年］.

- Eden Medina, “Cybernetics and Socialism” in *Cybernetic Revolutionaries: Technology and Politics in Allende’s Chile* (Cambridge, Mass.: The MIT Press, 2011), pp. 15–41.

第 8 講：中流の発明

Lecture Eight: The Invention of the Middle

- Carl Freedman, “Marx / Nietzsche / Freud / Nixon” in *The Age of Nixon: A Study in Cultural Power* (Winchester and Washington: Zer0 Books, 2012), pp. 71–107.
- Penny Lewis, “Hardhats Versus Elite Droves: Consoli- dation of the Image” in *Hard Hats, Hippies and Hawks: The Vietnam Antiwar Movement as Myth and Memory* (Ithaca and London: ILR Press, 2013), pp. 159–185.

第 9 講：ポストフォーディズムと新時代

Lecture Nine: Post-Fordism and New Times

- Stuart Hall, “The Meaning of New Times” in Stuart Hall and Martin Jacques (eds.), *New Times: The Changing Face of Politics in the Nineties* (London: Lawrence and Wishart, 1989), pp. 116–136.
- Paolo Virno, all sections from “Beyond the Coupling of the Terms ‘Fear’ / ‘Anguish’” through to “Intellect as Score” in *A Grammar of the Multitude: For an Analysis of Contemporary Forms of Life* (New York: Semiotext, 2004), pp. 31–66.

第 10 講：テクノ・フェミニズム／サイバー・フェミニズム

Lecture Ten: Technofeminism / Cyberfeminism

- Shulamith Firestone, “The Two Modes of Cultural History” in Armen Avanessian and Robin Mackay (eds.), *#ACCELERATE: The Accelerationist*

第4講：組合の力とソウルの力

Lecture Four: "Union Power and Soul Power"

・Jefferson Cowie, "Old Fashioned Heroes of the New Working Class" in *Stayin' Alive: The 1970s and the Last Days of the Working Class* (New York and London: The New Press, 2010), pp. 23–75.

第5講：リビドー的マルクス主義

Lecture Five: Libidinal Marxism

・Jean-François Lyotard, "The Desire Named Marx" in *Libidinal Economy* (London: Athlone Press, 1993), pp. 95–149［ジャン＝フランソワ・リオタール『リビドー経済』杉山吉弘・吉谷啓次訳、東京：法政大学出版局、1997年］.

第6講：アウトノミアと労働の拒否

Lecture Six: Autonomia and the Refusal of Work

・Silvia Federici, "Wages Against Housework" in *Revolution at Point Zero: Housework, Reproduction and Feminist Struggle* (Oakland: PM Press, 2012), pp. 15–21.
・Nicholas Thoburn, "The Refusal of Work" in *Deleuze, Marx and Politics* (London and New York: Routledge, 2003), pp. 103–138.

第7講：民主社会主義の破壊と新自由主義の起源：チリの事例

Lecture Seven: The Destruction of Democratic Socialism and the Origins of Neoliberalism: The Case of Chile

・Naomi Klein, "States of Shock: The Bloody Birth of the Counterrevolution" in *The Shock Doctrine: The Rise of Disaster Capitalism* (London: Allen Lane, 2007), pp. 75–98［ナオミ・クライン『ショック・ドクトリン——惨事便乗型資本主義の正体を暴く（上・下）』幾島幸子・村上由見子訳、東京：

- J.K. Gibson-Graham, “Affects and Emotions for a Postcapitalist Politics” in *A Post-Capitalist Politics* (Minneapolis and London: University of Minnesota Press, 2006), pp. 1–22.
- Paul Mason, “The Prophets of Postcapitalism” in *PostCapitalism: A Guide to Our Future* (London: Allen Lane, 2015), pp. 109–146 [ポール・メイソン『ポストキャピタリズム』佐々とも訳、東京:東洋経済新報社、2017 年].

第２講：ほとんど想像もつかない規模の社会的・心理的革命：予兆としてのカウンターカルチャー・ボヘミアン

Lecture Two: “A Social and Psychic Revolution of Almost Inconceivable Magnitude”: Countercultural Bohemia as Prefiguration

- Ellen Willis, “The Family: Love it or Leave it”, in *Beginning to See the Light: Sex, Hope, and Rock-and-Roll* (Minneapolis: University of Minnesota Press, 2012), pp. 149–168.
- Herbert Marcuse, “The Dialectic of Civilization” in *Eros and Civilization* (London: Abacus, 1972), pp. 68–83［ヘルベルト・マルクーゼ『エロス的文明』南博訳、東京：紀伊國屋書店、1958 年］.

第３講：階級意識から集団意識へ

Lecture Three: From Class Consciousness to Group Consciousness

- Georg Lukács, “The Standpoint of the Proletariat” from *History and Class Consciousness*. (Available online at the Marxist Internet Archive: https://www.marxists. org/archive/Lukács/works/history/)［ジェルジ・ルカーチ『歴史と階級意識〔新装版〕』平井俊彦訳、東京：未来社、1998 年］.
- Nancy C. Hartsock, “The Feminist Standpoint: Devel- oping the Ground for a Specifically Feminist Historical Materialism” in *The Feminist Standpoint Revisited and Other Essays* (Boulder, Colorado: Westview Press, 1998), pp. 105–132.

付録1　講義シラバス

2017年1月13日のマーク・フィッシャーの死後、「ポスト資本主義的欲望」のセミナーの残り10週は意図されていたようには進まなかった。

最初の数週間、学生は月曜の午前中に指定されていたセミナーの教室に集まり、みなでフィッシャーの思い出を語っていた。その後、週が進むと、フィッシャーが構想していた講義を続けることが決まった。

セミナーはグループによる読書会へと変わり、フィッシャーの友人、同僚、共著者たちなど影響関係にある人たちが数多く招かれ、フィッシャーが精査したいと思っていたテキストについての学生たちの議論に参加した。

こうした活動はのちに、「無から何かへ」という名の、より公共の読書会となり、同じテキストがもう一度、もっと公共的な集会で論じられた。

続く予定であった10回分のテキストとそのタイトルは下記の通りである。最初の5回分のものも入っている。このシラバスは、フィッシャーによる当初の形式、内容、書籍の版を反映している。フィッシャーがこの講義のために作った資料集には元のページが記載されている。

第1講：ポスト資本主義とは何か？

Lecture One: What is Postcapitalism?

・Nick Srnicek and Alex Williams, "Post-Work Imagi- naries" in *Inventing the Future: Postcapitalism and a World Without Work* (London and New York: Verso, 2015), pp, 107–127 (If you can also read "Conclusion", pp. 175–183).

Continental Theory. Edinburgh: Edinburgh University Press, 2010, 5.

47 Wolfendale, “So, Accelerationism, What’s All That About?”

48 Georg Lukács, *History & Class Consciousness: Studies in Marxist Dialectics*, trans. Rodney Livingstone. Cambridge, Mass.: The MIT Press, 1971, p. 197. 日本語訳：ジェルジ・ルカーチ『歴史と階級意識』第四章「物象化とプロレタリアートの歴史」、『ルカーチ著作集 9』城塚登訳、白水社、1987年、p. 349.

49 Ibid., p. 143、日本語訳 pp. 261-262.

50 よく知られていることだが、ドゥルーズとガタリはこうした歴史観の特殊性と、それが近代的主体とその価値に関するわたしたちの理解にどのように作用したのかについて考察している。以下を参照。Gilles Deleuze and Félix Guattari, “10,000 B.C.: The Geology of Morals (Who Does the Earth Think It Is?)” in *A Thousand Plateaus*. London: Bloomsbury Academic, 2013. 日本語版：ドゥルーズ・ガタリ「BC10000年—道徳の地質学（地球はおのれを何と心得るか）」『千のプラトー』上下巻、宇野邦一ほか訳、河出書房新社、2010年.

51 Lukács, *History & Class Consciousness*, p. 144. 日本語訳 pp. 262-263.

52 Ibid., p. 186. 日本語訳 p. 331.（強調はルカーチ）

53 Ibid., p. 186. 日本語訳 p. 330.

54 Wolfendale, “So, Accelerationism, What’s All That About?”

55 Ibid.

56 Ibid.

57 Nicholas Thoburn, *Deleuze, Marx and Politics*. London: Routledge, 2003, p. 1.

58 Ibid., p. 1.

59 「アシッド・コービー主義」についてさらに知りたい場合は以下を参照。Casper Hughes, “Why Acid Corbynism is the new counterculture we need”, The Independent, 28 February 2018: <https://www.independent.co.uk/voices/acid-corbynism-labour-jeremy-corbyn-counter-culture-a8231936.html>

36 Mark Fisher, "Terminator Versus Avatar" in *#ACCELERATE: The Accelerationist Reader*, eds. Robin Mackay and Armen Avanessian. Falmouth and Berlin: Urbanomic; Merve, 2014, p. 339.

37 Ibid., p. 340.

38 Sleaford Mods, "Jobseeker", *The Mekon* (A52 Sounds, 2008); *Chubbed Up: The Singles Collection* (Ipecac Recordings, 2014).

39 Mark Fisher, "Review: Sleaford Mods' *Divide and Exit and Chubbed Up*", *k-punk*, p. 413.

40 Ibid., p. 413.

41 Ibid., p. 413.

42 Pete Wolfendale, "So, Accelerationism, What's All That Above?", *Deontologistics* blog, 18 February 2018: <https://deontologistics.co/2018/02/18/ofta-so-accelerationism-whats-all-that-about/>

43 Benjamin Noys, *The Persistence of the Negative: A Critique of Contemporary Continental Theory*. Edinburgh: Edinburgh University Press, 2012.

44 否定性の危機については哲学者アラン・バディウにその由来を見ることができる。2007年のインタビューで、バディウは次のように述べている。「ヘーゲルにとって、否定の否定は新しい肯定を生み出しました。けれどもこれと対照的に、今日の否定性は、正確に言えば新しいものを何ひとつ創造しないと主張しなければなりません。もちろん、この否定性は古いものを破壊しますが、けれども新しいものを創造することはありません」。これを踏まえると、加速主義と憑在論についてのフィッシャーの著作は、異なった関心に基づくものではなく、両者の関心が絡み合ったものだと考えることができる。憑在論が危機を探索する一方で、加速主義がそれを修正しようとするのだ。以下を参照。Badiou, Alain, Smith, Jason, and del Luchesse, Filippo, "'We Need a Popular Discipline': Contemporary Politics and the Crisis of the Negative— Interview with Alain Badiou", *Lacanian Ink*, 7 February 2007: <https://www.lacan.com/baddiscipline.html>

45 フィッシャーの憑在論がもつ本質的に生産的な性質をさらに知りたい場合は以下を参照。Matt Colquhoun, "Music Has The Right To Children: Reframing Mark Fisher's Hauntology", *The Quietus*, 15 March 2020: <https://thequietus.com/articles/27968- matt-colquhoun-egress-mark-fisher-hauntology-essay>

46 Noys, Benjamin, *The Persistence of the Negative: A Critique of Contemporary*

magnitude': Popular Culture's Interrupted Accelerationist Dreams", *e-flux*, June 2013: <https://www.e-flux.com/journal/46/60084/a-social-and-psychic-revolution-of-almost-inconceivable-magnitude-popular-culture-s-interrupted-accelerationist-dreams/>

26 Fisher, "Exiting the Vampire Castle", *k-punk*, pp. 738-739.

27 Mark Fisher, "Mommy, What's a Grey Vampire?", *k-punk* blog, 21 June 2009: <http://k-punk.abstractdynamics.org/archives/011192.html>

28 Fisher, "Exiting the Vampire Castle", *k-punk*, p. 739.

29 Fisher, "No Romance Without Finance", *k-punk*, p. 421.

30 「要求される主体、すなわち集団的な主体は存在しない。しかし危機は、わたしたちが現在直面しているあらゆるグローバルな危機と同じく、集団的な主体が構成されることを要求する。」(Mark Fisher, *Capitalist Realism: Is There No Alternative?,* London: Zer0 Books, 2009, p. 66. 日本語訳：マーク・フィッシャー『資本主義リアリズム』セバスチャン ブロイ・河南 瑠莉訳、堀之内出版、2018年、p. 166.)

31 Fisher, "No Romance Without Finance", *k-punk*, p. 420.

32 Fisher, "Classless broadcasting: Benefits Street", *k-punk*, p. 237.

33 「ベネフィッツ・ストリート」への「いいね」によって証明された道徳的な傾向は、近年になると薄れてきたように思われる。しかし、リアリティTVというジャンルに対するより進歩した態度が具体的に現れてきていても、ブルジョワの眼差しは当初のままである。例をあげると、2000年代半ばの番組「ストレートな男にクィア・アイ(Queer Eye for the Straight Guy)」が2018年に単純に「クィア・アイ［日本語版タイトル：クィア・アイ　外見も内面もステキに改造］という名でリブートされたが、この番組は社会的な規範にチャレンジしようという精神を誇っている。だが階級に関する話題は番組内の会話にはまったくと言っていいほど登場しない。いわゆる「ファブ5」(性的マイノリティの5人組の名称)において、彼らの生活状態やセルフケアが、中流階級の嗜好と行動を典型的に示すような新しいエチケットの形とされていることがその証拠である。

34 Jean-François Lyotard, *Libidinal Economy*, trans. Iain Hamilton Grant. London and New York: Bloomsbury Academic, 2015, pp. 115-116. 日本語訳：ジャン=フランソワ・リオタール『リビドー経済』杉山吉弘／吉谷啓次訳、法政大学出版局、1997年、pp. 183-184.(ただし引用前後の文に合わせて適宜訳文を変更してある。)

35 Ibid., pp. 123-124. 日本語訳 p. 176.

7 Ibid.

8 Ibid.

9 Fisher, "Psychedelic Reason".

10 Ibid.

11 Ibid.

12 Fisher, "k-punk, or the glampunk art pop discontinuum", *k-punk*, p. 275.

13 Ibid., pp. 275-276.

14 たとえば、1967年のビートルズのアルバム『サージェント・ペパーズ・ロンリー・ハーツ・クラブ・バンド』の数奇な運命を考えてみよう。過激なスタジオ録音によるこの爆発的な作品がポップにとっての革命的な瞬間だと多くの人が考え続けている一方で、その伝説はより政治意識の高い批評家のなかでは色褪せてしまい、その影響もカウンターカルチャーとともに死滅してしまった。また、1968年5月、すなわち翌年の欧州の政治・社会情勢の激変により、その革命はほとんど意味をなさなくなったとする意見もある。

15 Fisher, "Acid Communism (Unfinished Introduction)", *k-punk*, p. 759.

16 Fisher, "Portmeirion: An Ideal for Living", *k-punk*, p. 120.

17 Ibid., p. 770.

18 Ibid.

19 このセミナーをもとに小説化された未完の作品は以下のものである。
Colquhoun, Matt, "Experiments in the Summoning of an AxSys Demon (Part 0)", *Vast Abrupt*, 2 March 2018: <https://vastabrupt.com/2018/03/02/exper- iments-in-the-summoning-of-an-axsys-demon-part-0/>. また次も参照。Reza Negarestani, *Cyclonopedia: Complicity with Anonymous Materials*. Victoria: re.press, 2008.

20 Mark Fisher, "Postcapitalist Desire" in *What Are We Fighting For: A Radical Collective Manifesto*, eds. Federico Campagna and Emanuele Campiglio. London: Pluto Books, eBook, 2012, pp. 328–329.

21 Ibid., p. 330.

22 Ibid., p. 330.

23 Nick Land, "Machinic Desire" in *Fanged Noumena: Collected Writings 1987-2007*. Falmouth and New York: Urbanomic; Sequences Press, 2011, p. 339.

24 Ibid., p. 343.

25 Mark Fisher, "'A social and psychic revolution of almost inconceivable

て語ることは外から内について語ることになる。これは主観的な経験について語ることと同様であり、外部の内部のようなものである。パンを焼くという例も単なるアナロジーではなく、このプロセスの等しく妥当な例であることは注目に値する。ドゥルーズにとって、これは人間の主体の生産だけでなく、非人間的な主体の生産も考えることを可能にする。このことはフィッシャーにとって重要で、彼の最後の著書『奇妙なものと不気味なもの（*The Weird and the Eerie*）』において暗黙のうちに探求されているプロセスである。応答のなかで彼がこの点に言及しないのはいささか意外に思える。彼はその著書内で「内部が外部の折り返しである」ことを示す奇妙で不気味なフィクションについて話している。ライプニッツのモナドについてさらに知りたいときは以下を参照。Lloyd Strickland, *Leibniz's Monadology: A New Translation and Guide*. Edinburgh: Edinburgh University Press, 2014. ドゥルーズの「襞」の概念については以下を参照。Gilles Deleuze, *The Fold: Leibniz and the Baroque*, trans. Tom Conley. Minneapolis: University of Minnesota Press, 1992. 日本語：ジル・ドゥルーズ『襞』、宇野邦一訳、河出書房新社、2015年. Gilles Deleuze, *Foucault*, trans. Seán Hand. London: Bloomsbury; Continuum, reprint edition, 2006. 日本語訳：ジル・ドゥルーズ『フーコー』宇野邦一訳、河出書房新社、2010. マーク・フィッシャーによる襞の機能の言及については、Mark Fisher, *The Weird and the Eerie*, London: Repeater Books, 2016, pp. 11-12.

編者解説

1 Mark Fisher, "k-punk, or the glampunk art pop discontinuum" *k-punk: The Collected and Unpublished Writings of Mark Fisher (2004-2016)*, ed. Darren Ambrose. London: Repeater Books, 2018, p. 273.

2 Ibid., p. 275.

3 Mark Fisher, "Megalithic Astropunk", *Hyperstition* blog, 6 February 2005: <http://hyperstition.abstractdynamics.org/archives/004932.html>

4 Mark Fisher, "Why Burroughs is a Cold Rationalist", *k-punk* blog, 29 August 2004: <http://k-punk.abstractdynamics.org/archives/004035.html>

5 Mark Fisher, "Psychedelic Reason", *k-punk* blog, 19 August 2004: <http://k-punk.abstractdynamics.org/archives/003926.html>

6 Mark Fisher, "Emotional Engineering", *k-punk* blog, 3 August 2004: <http://k-punk.abstractdynamics.org/archives/003767.html>

量は、それでも他の種類の量と関係をもっている。例えば、熱の内包的な量が、ラジエーターの実際の数値量と直接関連づけられることは明らかである。5台のラジエーターは1台より多くの熱を発生させる。ドゥルーズとガタリの「強度［内包］量」についての議論は、以下を参照のこと。Deleuze and Guattari, *Anti-Oedipus*, p. 30. 日本語訳：ドゥルーズ&ガタリ『アンチ・オイディプス』上巻 p. 40.（強調は本文。）

15 Lyotard, *Libidinal Economy*, p. 113. 日本語訳 p. 178-179.

16 Ibid., pp. 114-115. 日本語訳 pp. 181-182.

17 Ibid., pp. 115-116. 日本語訳 pp. 183-184.

18 カール・マルクスとマルキ・ド・サドの著作の合流は、リオタールがピエール・クロソウスキーやジョルジュ・バタイユ、ジャック・ラカンから引き継いだ議論である。また、フィッシャーの師であったニック・ランドが（間接的ではあるが）90年代のエッセイで取り上げたのも、この合流点であった。以下を参照。Pierre Klossowski, *Living Currency*, trans. Daniel W. Smith, Vernon W. Cisney, and Nicolae Morar. London: Bloomsbury Academic, 2017. 日本語訳：ピエール・クロソウスキー『生きた貨幣』兼子正勝訳、青土社、2000年. また、以下も参照。Nick Land, “Kant, Capital and the Prohibition of Incest: A Polemical Introduction to the Configuration of Philosophy and Modernity” in *Fanged Noumena*.

19 Lyotard, *Libidinal Economy*, pp. 253-273. 日本語訳 pp. 371-404.

20 ドゥルーズの「襞」の概念は、彼の作品の多くで中心となっている。ライプニッツ（1646-1716）の哲学から引用した「モナド」の概念に触発されたもので、複雑な存在を単純な物質に還元する思考法である。ライプニッツはこの概念の使い方を時代とともに変えたこともあり、「モナド」の真の定義は物議を醸すものであり続けたが、最終的には、「魂」や生命力を含む物質、あるいは実体の形相を指す言葉として使われるようになった。この生命力は不可知なものだが、近代哲学の関心に照らしてみると、第2講でフィッシャーが探求した、生物学的／機械的な区別にまたがる、一種の無意識的な「原動力（衝動）」として説明できるかもしれない。しかし、おそらくより重要なのは、モナドが何であるかではなく、その幾何学的構造をいかに記述するかということだ。ドゥルーズが「襞」という言葉を使ったのは、この幾何学性を記述するためのひとつの試みである。それは、1枚の紙を折るというよりは、パンをつくるときにできるシワのようなものだ。この点で、主体の生成と経験との関係は、レーズンを生地に練り込むようなものである。このレーズンについ

2 Marcel Mauss, *The Gift: Forms and Functions of Exchange in Archaic Societies*, trans. Ian Cunnison. Eastford, CT.: Martino Fine Books, 2011. 日本語訳：マルセル・モース『贈与論　他二編』森山工訳、岩波文庫、2014年.

3 Lyotard, *Libidinal Economy*, p. 121. 日本語訳 pp. 171-172.

4 Ibid., p. 120. 日本語訳 p. 170.

5 Ibid., xvii.

6 Ibid., xvii-xviii.

7 Ibid., p. 112. 日本語訳 pp. 154-155.

8 マルクスは1883年に死ぬまで、怪物的な政治経済批判の書である『資本論』の第1巻を完成させることしかできなかった。第2巻と第3巻は、友人であり協力者であったフリードリヒ・エンゲルスが編集・完成し、死後に出版された。第4巻も同様に未完成で、出版までの経緯はもっと複雑である。それは1952年に『経済学説の歴史』というタイトルで部分的なものが英語で出版された。さらに「グルントリッセ（経済学批判要綱）」と呼ばれるテキストや断片がある。これはマルクスのノートからの抜粋で、出版を意図したものではないが、最終的には1973年に英語で出版され、大きな影響力をもった。

9 この2つの段落は結びついているが不明瞭である。わかりやすくするならば、リオタールの視点が「演劇的」ではなく「宇宙的」であると言えるかもしれない。この意味で、全世界は舞台ではない。俳優がやって来て、自分の役を演じ、そして、目に見えない「舞台裏」や外部へと立ち去るような平面ではない。リオタールの哲学は、身体と情動と強度だけが存在する、広大で形のない宇宙に関係する。この意味で、それは資本主義の非人間的ヴィジョンであり、資本主義の経済潮流だけに関わる「限定経済学」ではなく、全体性としての生命の宇宙的な「普遍経済学」という、ジョルジュ・バタイユの理論に似ている。

10 Lyotard, *Libidinal Economy*, p. 107. 日本語訳 pp. 169-170.

11 Ibid., pp. 158-159. 日本語訳 p. 234.

12 Ibid., p. 122. 日本語訳 pp. 194-195.

13 Ibid., pp. 122-123. 日本語訳 p. 195.

14 フィッシャー自身の温度のアナロジーに戻ると、100℃という測定値が100個の「熱」に値すると理解することはできない。熱はそれ自体、量ではなく、質である。「100」という数字は、ゼロから上に向かって計測される強度の度合いを意味する。しかし、フィッシャーが本文からの引用を通じて論じるように、この種の集中的な

Class", *Harvard Business Review*, 10 November 2016: <https://hbr.org/2016/11/what-so-many-people-dont-get-about-the-u-s-working-class>

7 「ドナルド・トランプとブレグジットの時代に、オックスフォード・ディクショナリーズは、今年の国際流行語は「ポストトゥルース」であると宣言した。同辞典では、「客観的事実が感情や個人的信念への訴えよりも世論形成に影響力をもたない状況を説明する、またはそれを示す」形容詞として定義されており、編集者は、「ポストトゥルース」という言葉の使用が2016年に前年比で約2000%増加したと述べている。この使用量の急増は、「英国でのEU［離脱をめぐる］国民投票や米国での大統領選挙を背景としたもの」だという。」（Alison Flood, "'Post-truth' named word of the year by Oxford Dictionaries", *The Guardian*, 15 November 2016: <https://www.theguardian.com/books/2016/nov/15/post-truth-named-word-of-the-year-by-oxford-dictionaries>）

8 Cowie, *Stayin' Alive*, pp. 71-72.

9 これは「英国独立党のナイジェル・ファラージ党首（当時）が、英国政府とトランプ新政権の完璧な大使であり、仲介役となるであろう」というトランプ氏の主張を指している可能性が高い。Nicky Woolf and Jessica Elgot, "Nigel Farage Would be Great UK Ambassador to US, Says Donald Trump", *The Guardian*, 22 November 2016: <https://www.theguardian.com/politics/2016/nov/22/nigel-farage-uk-ambassador-us-donald-trump>

10 Christopher Lasch, *The Culture of Narcissism: American Life in an Age of Diminishing Expectations*. New York: W.W. Norton & Company, 1979.

11 Cowie, *Stayin' Alive*, p. 73.

12 イギリスのハイストリートで言えば、「レボリューション」という名で知られる「カクテルバー、レストラン、パーティー会場」の全国チェーンのことを指していると思われる。<https://www.revolution-bars.co.uk/>

第5講

1 Jean-François Lyotard, *Libidinal Economy*, trans. Iain Hamilton Grant. London and New York: Bloomsbury Academic, 2015, pp. 123–124. 日本語訳：ジャン=フランソワ・リオタール『リビドー経済』杉山吉弘／吉谷啓次訳、法政大学出版局、1997年、pp. 175-176.（ただし、引用部の訳出に際しては、フィッシャーが引用している英訳版に即して、既訳に適宜改変・修正を施してある。）

析における相互に排他的なカテゴリーとして扱う傾向が結果として引き起こす問題」についての考察から始めている。彼女は、これらのカテゴリーの区別に対する過度の信頼が、しばしば、同時に複数のカテゴリーのアイデンティティにまたがる人々の抹殺につながると論じている。つまり、彼女自身の例を挙げれば、黒人の経験を分析する場合、しばしば男性の経験に焦点を当て、黒人でありながら女性でもある人々の経験を消し去ってしまうということである。フィッシャーの議論との関連で言えば、クレンショーの最初の分析に階級が含まれていることは注目に値する。クレンショーは、進歩的な政治はあまりにも容易に支配的なカテゴリーに焦点を当てると論じるが、それは彼女が弁護士としての立場で目撃してきたことである。「集団内のもっとも特権的なメンバーを焦点化すると、多重の苦しみを背負った人たちが周縁化され、個別の差別の原因から生じた結果としては理解できない主張が覆い隠されてしまう」と彼女は書いている。このことは、言い換えると、「集団内のもっとも特権的な構成員が、多重の苦しみを背負った人々を周縁的な位置に置いて、個別の差別の原因から生じたものとしては理解できない主張を黙殺する」ことである。したがって、裕福で、男性で、白人である誰かは、貧しく、女性で、黒人である誰かよりも、法の眼差しの前で、より正しい存在となるだろう。これを人種問題に顕著なものでしかないと一般化することも可能だが、アイデンティティにおけるマイナーな立場のカテゴリーが重なることで、法廷での訴訟が受け入れられることがどれほど難しくなるかを考えることは重要である。だが、それでも、フィッシャーの議論にはなおも意味がある。クレンショーの論文が発表されてから数十年経ち、社会において階級が解体されたが、さらに個別の差別理由として、今でもいっそう覆い隠されているのは、アイデンティティのカテゴリーなのである。興味深いことに、アメリカ合衆国内でバラク・オバマの大統領任期中に、人種に関する同様の訴訟手続きがどれだけ試みられたのかを、わたしたちは証拠として示すことができる。わたしたちは「人種以降の」社会に住んでいて「肌の色など眼中にない」という言明を伴う議論は、レイシズムの告発に対する常套的弁護であり、イギリスでの新労働党時代における「階級以降の」政治にも影響を与えている。しかしながら、それ以来多くの者が明らかにしたことだが、こういった人種の解体は、不思議なことに、カテゴリーとしての人種を撤廃しない。こうした仕方での解体は、より特権的な集団に見られる、うんざりするような素朴さに隠れた偏見を、単にわかりにくくしているだけなのである。

6 Joan Williams, “What So Many People Don’t Get About the U.S. Working

第4講

1 CIOとは「アメリカ労働総同盟・産業別組合会議（The Congress of Industrial Organization）」の略称である。アメリカ合衆国およびカナダにまたがる労働組合の連合体。

2 1972年のアメリカ合衆国の選挙は11月7日におこなわれた。その数ヶ月前の6月に、ワシントンDCのウォーターゲート・オフィスビルにある民主党全国委員会本部で、不法侵入事件が起きていた。その後、選挙に勝利し、ニクソンが2期目の大統領に就任しているあいだに、ニクソン自身が再選キャンペーンの資金を使い、不法侵入を認め、資金を提供したことが明らかにされた。大統領はこのスキャンダルに抵抗し、調査を引き延ばした。結局、ニクソン大統領は、自分の身を守ると同時に、捜査当局の目をくらませるために、さまざまな違法かつ秘密のテクニックを駆使していたことが明らかになった。しかし、それだけではなかった。多くの証人がニクソンに不利な証言をしたため、1973年末、ニクソンは司法妨害、職権濫用、議会侮辱の罪で弾劾された。裁判になる前に、ニクソンは1974年8月に大統領を辞職した。

3 「1960年代最後の日の早朝、3人の殺し屋が靴を脱いでペンシルベニア州南西部のヤブロンスキー家に忍び込んだ。侵入者のひとりが拳銃を取り出し、ヤブロンスキー家の25歳の娘シャーロットを、彼女が眠っているあいだに撃ち殺した。他の2人は主寝室に侵入してマーガレットを撃ち、標的の反体制派の鉱山労働者のリーダーであるジョック・ヤブロンスキーに6発の弾丸を撃ち込んだ……。この悲惨な三重殺人は、ただちに1970年の最初の数週間の国民の話題となり、炭鉱地帯にニュースが広がると、2万人の炭鉱労働者が道具を置いて、組合のあり方に抗議するために職場を離れた」（Jefferson Cowie, *Stayin' Alive: The 1970s and the Last Days of the Working Class*. New York and London: The New Press, 2010, p. 23.）

4 フィッシャーはここで「怨恨（resentment《原文ママ》）」という言葉をそれほど一般化して使っていないが、これは最初の講義でルサンチマンについて短く言及したことを暗に思い出させる。第1講義、注32参照。

5 1989年に『シカゴ大学リーガルフォーラム』に発表した論文「人種と性のインターセクションを無視しない：反差別的教説、フェミニズム理論、反人種主義政治に対する黒人フェミニストからの批判（Demarginalizing the Intersection of Race and Sex: A Black Feminist Critique of Antidiscrimination Doctrine, Feminist Theory and Antiracist Politics）」において、キンバリー・クレンショーは、「人種とジェンダーを経験や分本当のところ、トランプたちはすでに危機に瀕している民主主義の産物として理解されていたのである。」（Gary Younge, “How Trump Took Middle America”, *The Guardian*, 16 November 2016: <https://www.theguardian.com/membership/2016/nov/16/how-trump-took-middletown-muncie-election> 2022年4月19日閲覧）

10 Georg Lukács, *History & Class Consciousness: Studies in Marxist Dialectics*, trans. Rodney Livingstone. Cambridge, Mass.: The MIT Press, 1971, p. 154. 日本語訳：ジェルジ・ルカーチ『歴史と階級意識』第四章「物象化とプロレタリアートの歴史」、『ルカーチ著作集9』城塚登訳、白水社、1987年、p. 279.（ただし、英語訳の文に応じて修正を施した箇所がある。）

11 Ibid., p. 156. 日本語訳 p. 283.

12 Ibid., p. 158. 日本語訳 p. 286.

13 Ibid., p. 159. 日本語訳 p. 288.

14 Ibid., p. 163. 日本語訳 p. 294.

15 Ibid., p. 163. 日本語訳 p. 295.

16 Ibid., p. 165. 日本語訳 p. 298.

17 Ibid., p. 168. 日本語訳 p. 302.

18 Ibid.. p. 168. 日本語訳 p. 303.

19 Ibid., p. 168. 日本語訳 p. 303.

20 Ibid., p. 169. 日本語訳 p. 304.

21 Ibid., p. 169. 日本語訳 p. 304.

22 Ibid., p. 173. 日本語訳 p. 310.

23 Ibid., p. 180. 日本語訳 p. 321.

24 Ibid., p. 181. 日本語訳 pp. 323-324.

25 Ibid., p. 189. 日本語訳 p. 335.

26 Ibid., p. 189. 日本語訳 p. 335.

27 Ibid., p. 193. 日本語訳 p. 342.

28 Ibid., p. 197. 日本語訳 p. 349.

29 Ibid., p. 203. 日本語訳 p. 358.

30 Ibid., pp. 204-205. 日本語訳 pp. 360-361.

31 Ibid., p. 206. 日本語訳 p. 362.

ン紙の最新号にコメントはない／これが君に起こらないよう」(“Editions of You”, by Roxy Music, from *For Your Pleasure,* Island Records, 1973.)

8 「ポスト資本主義の欲望」講義の第12回は「ネットワークとその不満（1）」というもので、ハートとネグリの2009年のテキスト『コモンウェルス』を扱う予定だった。

9 「閉鎖された工場と右派ポピュリストの台頭は3つのものでつながっている。第一に、人々の絶望だ。人々は経済危機以前からすでに絶望していた。マンシー［インディアナ州の都市］に仕事がないということではない。大学や病院に加えて、いくつか新しい製造業も入って来ていた。けれども、どれも前世代が馴染んでいたライフスタイルを提供できないのだ。マンシーの南側の住宅の多くは、廃墟ではないものの荒廃してきていて、生活感の消失を示している。［…］人々は何か変えるべきものを必要としている。［…］第二に、人々は自分たちを絶望させているという理由で、政治家たちを非難する。国際貿易の障壁を引き下げ製造業を海外展開したことは、1990年代に支配的となった西洋社会の政治的な王道であり、政治的な中心は過密になったが、極端に多くの余地を残した。［…］クリントンはこの2つのあいだで揺れ、最初はこれを後押ししていたが、後で反対に回った。トランプの勝利の結果、オバマは今TPPを実質上廃棄し、トランプはそれに反対する激しい活動をおこなっている。［…］とはいえ問題は単にグローバリゼーション下の貿易ではない。マンシーの投票者の多くにとって、クリントンは自分たちをこの地へ追いやった成功者の完成版のようなものであるのみならず、同じようなことをさらに提唱する候補者でもあった。［…］他方でトランプは、何かが変わるかもしれないという確信に近いものを与えた。［…］失うものをもたない者たちにとっては、トランプは明らかに取るに値するリスクであった。［…］第三に、おそらくこれが3つのうちで一番劇的なものだが、人々は、自分たちの人生に起こっていることについて、何も言うべきことがないと感じ始めていたことだ。ブレグジットの法律改正論議のあいだ、「コントロールを取り戻す（Take Back Control）」というスローガンがあれほど鳴り響いた理由はまさにそこにある。国民国家はいまだに第一の民主主義的な実体である。だがグローバリゼーションという尺度を与えられると、国家は国民の要求を満たすという務めに沿ったものではなくなってしまう。投票者たちは、自分たちが閉鎖することのできない国境を越えて人々がやってくるのを目にし、仕事が減っていく状況を防ぐこともできないなかで、世界のなかでどうすれば自分たちの存在を肯定できるのかを疑問に思う。トランプ、あるいはそれと似た人たちは、しばしばヨーロッパにおいて民主主義の敵であると表現されてきた。けれどもを経由することなしでは、どんな政府であれ何もできない。そして人々はまず自分たち自身を世話しなければならないし、それからまた、隣人たちを世話しなければならない。」

4 Fredric Jameson, “Cognitive Mapping” in Nelson, Cary, and Lawrence Grossberg (eds.), *Marxism and the Interpretation of Culture*. Urbana and Chicago: University of Illinois Press, 1988.

5 「かくして、生産の過程にある男性労働者は必要との接触に関わり、他の人間のみならず自然との交換にも関わる。だが生産や労働の過程が男性労働者の人生全体を奪うわけではない。家庭における女性の活動および賃金のために女性がおこなう労働は、つねに彼女を質と交換の世界と関わらせる。使用の世界に女性が浸ること、具体的で、多くの質をもち、変化する物質の過程に浸ることは、男性労働者よりもいっそう複雑である。もし人生そのものが感覚的な活動からできているならば、生存への貢献を基礎とする女性特有の有利な点は、唯物論的な世界観の強化と深化、資本主義における商品の生産者だけの意識を表すものであり、階級意識の激化を表している。労働者階級ではない女性にさえ向けられるこうした見方の有効性は、マリリン・フレンチによる『女たちの部屋（*The Women's Room*)』のなかで衝撃的な形で述べられている。「三人の男たちが使ったトイレを洗い、そのまわりの床や壁を洗うことは、ミラが思うに、必要と差し向かいになることだ。そしてこれこそが、女たちが男たちより正気で、男たちが拵える頭のおかしい馬鹿げた計画を考え出さなくてよかった理由なのだ。女たちは必要に触れていた。女たちは便器や床を洗わなければならなかった。」」(Nancy Hartsock, *The Feminist Standpoint Revisited and Other Essays*. Boulder, Colorado: Westview Press, 1998, p. 114.)

6 チャールズ・ディケンズ『大いなる遺産』。ピップとエステラがトランプで遊ぶとき、エステラはピップの身なりと、ピップがトランプのジャックを明らかに変な名前で呼んでいることにふれる。「「この子ったら、十一の札をネイヴじゃなくてジャックって呼ぶのよ!」エステラは最初のゲームが終わる前に、蔑むように言った。「それに何てごつごつした手!　ひどく分厚いブーツ!」私はそれまで自分の手を恥ずかしく思ったことなど一度もなかった。しかし今ではとても不恰好に思えてきた。私に対する彼女の軽蔑はきわめて強く、それが私に伝染したのだった。」(『大いなる遺産』、佐々木徹訳、河出文庫、2011年、pp. 98–99.)

7 「すぐに大量のセミヌードが出てくる／古い金は新しい金よりよいのに／トリビュー

最上部にあるのは自己実現の欲求で、創造的であること、進歩すること、自己のポテンシャルを実行することである。この理論は、人間の多様な振る舞いの背後にある動機づけを考える際、いくつかの領域でかつて甚大な影響を及ぼしたものであり、その影響は今なお残っている。

26 Willis, *Beginning to See the Light*, p. 161.

27 これは2016年11月におこなわれたアメリカ大統領選でドナルド・トランプが選出されたことを指す。

28 Luc Boltanski and Eve Chiapello, *The New Spirit of Capitalism*, trans. Gregory Elliott. London : Verso, 2017. 日本語訳：リュック・ボルタンスキー、エヴ・シャペロ『資本主義の新たな精神』、三浦直希ほか訳、ナカニシヤ出版、2013年。

29 第1講で議論された、1984年のアップルのスーパーボウルのCMを指す。

第3講

1 David Graeber, *The Utopia of Rules: On Technology, Stupidity and the Secret Joys of Bureaucracy*. New York and London: Melville House, 2015. 日本語版：デヴィッド・グレーバー、『官僚制のユートピア』、酒井隆史訳、以文社、2017年。

2 これはスコットランドの歴史家であり経験哲学者でもあるジェイムズ・ミルの1829年の著作中にある非常にユーモラスな一節への言及である。同時的感覚に関する理論について説明しながら、ミルは次のように述べる。「わたしがこのように同時的に、あるいは継起的に観察した対象のあいだでは、言い換えれば、わたしはそうした対象から同時的ないしは継起的な感覚を得たことになる。わたしが非常に頻繁に気づく感覚もあるし、それほど頻繁に気づかない感覚もある。別の言い方をすれば、わたしの感覚のうち、頻繁に同時的なものと、それほど頻繁には同時的でないものがある。頻繁に継起的なものもあれば、それほど頻繁に継起的ではないものもある。したがって、つまり、わたしが見るローストビーフと、わたしが感じるローストビーフの味は、しばしば同時的である……。」(James Mill, *Analysis of the Phenomena of the Human Mind, Volume 1.*, London: Longmans Green Reader and Dyer, 1869, pp. 73-77.)

3 マークはここで、イギリスの元首相マーガレット・サッチャーが1987年に『Women's Own』誌のインタビューで語ったコメントを引用している。「社会的な団結が明らかに凋落しているのでは」との質問を受けて、サッチャーは次のように答えた。「社会のようなものは存在しない。個人としての男性、女性、家族があるだけだ。人々

22 ドゥルーズ&ガタリ『アンチ・オイディプス』、第2章冒頭に関する言及。「限定された意味でのオイディプスは、パパーママー私の三角形の形象をなして、まさに家族の星座を体現している。」（Gilles Deleuze and Félix Guattari, *Anti-Oedipus*, trans. Robert Hurley and Mark Seem. London and New York: Bloomsbury Academic, 2004, p. 67. 日本語訳：ドゥルーズ&ガタリ『アンチ・オイディプス』上巻、宇野邦一訳、河出文庫、2006年、p. 99.）

23 『All Watched Over by Machines of Loving Grace（愛の恩寵の機械によって全ては見張られている）』は映画作家アダム・カーティスによる三部構成のドキュメンタリーで、2011年にBBCで初回が放送された。

24 レインは、彼の最初の大著『引き裂かれた自己』（1960）のなかで、「分裂病をつくる母」概念が精神分析において出現したことを説明している。この母は（わざとではなく）、子どものなかの自我の概念を矛盾させて、分裂症へと導く傾向をもたらしている。しかしながら、レインはこの概念を拡張する。「母親ばかりでなく全家族状況もまた、他人とともにある自己として、現実の共有世界に関与するという子供の能力を、促進するよりはむしろ妨げることがあるのである。」（R. D. Laing, *The Divided Self: An Existential Study in Sanity and Madness*. London: Penguin Books, 2010, p. 189. 日本語訳：R・D・レイン『引き裂かれた自己――狂気の現象学』、天野衛訳、ちくま学芸文庫、2007年、p. 301）。この考えはのちにレインの著作を支配するようになる。とりわけのちの著作である『狂気と家族』（1964）や『家族のポリティクス・その他のエッセイ（*The Politics of the Family and Other Essays*）』（1971・未邦訳）にそれが見られる。デヴィッド・クーパーも同じ時代に執筆していた。クーパーの家族についての主著である『家族の死』も1971年に出版された。注目に値することだが、クーパーはそれに先立って『解放の弁証法』を編者として刊行している。1967年にロンドンでおこなわれた解放の弁証法をテーマとしたシンポジウムで発表された原稿を集めたこの著作には、グレゴリー・ベイトソンによる発表も含まれている。ベイトソンの分裂症概念は、ドゥルーズ&ガタリやマルクーゼにも大きな影響を与えるものであった。

25 アブラハム・マズローは、1943年の論文「人間の動機づけ理論（A Theory of Human Motivation）」で、人間が必要とするもの――実際は人間の欲望だが――は階層的な構造をなしていると主張した。基礎となる欲求、わたしたちの「基本欲求」は基底部にある、食、水、睡眠、屋根、安全といったもので、それに続いて心理的な欲求である友人、家族、人間関係一般、自尊心といったものがある。

り多く自由な理性の意識的な努力を要求する。」(Marcuse, Ibid., p. 223. 日本語訳 p. 202.)

17 Marcuse, Ibid., p. 83. 日本語訳 p. 92.

18 Ellen Willis, *Beginning to See the Light: Sex, Hope, and Rock-and-Roll*. Minneapolis: University of Minnesota Press, 2012, p. 158.

19 この問題はより近年になって再燃している。Sophie Lewis, *Full Surrogacy Now: Feminist Against Family*. London: Verso Books, 2019.

20 女性の解放は、スルネックとウィリアムズのテキスト『未来を発明する(*Inventing the Future*)』(未邦訳)においてもしばしば言及される。より明確に言えば、フィッシャーはここで労働の廃絶と社会の完全自動化に向けた動きに関する議論を参照している。たとえば、スルネックとウィリアムズはひとつのポイントとして、「女性の仕事」だと典型的に考えられてきたものに対する古風な考え方が、労働の廃絶や社会の自動化といった論点を考慮する際に有害なものであり続けていると論じている。「実際、本来女性は子育てをし、こうした愛情ある労働を望んでいるというステレオタイプが、しばしば、女性を継続的に搾取するための有害な口実なのである。けれども、こうした労働の多くが取り除かれたらどうなるのだろう? たとえば家を掃除するとか衣服を畳むといった家庭内での仕事は徐々に機械に委ねることができるだろう。さらに考えると、妊娠の際の痛みや苦しみも、自然な美しいものとして神秘化されるよりは、過去のものとして見直されるべき何かである。この見通しにおいては、生命の生殖の人工的な形式が性別間の新しい平等を可能にする。」(*Inventing the Future*, p. 113) この考えは、ユニバーサル・ベーシック・インカムを明らかに含意している。スルネックとウィリアムズは続ける。「ベーシック・インカムは最底辺の労働の価値を変えるのみならず、たいていのケア労働が無償労働であるという認識を進めてくれる。家事労働への賃金の要求が、家庭での女性の労働を認識させ、政治化するのと同じように、ユニバーサル・ベーシック・インカムは、わたしたちみなが社会の再生産に責任をもつ一般的なあり方を認識させ、政治化する。」(Ibid., p. 122.)

21 「ビッグ・フレイム」は、社会主義者、自由主義的マルクス主義者、トロツキスト、アナーキストからなる労働者階級の政治団体で、1970年代のイギリスでリヴァプールの工場を中心に出現し、1984年に解散するまでイギリス全土で活動した。この団体は雑誌とより理論的なジャーナルを刊行し、当時のイギリスのマルクス主義者に大きな影響を与えた。

本語訳：ジャック・ラカン『精神病』上下巻、小出浩之ほか訳、岩波書店、1987年。ラカンの著作中にあるこの語呂合わせについてはフーコーも言及している。Michel Foucault, “The Father’s No” in *Aesthetics, Method and Epistemology: Essential Works of Foucault, 1954-1984 (Volume Two)*. New York: The New Press, 1998, pp. 5–20. 日本語訳：ミシェル・フーコー「父の〈否《ノン》〉」、湯浅博雄・山田広昭訳、蓮實重彥・渡辺守章監修『ミシェル・フーコー思考集成I　狂気　精神分析　精神医学』筑摩書房、1998年.

6 「性・ジェンダー・種」はリン・ターナーによって開講された、現代芸術理論コースのMAコースで選択可能な大学院生用の独立開講科目。

7 Herbert Marcuse, *Eros and Civilization*. London: Abacus, 1972, p. 70. 日本語訳：マルクーゼ『エロス的文明』南博訳、紀伊國屋書店、1958年、p. 71.（ただし英語訳との日本語訳の違いを考慮して訳語や言い回しを変更した箇所がある。）

8 Sigmund Freud, “‘Civilised’ Sexual Morality and Modern Nervousness”, in *Collected Papers*. (London: Hogarth press, 1950), II, p. 82. 日本語訳：ジグムント・フロイト「「文化的」性道徳と現代の神経質症」道籏泰三訳、『フロイト全集 9』岩波書店、2007年、p. 258.（ただし原文に即して一部変更している。）

9 Marcuse, Ibid., p. 70. 日本語訳 p. 71.

10 Marcuse, Ibid., p. 70. 日本語訳 p. 71.

11 Marcuse, Ibid., p. 72. 日本語訳 p. 74.

12 Marcuse, Ibid., p. 75. 日本語訳 p. 79.

13 Marcuse, Ibid., p. 76-77. 日本語訳 pp. 80-81.

14 Marcuse, Ibid., p. 80. 日本語訳 p. 87.

15 Marcuse, Ibid., p. 80. 日本語訳 pp. 87-88.

16 マルクーゼは「「現実原則」が普及する歴史的な形態」としての「実行原則」について言及している（Marcuse, Ibid., p. 35. 日本語訳 p. 29）。「現実原則」はフロイトによる、自我へ向かう中心的な欲動を指す用語である。自我は、超自我とイド（エス）による緊張を介して、すなわち「快感原則」に対抗する仕方で世界と交渉し世界を見る。フロイトが後年『快感原則の彼岸』を執筆することになる一方で、マルクーゼのテキストは彼流の『現実原則の彼岸』だと論じることができるかもしれない。マルクーゼの立場はフィッシャーのスピノザ的なサイケデリック理性を予見するものである。マルクーゼにとって、「実行原則のかなたでは、本能の満足は、それが圧迫によって上から押しつけられた合理性の産物でなければないだけ、よ

[redacted]

3. 移行は経済的な移行と同じく人間的なものでなければならない。

4. 問題をあらゆる角度から攻撃する。

5. 情報の力を最大化する。

57 スライド34からのテキスト

移行へのステップ

1. 目下の経済的な現実を、正確かつオープンソースのコンピュータでシミュレーションすること

2.「wiki国家」モデルへの移行。それは民営化モデルと手を切り、サステナブルで共同的で社会的に正しい成果のために市場を再形成するものである。共同的でピア・ツー・ピアで非営利的な活動のための場を作り、企業には変革を進めるよう強いる。

3. 独占は禁止、ないしは公有化する

4. 市場の力を消滅させる——生存可能なマーケットも存在する（限定されたパテントと知的財産を伴う）とはいえ市場の強制力は卸売りの力において完全に抑圧される必要がある

5. 金融システムを公有化する

6. すべての人にベーシック・インカムを支払う

7. ネットワークを解放する!

第2講

1 Sigmund Freud, “Totem and Taboo” in *The Origins of Religion*, trans. James Strachey, ed. Albert Dickson. London: Penguin Books; The Pelican Freud Library, Vol. 13, 185. 日本語訳：ジグムント・フロイト「トーテムとタブー」、門脇健訳、『フロイト全集12』、岩波書店、2009年、p. 161.

2 Ibid., p. 186. 日本語訳 p. 162.

3 フロイトの『トーテムとタブー』は1913年に出版された。

4 ここで言及されているユニバーシティ・カレッジ・ロンドンは、英国の哲学者ジェレミー・ベンサム（1748-1832）の、切断されて保存状態のよくない頭部［と全身の骨格］を所有している。

5 「父の名（nom)」と「父の否定（non)」との語呂合わせを考案し、それについて書いたのはジャック・ラカンである。Jacques Lacan, *The Seminar of Jacques Lacan Book Three: The Psychoses*. New York: W. W. Norton & Company, 1997. 日

ある。

「知的財産を伴う自由市場が不十分な情報利用を引き起こすなら、情報の最大限の利用に基づく経済は自由市場や絶対的な所有権をもつことができないことになる。」

51 スライド31からのテキスト

一般的知性

マルクスは「機械論」のなかで、労働者が生産プロセスの側に立つ世界を記述している――労働者は機械のオペレーターではなく監督者となる――綿糸紡績機、電信、および蒸気機関は、科学技術に依存しているため、生産のために費やされる時間と釣り合いが取れない。

そうした機械によって支配される世界においては知識はソーシャルなものでなければならない。

資本は労働者の知識を発展させることを強いられるであろう――テクノロジーは「一般的知性」の部分として発展する。

52 Paul Mason, Postcapitalism: A Guide to Our Future. London: Allen Lane, 2015, p. 144. 日本語訳：ポール・メイソン、『ポストキャピタリズム』、佐々とも訳、東洋経済、2017年、p. 247.（ただし原文に即して一部変更している。）[スライド14]

53 David Graeber, “On the Phenomenon of Bullshit Jobs", *STRIKE! Magazine.* Issue 3, “The Summer of... ”, August 2013: <http://www.straike.coop/bullshit-jobs/> この論考はのちに書籍に収められた。David Graeber, *Bullshit Jobs: A Theory.* London: Allen Lane, 2018. 日本語訳：デヴィッド・グレーバー『ブルシット・ジョブ――クソどうでもいい仕事の理論』、酒井隆史・芳賀達彦・森田和樹訳、岩波書店、2020年.

54 Paul Mason, Postcapitalism: A Guide to Our Future, o, 144. 日本語訳：ポール・メイソン、『ポストキャピタリズム』、p.247. [スライド32]

55 Ben Schiller, “Welcome to the Post-Work Economy”, *Fast Company,* 15. March 2016: <http://www.fastcom@pany.com/3056483/welcome-to-the-post-work-economy>

56 スライド33からのテキスト

メイソンによる移行のための5つの原則

1. 人間の意志の力の限界を知ること

2. エコロジカル・サステナビリティー

こうなった理由のひとつは資本主義自らの勝利にある——つまり、資本主義が労働者階級を制圧することに成功したので、資本を刷新する主たる資本が取り除かれてしまったのだ（労働者階級による闘争が、資本にイノベーションを要求する）。

48 スライド28からのテキスト

先駆者：知識の中心性についてのドラッカーの考え

・ピーター・ドラッカー——『ポスト資本主義社会』

・鍵となる主張：現代社会においては知識が主要なリソースとなる

・鍵となる問い：わたしたちはいかにして知識の生産性を改善できるか？

・新しい社会における社会的原型となるのは誰か？——「普遍的な教育を受けた人間」

メイソンによれば、こうした人間は「ネットワーク化された個人」という形式で到来した

49 スライド29からのテキスト

「インフォ・グッズがすべてを変える」

「新しい一連の説明を作り出すコストがひとたび削減されると、その説明はいかなる追加のコストもなしに何度も何度も使用されることになる。」（ポール・ローマー）

情報資本主義は、ある種のデータをコピーすることを非合法とすることで応答する。——「情報資本主義にとって、独占とは……産業がうまくやれる唯一の方法である。」

これは「あらゆるものが不足している」という経済の基本的法則を破壊する。

インフォ・グッズは「非競合性」によって機能する（わたしがひとつもっていることがあなたがひとつもっていることを妨げないというだけの理由で——実際のところ、価値はシェアすることを通じて付加される）。

50 スライド30からのテキスト

Wikipediaの場合

Wikipediaは資本主義的な力学のみで作られることができたのだろうか？

オープンソースは（あるいはコモンズに基礎をおくピア・ツー・ピア製品は）新しい社会的・経済的関係のためのモデルではないか？（メイソン「歴史におけるある瞬間に、市場あるいは企業がなくてもモノを作ることが可能となった。かなりの数の人たちがそうし始めた。」）

これが「新しいサステナブルな生産のモデル」（ベンクラーの言葉）のひとつで

対して高い賃金が支払われるように。創造的でもともとの報酬額が多い仕事は報酬を減らすように

4. フェミニスト的提案——家族構造についての実験的な試みを許容すること

45 スライド26からのテキスト

労働倫理の縮減

苦しみと報酬のつながりを転倒させる

反ヘゲモニー的なアプローチ——すでに存在している労働嫌悪に対して働きかける!

46 「ベネフィッツ・ストリート(給付金通り)」は英国のチャンネル4で現在も放映されている。このことが、なぜこの番組が侮辱に満ちたものであるかの部分的な理由である。この局は1980年代や90年代には非常に進歩的な番組編成で名声を博していたのではあるが。不幸なことに、フィッシャーが2014年の『ニュー・ヒューマニスト』誌に書いたこの番組に関する論考にあるように、「ベネフィッツ・ストリート」は当時「ドキュメンタリー制作における不誠実なトレンドの一部」をなしていた。トレイシー・ジェンセンは、[2013年に]雑誌『社会学的想像力 Sociological Imagination』に書いたなかで、「How To Get A Council House」「Why Don't You Speak English?」「Benefits Britain 1949」(すべてチャンネル4)と「We All Pay Your Benefits」(BBC 1)といった番組を引きながら、「貧困ポルノの夏」を予言していた。マークはつづけて以下のように書いている。「「ベネフィッツ・ストリート」は、チャンネル4が制作するドキュメンタリーのなかでもおそらく近年の真面目な取り組みのひとつと数えられるのだろうが、これは今のチャンネル4の番組がいかに酷いかということを明確に示している。英国文化に対するネオリベラリズムの破壊的なインパクトがいかほどか知りたいなら、チャンネル4以上によい例はない。ヨーロッパの芸術映画、真剣な哲学的議論、そして洗練された政治的ドキュメンタリーから始まったこのチャンネルは、今や深みに落ち込み、恥ずかしいほどに臆病な物売りとなって、もはや笑えないところにいる。」(Mark Fisher, "Classless Broadcasting: *Benefits Street*", *k-punk*, pp. 236 and 238.)

47 スライド27からのテキスト

メイソンによるポスト資本主義

コンドラチェフの波の理論に基づく——資本主義は「長期的な発展の波」のなかで自己自身を刷新するという考え——だが更新の兆しが存在しない——資本主義は長い下降線のなかで停滞している。

Armen Avanessian. Falmouth and Berlin: Urbanomic; Merve, 2014, 354. [スライド20]

37 スライド21からのテキスト

ポスト労働社会を要求するスルネックとウィリアムズの考え

それによると、

（最初に）自分たち自身を要求することの要求（「要求なき政治は、単に目的をもたない身体の寄せ集めである」）

これらの要求は非改革的改革という形をとるべきだ。この改革は（1）ユートピア的で矛盾を帯びた要素から構成されてはいるが、（2）今日の世界において作動している現実の傾向に基づいている。

38 Nick Srnicek and Alex Williams, *Inventing the Future: Postcapitalism and a World Without Work*, London and New York: Verso, 2015, p. 107.

39 Ibid., p. 108.

40 Ibid., p. 108.

41 Ibid., p. 109. ［スライド22］

42 スライド23にあるテキストからの読み上げ。

43 スライド24からのテキスト

労働時間削減週間の要求

・労働者の運動にある古典的な要求のひとつへと回帰すること

・勢いを伸ばしつつあるオートメーションに対するポジティヴな反応

・環境的メリットがある（通勤時間の削減と出勤に関連した支出の削減）

・労働者の力の増大――労働組合やその他の団体（すなわちプレカリアートの組合）の活動が必要となる

44 スライド25からのテキスト

ユニバーサル・ベーシック・インカムの要求

これは十分かつ全員に行き渡るものでなければならない――現在の福祉による取り決めを埋め合わせるものであって、それの代替ではない。

鍵となるのは以下の4点である。

1. 政治の変化――プロレタリアートが仕事をもって生き残ることができること――階級的な力を増大させること

2. 労働者の不安定状態［プレカリアート］をフレキシビリティへと変えること

3. 労働の価値基準を変えること――退屈で、くりかえしばかりの危険な仕事にちくま学芸文庫、信太正三訳、「ニーチェ全集11　善意の彼岸 道徳の系譜」1993年、p. 393.）

33 スライド18からのテキスト

共同体経済 vs. メインストリーム／資本主義経済

Lakshman Yapa (2014) Take Back the Economy: An Ethical Guide for Transforming Our Communities, *The AAG Review of Books*, 2:1, p. 25-29 [Hyperlink: <http://www.tandfonline.com/doi/ pdf/10.1080/2325548X.2014.894422>].

「ギブソン-グラハム、キャメロン、［…］にとって、エシカルなアクションによって経済を回復させようとするが、それは次のような帰結を生む。

・ともにうまく平等に生き残る

・社会及び環境の健全な活力を増すために剰余を分配する

・他者の幸福をわたしたちの幸福と同じくらいサポートできるような仕方で他者と出会う

・サステナブルな消費をおこなう

・わたしたちの自然および文化的共有財に配慮し――維持し、補い、育てる。

・わたしたちの富を未来の世代のために投資し、未来の世代も同じくらいよく生きられるようにする。

これについて、著者は次のように述べている。

「これらのエシカルな配慮に基づいた経済が、わたしたちがコミュニティ経済と呼ぶものである――それはわたしたちが自分たちが他の人々や他の種、そして環境と相互依存にあるということを認識し、相互依存の仕方をうまく取り決めるための、意志決定の空間である。認識と取り決めの過程を通じて、わたしたちはコミュニティとなる。」（xix）

34 Gibson-Graham, *A Post-Capitalist Politics*, xix.

35 スライド19からの画像 [Fig.3]。ギブソン-グラハム『ポスト資本主義の政治』（Gibson-Graham, *A Post-Capitalist Politics*）80ページにある図版2を使用。“Key words of economy and community economy. From Bernard and Young (1997), Crouch and Marquand (1995), Meeker-Lowry (1995), Ife (1995), Pearce (1993), Power (1996), and Wildman (1993)”

36 Nick Srnicek and Alex Williams, “#Accelerate: Manifesto for an Accelerationist Politics” in *#ACCELERATE: The Accelerationist Reader*, eds. Robin Mackay and

伝統的な左派政治と結びついた情動を超えた運動についてのギブソン-グラハムの言説

新しい情動：「共同体になることと結びついたこの情動は、伝統的に左派政治に結びつけられているものとは異なっている——つまりそれは、英雄的な闘争のまわりに群がる憤怒や怒り、あるいは左派の政治運動において強力な潜在的感情のように働いているシニシズムや公正さとは異なっている。登場人物たちはつねに他者を意識し、他者に喜びを見出すので、この映画における情動に魅力的な驚きという質が与えられている。こうしたユートピア的な雰囲気のなかで、不信や認識不足や裁定は中断され、連帯が発展する。この連帯は同一性に基づくものではなく、他者こそが自らを可能にするものだという認識の深まりに基づいている——聴衆とパフォーマーが一緒にやってきて、パフォーマンスをし、そこで各人の役割が作られる瞬間にクライマックスがある。」

30 Gibson-Graham, *A Post-Capitalist Politics*, p. 18.

31 Ibid., p. 18.

32 ルサンチマンとはフリードリヒ・ニーチェの著作ともっともよく結びつけられる用語であり、自己の外部にあるあらゆるもの、とりわけ人の社会的な地位に関して、それに対する反動的な敵意を説明するのに用いられる。それはヘーゲルによる有名な「主人と奴隷の弁証法」の問題の一部をなすものであり、また、積極的に革命的なものというよりは自己を鞭打つ無力な怒りによって定義される一種の劣等感のことを指す。「道徳をめぐる奴隷の反乱は、ルサンチマンそのものが創造的なものとなり、価値を生み出したときに始まる。それは、行動によって固有の回答を与えることを拒み、その代わりに想像上の復讐によってそれを償う者たちのルサンチマンである。高貴な者たちの道徳のすべてが、自らに対して「イエス」と言う勝利の発言に由来するのに対し、奴隷の道徳は「外の」「他の」「自分でない」あらゆるものに対して原則的に「ノー」と言うのだが、この「ノー」は創造的な行為である。価値付けする眼差しのこういった逆転——すなわち自己自身に戻るのではなく外部への本質的な方向付け——が、ルサンチマンのひとつの側面なのである。生起するためには、奴隷の道徳は最初に対立する外部の世界をもたねばならない。生理学的に言えば、あらゆる行動のために外部からの刺激を必要とする——その行動は基本的に反動なのである。」(Friedrich Nietzsche, *On the Genealogy of Morality*, ed. Keith Ansell-Pearson, trans. Carol Diethe. Cambridge: Cambridge University Press, Revised Student edition, 2007, p. 20. 日本語訳：フリードリヒ・ニーチェ『道徳の系譜』

的アイデンティティを「ぐらつかせる」ことができる。経済的展望を攪乱して、経済的多様性をもった新しい言語を構築することを通じて、わたしたちはネオリベ的なグローバル資本主義の経済言説による、統一とヘゲモニーを脱臼させることができるのだ。異なる経済的主体を涵養する計画のために、こうした脱臼が不可欠な必要条件なのである。

23 Gibson-Graham, *A Post-Capitalist Politics*, p. 56.

24 スライド15の画像 [Fig.2] はギブソン-グラハムの図版18から。Gibson-Graham, *A Post-Capitalist Politics*, p. 70 :"The iceberg. From *Community Economies Collective* 2001; drawn by Ken Byrne".

25 Gibson-Graham, *A Post-Capitalist Politics*, p. 56.

26 スライド16からのテキスト

従来の党派を超える運動のためにフェミニズムの重要性を述べるギブソン-グラハム。

「オルタナティヴな組織化の形態 :〈組織化における水平主義〉は（権力をもつ）存在のオルタナティヴなあり方を促進する。それには〈直接的で公平な参加、発言や情報の非独占、折々の業務や責任のローテーション化、職務の非専門化、権力の委嘱の禁止〉が含まれる。」(Alvarez, Dagnino, and Escobar 1998, p. 97.)

「ゆるく相互関係にあるフェミニズム運動の闘争や事件は、前衛的な党内、あるいはわたしたちが政治組織と結びつけていたほかのいかなる「必要性」もなしに、前例のない規模での社会的変化を準備することができた。別の言説、共有された言語、肉体をもった諸実践、自己涵養、地に足のついた行動、そして第二波フェミニズムと結びついたグローバルな変化が複雑に混じり合うことによって、経済的な可能性をもった政治について考えることが活性化した——わたしたちはフェミニズム的想像力がもつ素朴な存在論的輪郭に激しい感銘を受けたのである。すなわち、もし女性たちがあらゆるところにいるのであれば、ひとりの女性がつねにどこかに存在するし、女性たちのこうした場所が、女性が自らを変化させるにつれて、変化していく。」

27 Gibson-Graham, *A Post-Capitalist Politics*, p. 56.

28 Ibid., xxiv.

29 スライド17からのテキスト

[redacted]

14 スライド7および8の画像 [Fig.1] は次のものを参照している。“Mapping the Emerging Post-Capitalist Paradigm and its Main Thinkers”, *Commons Transition*, 2 December 2015: <http://common-stransition.org/mapping-the-emerging-post-capitalist-paradigm-and-its-main-thinkers/>.

15 J.K. Gibson-Graham, *A Post-Capitalist Politics*. Minneapolis and London: University of Minnesota Press, 2006, p. 4. [スライド9]

16 Ibid., p. 5. [スライド10]

17 Wendy Brown, “Wounded Attachments”, *Political Theory*, Vol. 21, No. 3 (Aug., 1993), pp. 390–410.

18 Gibson-Graham, *A Post-Capitalist Politics*, pp. 5–6. [スライド 11].

19 Walter Benjamin, “Left-Wing Melancholy”, *The Weimar Republic Sourcebook*, eds. A. Kaes, M. Jay, and E. Dimendberg. Berkeley: University of California Press, 1994. 日本語訳：ヴァルター・ベンヤミン「左翼メランコリー」野村修訳、『ヴァルター・ベンヤミン著作集1　暴力批判論』、晶文社、1969年.

20 Gibson-Graham, *A Post-Capitalist Politics*, pp. 5–6. [スライド 12]

21 スライド13のテキスト

「近代主義者の階級政治」の行き詰まりに関するギブソン-グラハムの一節。

「あるレベルにおいては、近代主義的階級政治の危機とは欲望の危機であり、2つの映画が異なる方向性を見せる最大の箇所は、この危機の表象においてである。『ブラス!』では、欲望は固執し、行き詰まる。鉱山を開き続けることに固執する。雇用される（したがって資本に搾取され続ける）ことに固執する。資本主義による搾取も含め、男性の経験のみを共有することに基づいた連帯に固執する。搾取されるのみならず生命を危機に陥れる労働に基づくコミュニティを延命させることに固執する。欲望は資本主義的「他者」の要求に執着することで行き詰まりをみせている——労働者にとっても、政治的に抵抗するための補完物である「労働者階級」にとっても。」(Gibson-Graham, *A Post-Capitalist Politics*, p. 11.)

22 スライド14からのテキスト

この行き詰まりをどのように打開するか?

「脱臼させる——「資本中心主義」を超えて動く」。経済に関する支配的な資本中心的言説においては、資本主義的な経済活動があらゆる経済活動のモデルとみなされるが、そうした言説を破壊することによって、わたしたちは経済

8 アウトノミアに関係していたのはアントニオ・ネグリだけである。1960年生まれのマイケル・ハートはネグリより27歳年下で、アウトノミア運動が始まった時にはアメリカにいて10代半ばだった。

9 「タッチスクリーン・キャプチャー」は別のセミナーで扱ったトピックで、フィッシャーの以前のエッセイから直接名前を援用している。以下を参照のこと。Mark Fisher, "Touchscreen Capture", *noon: An Annual Journal of Visual Culture and Contemporary Art*, Vol. 6: Post-Online. Gwangju, South Korea: Gwangju Biennale Foundation, 2016.

10 スライド5のテキスト

ポスト資本主義概念の（共産主義や社会主義などと比べた）利点はなにか？

1. それは過去の失敗した抑圧的プロジェクトとの連帯によって汚されていない。

2. それは勝利を含意している——資本主義は終わるであろうし、何か別のものに置き換えられる。

3. それはわたしたちの現在の状態と現在の場所から始まる——すなわち資本主義がすでに打ち立てたもの、つまりは資本主義による抑圧のみならず資本主義の快から始まる。

11 スライド6のテキスト

ポスト資本主義概念の欠点は何か？

1. それは資本主義と結びついたままである（つまり、「資本中心主義」という罪から逃れられない）。

2. それはポジティヴなプロジェクトを指す名前ではない。

3. それは「ポスト（post-）」という時間性のうちにとどまっている。

4. それは必ずしも進歩的な概念ではない（ピーター・フレイズの『四つの未来——資本主義のその後の生』を見よ——4つの未来のうち進歩的なのは2つだけだ）。

12 ピーター・フレイズ『四つの未来——資本主義のその後の生』参照。

13 「贅沢コミュニズム」とは、財政危機の後に起こった2000年代半ばの抗議運動に由来する用語である。以下を参照のこと。Brian Merchant, "Fully automated luxury communism", *The Guardian*, 18 March 2015: <https://www.theguardian.com/sustainable-business/2015/mar/18/fully-automated-luxury-communism-robots-employment>. およびAaron Bastani, *Fully Automated Luxury Communism*. London: Verso Books, 2019. 日本語訳：アーロン・バスターニ『ラグジュアリーコミュニズム』橋本智弘訳、堀之内出版、2021年.

原注

第1講

1 アップルの1984年のスーパーボウルのCMはYouTube上で視聴可能。<https://youtu.be/2zfqw8nhUwA>（なお、本文中に現れるWebサイトの参照は、すべて2022年6月15日に閲覧確認済みである。）

2 この広告が『1984』のイメージに多くを負っていると考えて、ジョージ・オーウェル協会はこの広告を著作権侵害とみなし、アップルに使用停止通告書を送りつけた。以下を参照のこと。William R. Coulson, "'Big Brother' is Watching Apple: The Truth About the Super Bowl's Most Famous Ad". *Dartmouth Law Journal*. Winter 2009, 7 (1): pp. 106–115.

3 この「成就が約束された予言（hyperstition）」という単語は、フィッシャーがウォーリック大学でサイバネティクス文化研究ユニット（Ccru）に所属していた1990年代後半に作られた。もっとも基本的な意味として、虚構（フィクション）が自らを現実にするための一連の行程を意味する。Ccruはこれを次のように定義している。「時間旅行の可能性を述べる大量のフィクションを通して、自らを現実にすべく作動している文化の要素。成就が約束された予言は、「古い予言」を呼び出すことを通じて、現実と虚構を一致させるものとして強力に働く。」（Ccru, "Appendix 1: Ccru Glossary", *Ccru Writings 1997-2003*. Falmouth: Urbanomic Media, 2017, p. 363.）

4 VLEは大学の「ヴァーチャル教育環境 Virtual Learning Environment」の略。教材、学部からの通知、スタッフや学生に関わるその他の情報のために設置されたサーバーのことを指す。

5 「リーバイス、1984年、ロシア」はYouTube上で視聴可能。<https://www.youtube.com/watch?v=Z3pe-3ZnL8Y>

6 「Have I Got News for You」の該当部分はYouTube上で視聴可能。<https://www.youtube.com/ watch?v=3252FSW7OC4>

7 「68年5月」は、左派学生の抗議が労働者のゼネストと合流し、フランスの市民社会が動揺を巻き起こした出来事を指す。大学と工場を中心に広まったこの動揺によって、フランスの経済は停滞し、危うく政府に対する失望にまで発展するところだった。

著者略歴

マーク・フィッシャー　Mark Fisher

1968年生まれ。イギリスの批評家。ウォーリック大学で博士号を取得した後、英国継続教育カレッジ、およびゴールドスミス・カレッジ視覚文化学科で客員研究員・講師を務める。自身のブログ「*k-punk*」でカルチャーや音楽を通じて、社会に対して鋭い眼差しを投げかけ、熱狂的な読者を獲得した。

ヨーロッパで広く注目された『資本主義リアリズム』（堀之内出版、2018/原著：John Hunt, 2009）のほか、著書に『わが人生の幽霊たち——うつ病、憑在論、失われた未来』（Pヴァイン、2019/原著：Zero Books, 2014）、*The Resistible Demise of Michael Jackson*（2009）、*The Weird and the Eerie*（2017）がある。2017年1月逝去。

訳者略歴

大橋完太郎　おおはし・かんたろう

1973年生まれ。神戸大学大学院人文学研究科教授。東京大学大学院超域文化科学専攻表象文論コース博士後期課程修了。博士（学術）。専門はフランス哲学（美学・感性論）、表象文化論。著書に『ディドロの唯物論』（法政大学出版局、2011）、編著に『他者をめぐる人文学 グローバル世界における翻訳・媒介・伝達 Adaptation, Mediation and Communication of Otherness in a Globalizing World: Perspectives from Japan』（トーマス・ブルックと共編、神戸大学出版会、2021）、訳書にリー・マッキンタイア『ポストトゥルース』（人文書院、2020）、ジャック・デリダ『スクリッブル』（月曜社、2020）など。

編者略歴

マット・コフーン　Matt Colquhoun

ライター、写真家。著書に *Egress: On Mourning, Melancholy and Mark Fisher* がある。ブログ：xenogothic.com

マーク・フィッシャー

最終講義
ポスト資本主義の欲望

2022年7月30日　第1刷発行

著者　マーク・フィッシャー
翻訳・解説　大橋完太郎
編者　マット・コフーン
発行者　小柳学
発行所　株式会社左右社

151-0051
東京都渋谷区千駄ヶ谷3-55-12 ヴィラパルテノン
TEL_03-5786-6030　FAX_03-5786-6032
info@sayusha.com
http://www.sayusha.com

ブックデザイン　川添英昭
印刷所　創栄図書印刷株式会社

Printed in Japan. ISBN978-4-86528-096-8